JN024803

映画から読む
超大国の欲望

The 1950s–2010s
of the
American Wandering

アメリカ流転の
1950–2010s

丸山俊一 ＋NHK「世界サブカルチャー史」制作班

祥伝社

アメリカ　流転の1950－2010s　映画から読む超大国の欲望

メインから零《こぼ》れ落ちる、名づけ難い何ものか……。
サブカルチャーはいつも捉えどころがなく、社会の空気の中を漂う。
映画——スクリーンに投影されるその姿は、時に私たちの欲望を映し出し、
時に形を変え、決めてしまう。

戦後70年あまりにわたり、自由と民主主義の名のもとに、
あるべき国の形を夢見てきたアメリカ。
その長い旅路の果てに待っていたものとは、
人の数だけある自由の姿か、相互不信が引き起こす分断か。
迷走する「偉大なる」実験国家、アメリカ。
そこには、常に新しい何かを求め続けるエネルギーが潜んでいる。

時代の空気、人々の欲望の正体を探し求めて。
想像力の旅が始まる。

はじめに　欲望が描く「揺れるアメリカ」戦後の軌跡

この文章を書いている2022年晩秋、世界は混沌の度合いを深めている。ロシアによるウクライナ侵攻、その余波でもあるエネルギー問題、急激なインフレ。コロナの収束には多少の光が差したかに見えつつも、一進一退。大きな停滞が生まれ、世界的に経済情勢が不安定な中、さらなる社会的な分断も各国で広がり、今後への不透明感も増しているように見える。

この歴史的な曲がり角の中、アメリカという「超大国」は一体どこへ行こうとしているのか？　近年目立つ、アメリカの迷走。トランプ現象でクローズアップされることになった分断、格差、リベラルと保守の錯綜《さくそう》、「ポリティカル・コレクトネス疲れ」とも言われる、民主主義という根幹の理念への懐疑など、「揺れるアメリカ」は、多くの人々の目に疑いようがないものになっている。大国の論理のほつれを感じた時、その起点を9・11に見るべきか？　リーマン・ショックに見るべきか？　様々な視点がありうるだろう。

本質的な変化の端緒《たんしょ》、その震源地は、深く静かにそのエネルギーを溜め込んでいるものだ。地底のマグマが噴き出した時、嫌でも現実に直面し、初めて事の重大さに気づいてももう遅い。時代のルールは密かに書き換えられていく。

政治、経済、文化、そして、メインカルチャーに対抗するカウンターカルチャー、さらにその構図からも零れ落ちる、サブカルチャー……。ある時代の人々の心の形は当然社会の状況によって生み出され、またその心の底にある想いが次の時代を創っていく。〝時代の欲望〟というにわかには捉え難い存在、人々の、社会の底に眠るカオスは、少しずつ様々な事象に微かな影響を与え続ける。そしてある日、突然白日《はくじつ》の下《もと》に晒《さら》された時、進行していた変化の大きさに、私たちは愕然《がくぜん》とするのだ。

そうした不思議なエネルギーをサブカルチャーと、ひとまず呼んでみたら。こうした精神から、『世界サブカルチャー史』は立ち上がっている。もちろん、映画、ポップス、流行など様々なポップなアイコンもその中には含まれているが、同時に、メインから零れ落ちる、名づけ難い何ものか、としか言いようのない、時代の潮流の中にある淀みを掬《すく》い取ろうという試みだ。人々の心の底にある想いが、時にその時代を生きる人々、大衆自身も自覚できない欲望の形が、社会を、時代を動かしていく。

『世界サブカルチャー史』2冊目となる本書では、戦後50年代から2010年代まで、アメリカの変化を、映画のスクリーンから、時代を彩った事件などから大衆の欲望の形を読み取り、その時代を呼吸した人々の息づかいを感じ取ることを試みる。まず第1部として戦後50年代から60年代まで、第2部では70年代から90年代まで、そして第3部で2000年代から10年代までの3部構成とした。大きく3つのスパンに分けてみることで、時代の変化の本質が見えてくることだろう。ポップ、サブ、社会の空気の変遷の物語、その変化を促すものの正体を捕まえようとする試論だ。

得体の知れない「時代の欲望」という、大きな渦が生み出す物語として、アメリカの現在、過去、未来を、様々な角度から、あえてナナメにも捉え直してみること。本書では、5人の異才の証言、考察をお届けする。そこに共通するのは、様々な矛盾の中にあるアメリカへの愛ある「自己批評」だ。紡《つむ》ぎ出される、アメリカのもう一つの姿を、フラットに味わい吟味してみてほしい。「超大国」のもう一つの姿が、あなたの中に、浮かび上がることと思う。

さて、あらためて、アメリカとは、私たちにとって何だったのか？

いざ、想像力の旅へ。

丸山　俊一

目次

第2部 70sから90s 「幻想」「葛藤」そして「喪失」へ

第3章 幻想の70s

第3部 2000sから10s「不信」から「分断」へ

第6章 不信の2000s

アメリカ　流転の1950-2010s――証言者たち

ブルース・シュルマン
歴史家／ボストン大学教授。1959年生まれ。文化・社会・政治を横断して70年代アメリカを多角的に分析した著書『The Seventies』が話題。

カート・アンダーセン
作家／ラジオパーソナリティ／「ニューヨーク・マガジン」元編集長。1954年生まれ。アメリカを精神分析した著書『ファンタジー・ランド：狂気と幻想のアメリカ500年史』は全米ベストセラーに。

ジョセフ・ヒース
カナダ出身の哲学者／トロント大学哲学部教授。1967年生まれ。カウンターカルチャーを消費文化の視点から分析した共著書『反逆の神話：「反体制」はカネになる』が日本でも話題。他に『啓蒙思想2.0：政治・経済・生活を正気に戻すために』など。

ジョナサン・ローゼンバウム
映画評論家／「シカゴリーダー」映画評論元主筆。1943年生まれ。ジャン゠リュック・ゴダール監督に「アメリカで最も優れた映画批評家の一人」と評される。映画を通して、政治や社会を見つめる評論家。

アリソン・ウィルモア
映画評論家。「ニューヨーク・マガジン」や「BuzzFeed」などで映画批評を多数執筆。アメリカ映画界を担う次世代の批評家。

第1部

戦後から60s

「理想」から「闘争」へ

イントロダクション

世界の「理想」アメリカン・ウェイ・オブ・ライフへと走り出した戦後〜50年代

第二次世界大戦に勝利し、その存在感を世界に際立たせたアメリカ。世界の工業生産力の半分以上を一国で保持し、原子爆弾も一時独占した超大国は、国際社会の中で圧倒的な優位を手にする。この後本文でも触れる、既に戦前に生まれていた「アメリカの世紀」なる印象的なキャッチコピーが、多くの人々の心を素直に捉えた時代だったと言えるだろう。自由と民主主義の国を体現しようとするアメリカに、多くの国民が誇りを感じていた。

しかし戦争の終結に際して、広島、長崎に原子爆弾を使用するという人類史上の暴挙と言うべきジェノサイドによって決着を図ったことは、実は他ならぬアメリカ国民の心にも深い禍根を残していた。未知の力への恐怖が戦勝の喜びにも水をかけ、大きな不安が、大衆の間にも広がっていたのだ。そしてこの恐怖と不安は、米ソという対立の構図によってさらに増幅されていく。49年にはソ連が原爆実験に成功、同年に、中華人民共和国が成立。共産主義というイデオロギーへの警戒の高まりから、力と均衡による国際政治が緊張感を高める中、いわゆる「赤狩り」がアメリカ全土で行なわれ、ハリウッドにも動きは及び、その余波は、歴史に残る名画『ローマの休日』制作の舞台裏にも及んでいる。

こうした米ソ冷戦の時代が、軍事でも科学技術でも激しい競争をもたらし、結果、経済的な繁栄を生む流れにもつながっていったことは皮肉な現象と言えるかもしれない。戦時中からの好景気は、50年代、60年代と長期にわたって維持され、多くの安価な耐久消費財の供給を生み出す産業が整えられていく。若いホワイトカラーたちが消費の主役となって、自動車、家電も普及、アメリカン・ウェイ・オブ・ライフ[1]が世界にも広がっていく。それは、アメリカの生活様式が、世界の「理想」となることも意味していた。

60年代「カウンターカルチャー」の誕生

60年代は、戦後まもなくからの長期的な好景気、経済成長に支えられ、いよいよ中間層に物質的な豊かさが行き渡った時代だった。郊外に一戸建てのマイホーム、マイカーを手に入れる夢が身近なものになる。そして〝楽しい我が家〟のリビングに据えられたのは、テレビという「ニューメディア」。民主党のケネディが共和党のニクソンを僅差で破った１９６０年の大統領選挙は、テレビ時代の幕開けとしても語られる。大統領選初のテレビ公

※１　**アメリカン・ウェイ・オブ・ライフ**　直訳すれば「アメリカ式の生活」。量産型の郊外住宅に暮らし、自家用車やテレビなどの家電製品、使い捨てのプラスチック製品や冷凍食品に囲まれた大量消費に基づくライフスタイルを理想とする価値観が、１９５０年代に広まった。

開討論でのケネディの若々しい姿が、多くの人々の心を摑んだというわけだ。映像が大衆に夢を見せる時代の始まりだ。大衆的な人気を得たケネディだが、ほどなく凶弾に倒れる。その場面もまた衛星中継によりリアルタイムで世界に届けられたのは皮肉と言う他ない。血なまぐさい暗殺劇は続く。「理想」の50年代から「闘争」の60年代へ。黒人奴隷解放運動の先頭に立ったキング牧師も凶弾に倒れた。そして、60年代後半には、世界で若者たちの反乱が時を同じくして起きるなど、様々な闘いが、豊かさに向かって走り出していた社会の中で繰り広げられた。

　大量生産、大量消費が生み出した、物質的な「豊かさ」、新たなライフスタイル。それに対する反発は、実は既に50年代にもビートニクと呼ばれる動きとなっていた。システム化されていく経済社会を、抑圧的で非人間的と批判、そこに安住しようとする人々を保守的で中産階級的と断じ、人間性の無条件な解放のために積極的に貧困に甘んじようとする運動だ。これが60年代に入るとベトナム反戦運動の流れとつながり、巨大なムーブメントとなり、ヒッピーカルチャーとして広まっていく。アメリカ以外では、68年にフランスの5月危機あるいは5月革命、日本でも全共闘運動という形で、大衆化、マンモス化する大学制度への異議申し立ての動きが強まっていく。この60年代後半の、世界での同時多発的な若者たちの反乱の内実は、20世紀後半のサブカルチャー史において、大きなエポックメーキングと言える。その深層、土壌にあったものは各国様々、複雑で一言では言い表わせない。だが、カウンターカルチャー[2]、サブカルチャーというものの原初にある精神を考える上で、あの時代の人々の「闘争」の心の底に蠢《うごめ》いていた意識の本質を考察することは、この２０２０年代の分断が深まっていると言われるアメリカ社会、そして日本社会にあっても、決して無駄なことではないだろう。

――――

※２　**カウンターカルチャー**　サブカルチャーの一部ともされる対抗文化。反権力・権威主義的な性格がより強い。１９６０年代のアメリカにおいては、社会からドロップアウトした若者たちによるコミューン運動やドラッグの濫用、サイケデリックな服装などヒッピーカルチャーに近しいものとして現れた。

第1章 理想の50s

1 神話――『赤い河』

ジョン・ウェインとアメリカの世紀

1945年8月14日、日本政府がポツダム宣言を受諾し、第二次世界大戦が終結する。戦勝国となったアメリカでは、勝利を祝う人々の姿で通りが埋め尽くされた。ニューヨークのタイムズスクエアには200万人、シカゴでは100万人以上が集まったという。戦争は、外敵を打ち破るだけでなく、アメリカ国内の経済も活性化させた。大戦中の軍事支出の急増によって、1930年代の大恐慌による長期不況から脱することにも成功した。

終戦で軍需は一旦消滅したが、工場では戦時中の生産体制の経験が平時の産業にうまく応用され、経済は復調した。ほとんどの国土が戦禍を免れ、いち早く立ち直ったアメリカの人々はある「使命感」を胸に抱いていた。「偉大なるアメリカの世紀」——「タイム」誌発行人のヘンリー・ルース[3]が、アメリカが第二次世界大戦に参戦する10カ月前に残した言葉だ。

「アメリカの独立宣言、憲法、そして素晴らしい工業製品や技術は、世界の諸国民に分かち与えられることになる。20世紀は、偉大なるアメリカの世紀となるだろう」

アメリカは、今や世界に自由と民主主義を広める役割を果たすべき存在だと訴えたのだ。以前のような孤立主義ではなく、世界秩序という大義を掲げ、勝利し、自信を深めたアメリカ。自らの理想へと邁進《まいしん》する「偉大なるアメリカの世紀」が現実のものになろうとしていた。

華やかな戦勝ムードの中、戦後から50年代前半にかけてスクリーンを賑わせたのは開拓期のガンマンたちだった。当時西部劇は年間１００本以上も制作され、黄金期を迎えた。中でも数多くの作品に出演し、時代を代表するスターとなったのがジョン・ウェインだ。

※3　**ヘンリー・ルース**（１８９８－１９６７）　アメリカの雑誌編集者。タイム社の創始者。「タイム」「ライフ」「フォーチュン」など名だたる雑誌を立ち上げた。41年2月の「ライフ」誌に論文「アメリカの世紀」を掲載し、アメリカ式の生活が世界へ広まると主張した。

多くの西部劇で、正義感溢れる男を演じ、公爵を意味する「デューク」の愛称で親しまれた。戦後、名匠ハワード・ホークス監督とのコンビによる『赤い河』[4]（1948）が大ヒット。人気を不動のものとした。

ジョン・ウェイン演じる南部のカウボーイ、トーマス・ダンスンは、牧場で育てた牛を北部ミズーリの市場で売るため、1万頭もの牛を連れ、壮大な旅・ロングドライブに出る。しかし、射撃合戦やネイティヴ・アメリカンの襲撃など過酷な旅の途中でカウボーイたちの意見は割れる。旅を続けるべきか、目的地を変更するべきか。息子同然のマットもついにダンスンから離れることを決意する中、ダンスンは復讐に駆られていく。

なぜ、人々はこの映画にこんなにも熱狂したのか。それはジョン・ウェインの姿に力と理想のシンボルを見たからだろう。力強いマッチョな男が、拳で相手を黙らせる。「アメリカの巨人」と謳《うた》われた男に、多くの国民がアメリカの姿を重ねたのだ。

ヒーロー像を求めて
——ブルース・シュルマンの証言

『赤い河』は、西部劇映画の歴史の中で画期的なものでした。西部劇というジャンルの転換点あるいは移行期を体現し、アメリカ文化とアメリカ映画史における１９４０年代という時期を赤裸々に表わした映画だと思います。

主役のジョン・ウェインは、西部劇だけでなくアメリカの男らしさの象徴になっていました。古典的な西部のヒーロー像が、第二次世界大戦末期、アメリカが世界の頂点に立っ

力強いマッチョな男が拳で相手を黙らせる。主役のジョン・ウェインは強いアメリカの象徴だった／『赤い河』

た勝利の瞬間にふさわしかったのです。

　この男は寡黙で多くを語りません。感情を心に秘めているのです。心の中で燃え上がっていても表面上は分かりません。そして自分の思いを伝える時には「暴力」を通して表現するのです。

『赤い河』の水面下には心理的ドラマがあります。あれは家族の物語なのです。そのことが、批評家が言う「心理学的西部劇（サイコロジカル・ウエスタン）」という西部劇映画の新たなトレンドを作り出したのでしょう。

　物語の核は、ジョン・ウェイン演じるダンスンとマットという息子の役割を果たす若者とのライバル関係です。マットは旅の途中で

※４　**『赤い河』**（Red River）　１９４８年　監督：ハワード・ホークス　出演：ジョン・ウェイン、モンゴメリー・クリフト、ジョアン・ドルー　▼南北戦争の14年前。トーマス・ダンスンはテキサスに大農場を作る希望に燃えていた。14年後、有数の牧場主となったカウボーイのダンスンは1万頭の牛を売るためミズーリへ向かう。だが、苦難続きの道中でカウボーイたちは疲弊。ついに息子同然のマットもダンスンに反旗を翻す。

ダンスンに反旗を翻し、離れていきます。ダンスンはマットを許せず追いかけます。

映画の最後のクライマックスでは、この2人がついに再会して決着をつける様子が見られます。決着は暴力でつけられると、観客は確信しているわけです。最後に2人は銃を捨て、拳で殴り合います。そこに一人の女性が銃を放ち、それによって2人が殴り合いをやめると、彼女はこう言います。2人は互いに愛し合っているんだと。2人の男が口で言えないことを、彼女は代弁したのです。このように物語は予想外に「家族の仲直り」というハッピーエンドで終わります。

この心理的要素は、西部劇というジャンルでは比較的新しいものでしたが、その後1950年代の西部劇に取り入れられていくようになります。

アメリカ人にとっての「戦後」は南北戦争後
――カート・アンダーセンの証言

アメリカ人は、自分たちに関するストーリーが欲しいのです。世界で起きていることには興味がなく、自分たちの物語を見たい。西部劇とは、比較的近い過去を題材にしたこの国の神話であるからこそ人気が出たのです。

アメリカ人には二面性があり、全てを近代化したいと考えるのと同時に、近代化前の時代に対するノスタルジーも感じていました。まだ馬に乗り、平原地帯に住んでいるような西部劇に出てくる時代です。

アメリカでは「アンテベラム（戦前）」という言葉は、南北戦争前の奴隷制を基盤とした時代のことを指します。それを西部劇に関連づけると興味深いことが分かります。ほとんどの西部劇は南北戦争が終わって20年以内を舞台にしているのです。

そこには、南北戦争は過去のものであり、もう奴隷制をめぐって争ったりはしていない。もう南北戦争のような難しい話はやめようという思いが込められていると考えられます。

それは、戦後の時代に話題をそらすほうが誰にとっても楽だったからでしょう。全員が「アメリカ人」であり、互いに争ったりしない時代に戻りたいという心理がそこにあります。西部劇でも殺し合いはありますが、決して奴隷制をめぐって争うことはないのです。

アメリカの「男らしさの危機」の時代

人々が求めていたのは、古き良き時代にあったはずの国民の一体感だった。ジョン・ウェインはそんな戦後の空気を摑んだ。

そして、西部劇は当時のファッションにも影響を与える。ウエスタンスタイルの流行と、それに伴うジーンズのブームだ。ゴールドラッシュに沸く19世期末にワークウエアとして生まれた「ジーンズ」。１９４７年に世界初のデザイナージーンズが販売され、作業着ではなくカジュアルウエアとして生まれ変わる。人々はこぞって西部のフロンティアスピリットを身に纏《まと》った。

輝かしい勝利の時代に、さらに輝かしい過去の神話にすがろうとする人々。そこにあったのは、意外にも戦後アメリカ社会が抱える不安だった。

シュルマンは次のように指摘する。

「信じられないかもしれませんが、１９４0年代後半から50年代はアメリカの男らしさの危機の時代でした。それはオフィスで働くことになった多くのアメリカ人男性にとって、経済的繁栄や社会的地位の向上がもたらした予期せぬ副産物でした。

組織の従業員たちは、西部劇で見るような自立した生き生きとしたキャラクターではなくなっていました。アメリカの男らしさに何が起こっているのか、多くの人が不安を感じていたのです」

「偉大なるアメリカ」の背後にあった「輝かしい過去」へのノスタルジー。時代の空気は、戦後の国民の生活にも大きな影響を与えた。

開拓者のように我が家を持ち、一城の主となることを多くの国民が目指したのだ。

それを可能にしたのは安価な住宅の登場だ。戦時中、海軍の設営部隊にいたウィリアム・レヴィットは復員後、軍で培った技術をもとに、たった1日で住宅を建設するプレハブ工法を考案した。それにより住宅の大量生産が可能となった。

レヴィットタウンと名づけられた郊外の住宅地の第一次受付が始まったのは、『赤い河』公開の翌年、１９４９年のことだった。大量生産方式で建てられた住宅の価格は1万ドルを切り、復員軍人のための低金利ローンも手助けとなって、若い夫婦たちが押し寄せた。

アンダーセンは、このことは、アメリカン・ドリームの発露だと、次のように述べる。

「多くの郊外の住宅街は、かつてのアメリカの小さな町を再現したものでした。そのためノスタルジックな部分が大きかったのです。（西部劇の舞台となった）１８００年代後半に〝アメリカン・ドリーム〟として根づいたアメリカ的な考えに基づくのです。郊外に暮らすことは昔ながらのアメリカン・ドリームを実現するための手段となっていたのです」

郊外で古き良き時代の夢に浸《ひた》る。戦後、世界中へと広まっていくアメリカン・ウェイ・オブ・ライフの一つの形が生まれたのである。

2　疑心――『ローマの休日』

ハリウッド初のオール海外ロケだった理由

１９５０年代、日本の女性たちの間であるヘアスタイルが大流行した。軽快なショートカットの名は「ヘプバーンスタイル」。女優オードリー・ヘプバーンのスタイルを真似たものだ。『ローマの休日』[5]（１９５３、日本公開は１９５４）のヒットにより、この流行はあっという間に広まった。

ヘプバーン演じる、とある国の王女は、ローマ滞在中に窮屈な王室の生活に我慢がならなくなり、夜中に城を抜け出す。そこで出会ったグレゴリー・ペック扮するアメリカ人記者との淡いロマンスを描いた作品だ。

そのオープニングクレジットには、「この作品は全てイタリアで撮影された」という一文がある。今でこそロケは当たり前だが、この時代はスタジオでの撮影が常識だった。『ローマの休日』は、ハリウッド史上初の全編海外ロケで制作された映画だった。

しかし、これは資金が潤沢にあったなどの理由ではない。その背景には、戦後のアメリカに差した暗い影があった。

『ローマの休日』公開6年前の1947年3月、トルーマン大統領は共産主義封じ込め政策「トルーマン・ドクトリン」[6]を発表する。戦後、経済的、軍事的に台頭したソ連の存在はもはや無視できないものとなっていた。冷戦時代の幕開けである。東ヨーロッパの国々も次々と社会主義化していく中、共産主義の脅威がアメリカを脅かし始めていた。

そして、その脅威は国内の共産主義者の摘発、いわゆる「赤狩り」を招く。

その急先鋒となったのが非米活動委員会だ。[7]彼らがターゲットとしたのは、国民に強い影響力を持つハリウッドだった。非米活動委員会はワシントンで公聴会を開催し、脚本家ジョン・ハワードら、多くのスターや映画関係者が次々に召喚された。

召喚される人物は密告によって決められていったと、シュルマンは次のように述べる。

「非米活動委員会の公聴会は一種の道徳劇のようなもので、元共産主義者が過去の失敗を認め誤りから学び、いかに愛国的なアメリカ人になったかを語るという形で行なわれました。そしてその忠誠心を証明するため、かつての共産主義者の仲間の名前を言わなければならないのです。多くのハリウッドの著名人がそうした密告を行ないました」

例えば、ウォルト・ディズニーは公聴会で次のように証言している。
「我が社の労働組合のソラール氏は共産主義者だと思います。彼は共産党から資金援助を受けストライキを行なったのです」

この公聴会に召喚された一人に、当時、売れっ子脚本家だったダルトン・トランボ[8]がいた。『ジョニーは戦場へ行った』などの小説作品でも知られる。

彼は戦時中に共産党に所属し、政治的な信条を公にすることなく仕事をしていた。第二

※5　**『ローマの休日』**（Roman Holiday）　１９５３年　監督：ウイリアム・ワイラー　出演：オードリー・ヘプバーン、グレゴリー・ペック　▼歴史ある王室のアン王女は訪問中のローマで、窮屈な生活に嫌気がさして夜中に城を抜け出す。そこでアメリカ人新聞記者のジョー・ブラッドレーと出会い、彼に街を案内してもらうが……。

※6　**トルーマン・ドクトリン**　１９４７年にトルーマン大統領が打ち出した反共「封じ込め政策」のこと。直接的には、当時内戦状態にあったギリシャや不安定化していたトルコに対して、反共のための援助を宣言。共産主義化の「ドミノ現象」を防ぐことを目的とした。

※7　**非米活動委員会**　アメリカの下院議会に１９３８年に設置された委員会。当初は破壊活動やファシズムの調査が目的であったが、第二次大戦後は主に共産主義をターゲットとした「赤狩り」の場となった。１９７５年に廃止。

※8　**ダルトン・トランボ**（１９０５－76）　映画の脚本家や小説家として活躍した作家。小説の代表作は１９３９年に発表した『ジョニーは戦場へ行った』。43年に共産党に入党しており、47年に非米活動委員会からの証言を拒否したことで禁固刑を受けた。

次大戦では、ソ連はアメリカと共にファシズムと戦う連合国だ。アメリカ国内にも共産主義の理想に共感するものは、決して少なくなかった。

「あなたは共産党員ですか？　かつて共産党員だったことはありますか？」

こう問われたトランボは次のように言った。

「あなたはいかなる理由でその質問をしているのですか？」

質問を質問で返し証言を拒んだトランボは、ハリウッドを追放されてしまう。歴史に残る名作『ローマの休日』は、実はトランボが正体を隠し、友人の脚本家イアン・ハンターの名を借りて40年代末に書き上げた作品だった。


その頃、東西冷戦の緊張は日増しに高まっていた。

１９４９年、ソ連が核実験に成功。アメリカによる核の占有は崩れ去り、「偉大なるアメリカ」の自画像も大きく揺らいだ。同じ年には、共産党政権による中華人民共和国も成立した。翌１９５０年、朝鮮戦争が勃発。自由主義陣営と共産主義陣営の直接対決がついに始まる。

そんな中、トランボの名を伏せたまま『ローマの休日』の制作は決定された。監督を務めることになったのはウイリアム・ワイラー。彼もまた、赤狩りと闘う人物だった。

当時のハリウッドは、共産主義と関わりのある者のブラックリストを作成し、「反共」の姿勢を前面に押し出していた。閉塞感に覆われた現場に嫌気がさしたワイラーは、赤狩りに抗議すべく、有志たちとリベラルな映画人組織を立ち上げていた。

ハリウッド初の海外ロケ。それは「赤狩り」への抵抗だった／『ローマの休日』

当時、ワイラーはラジオ番組でこう述べている。

「非米活動委員会は人々に脅威をもたらし、意見を抑え込んでいます。ハリウッドに恐怖を生み、表現を麻痺させているのです」

ワイラーは赤狩りへの抵抗として、共同プロデューサーのレスター・コーニッグをはじめ、ブラックリストに載りハリウッドを追放されていたスタッフたちを起用した。そして彼らを守るために、映画会社の目が届きにくいイタリアの地で撮影することにしたのだった。

さらにワイラーは、トランボの脚本になかった場面を現地で付け加える。真実の口に手を入れるという有名なシーンだ。

「〝真実の口〟だ。嘘つきが手を入れると咬まれるという言い伝えがある」

「怖いのね」

もちろん石像が動くはずはない。お互いに嘘をつき、正体を隠した2人の物語。ワイラーが描き出したのは、疑心暗鬼を超えた信頼の形なのかもしれない。

シュルマンはこの映画の意義を次のように強調する。

「『ローマの休日』は素晴らしいロマンティックコメディの映画であると同時に、共産主義者に対する恐怖と猜疑心《さいぎしん》が、いかに1950年代の空気を形作っていたかを示す作品なのです。あの時代のハリウッドではブラックリストが作成されていました。トランボもそのリストに載せられていた『ハリウッド・テン』の一人です。ただ、この作品は例外的にそのリストに載せられていた人たちによって制作され、成功を収めたのです」

嘘と猜疑心。誰もが本心を隠して生きる重苦しい空気が、アメリカ社会を覆っていた。

吹き荒れるマッカーシズム

1950年7月、戦時中に軍の電気工を務めていたジュリアス・ローゼンバーグがソ連のスパイの容疑で妻と共に逮捕され、死刑判決を受ける。同僚も、隣人もスパイかもしれない……。アメリカ国民を、疑心暗鬼に陥れた事件だ。

そんな時代の空気はイデオロギー闘争にも利用され、さらなる事態を招く。

50年代赤狩りの中心人物となった上院議員、ジョセフ・マッカーシーは「一つの大学に共産主義者が一人いるだけでも多すぎる」などと述べ、激化する冷戦を背景に、組織に紛れた共産主義者を摘発していった。その激しさから赤狩りは「マッカーシズム」と呼ばれるようになる。しかし、その告発の多くは全く根拠のないものだった。それでも過激な発言を繰り返し、注目を浴びることで、マッカーシーは権力を手にしていく。人々も募る不安から、過激な権力者を熱狂的に支持した。

なぜ人々はそんなにも「反共」へと共感したのだろうか。アンダーセンは次のように述べる。

共産主義への恐怖を煽ったのは誰か
――カート・アンダーセンの証言

ソ連が核装備を行ない、共産主義の脅威は現実にそこにある問題となっていました。戦時中の同盟国は、いまや強大な敵となりました。そして、それに対する過剰反応や脅威の誇張は、右翼にとって有益だったのです。

右派や極右の人々は、自分たちの政治的目的を達成する手段として、共産主義への恐怖を煽《あお》りました。特にマッカーシーはひどい人間で、ひねくれたデマゴーグでした。

彼は人々の陰謀論への弱さを助長しました。

現実世界の複雑さは、時に人々をいらだたせ、困惑させます。その時に多くの人が白か黒かをはっきりさせ、大きな敵を持ちたいという願望を持ってしまう。彼はそれを助長し

※9　**ローゼンバーグ事件**　1950年、ソ連にアメリカの原爆機密を流したとして、ローゼンバーグ夫妻が逮捕された事件。夫妻は無罪を主張したが、死刑が執行された。冤罪であるとして、アメリカやヨーロッパなどで強い抗議運動が起きた。

たのです。悪魔のように巨大な敵がいることで、全てが単純化されるからです。

アメリカ人は基本的に単純であることを好みますから、誰を憎めばいいのか？　という問いに答えを与えてくれる人を望んだのです。

アメリカ人が様々なヒステリー、特に外国人に関するヒステリーに弱いということは昔から見られます。１８００年代における敵はフランス人やカトリック信者で、その後はユダヤ系やドイツ人になり、関わっている戦争によって対象が変化していきました。１８４０年代から50年代にかけてアイルランドから大きな移民の流入があった際は、彼らが嫌悪の対象になりました。そういう歴史があります。

そして、１９４７年ぐらいからソ連が崩壊する１９９１年までは、私たちの恐怖や嫌悪の矛先は一つに集中していました。これは科学の時代にあって宗教的とも言えるほど強い感情でした。

誰も手を差し伸べない
――なぜ『真昼の決闘』の保安官はバッジを投げ捨てたのか

そんな時代に、ある奇妙な西部劇が公開され話題となる。それが『真昼の決闘』[10]（１９５２）だ。

任期を終え町を出ようとしている保安官だったが、かつて自分が捕まえた悪党が戻ってくると聞き、留まることにする。彼に恨みを持つギャングとの戦いが描かれるという意味では、よくある西部劇の筋書きだ。

ギャングとの決戦が刻々と迫る中、普通なら仲間が自然と集まってくるはずなのだが、この主人公の保安官は人々に頭を下げ、一緒に戦ってくれないかと助けを求めるのだ。しかし、彼に味方する町の人は誰もいない。誰も彼と関わりたくないのだ。

保安官は何とか勝利する。戦いの結果を見に来た人々を見渡し、彼は正義の象徴である保安官のバッジを地面に投げ捨て、街を去っていく。

本当に助けが必要な時、誰も手を差し伸べない。赤狩りの嵐の中で仲間を売り、口をつぐんだ人々と同じだ。描かれていたのは、そんな「偉大なるアメリカ」の正義の揺らぎだった。

実は真昼の決闘の脚本を書いたカール・フォアマンもまた、ハリウッドのブラックリストに載った一人だった。この映画の制作中に嫌疑がかかり、完成後にイギリスへ亡命した。

ジョン・ウェインが嫌った『真昼の決闘』——ブルース・シュルマンの証言

小さな西部の町の保安官は、日曜日に人が集まる酒場と教会に行き、自分を助けてくれる仲間を集めようとします。しかし、彼らは口々に「協力はできない」「あんたがいなけれ

※10 **『真昼の決闘』**（High Noon）　1952年　監督：フレッド・ジンネマン　出演：ゲイリー・クーパー、グレース・ケリー　▼保安官ウィル・ケインは任期を終え、エミイとの結婚式を挙げている。だが、そこへかつてケインが捕まえ絞殺刑が決まったはずの悪党ミラーが釈放され仲間3人を引きつれて戻ってくるとの報が届く。ケインは悪党たちに一人で立ち向かうことになる。

ばゴタゴタも起きない」などと言います。その結果、保安官は一人で無法者のギャングに立ち向かわなければならなくなるのです。さらにかつて付き合っていた女性にも見放されてしまう。

保安官がギャングを倒した後、有名なラストシーンがあります。保安官と新しい妻は馬車に乗って町を離れようとしますが、その時保安官は自分のバッジを不愉快そうに投げ捨てるのです。

『真昼の決闘』には妙な背景があって、主演のゲイリー・クーパーはハリウッドにおける反共産主義者の筆頭の一人でした。ジョン・ウェインほど積極的に発言してはいなかったかもしれませんが。ジョン・ウェインは、あの時代に赤狩りを進めた最も悪名高き上院議員のジョセフ・マッカーシーの熱烈な支持者です。

そして実は、ジョン・ウェインはゲイリー・クーパーに『真昼の決闘』に出演しないよう忠告していました。ジョン・ウェインはこの作品を嫌っていました。彼はこの作品がハリウッドの反共主義に対する批判だということを理解していたのです

もちろん、脚本家のカール・フォアマンにとって、この作品はマッカーシー時代のアメリカの臆病さや服従性を表す寓話でした。主人公は人々がおびえる中、正義のために立ち上がることができる男でした。そして、多くのアメリカ人はそれ以外の町の人たちだったわけです。

宇宙からの侵略者によって表現された不安感

「男は黙って拳で言うことを聞かせる」

そんな、戦後アメリカ社会に見え隠れした「理想」は、赤狩りの中で揺れ始めていた。共産主義への不安と猜疑心がアメリカ全土へと広がる中、首都ワシントンである事件が起きる。それが１９５２年７月に起きた「ワシントンＵＦＯ乱舞事件」[11]と呼ばれる騒動だ。空飛ぶ円盤が２度にわたって突如ワシントン上空に出現。複数の謎の発光体が飛び回ったというのだ。目撃情報が次々と寄せられ、「米空軍情報局長は、最近アメリカ上空を飛ぶ円盤の数があまりに夥《おびただ》しいので、他のことは何も手につかぬ有り様」（「朝日新聞」１９５２年８月１日）と報じられている。

人々の間には、「ソ連の放った秘密兵器ではないか」という噂が広まった。49年のソ連の核実験成功[12]を受け、アメリカは52年により強力な水素爆弾の開発に成功するが、その翌年にはソ連もより小型の水素爆弾を開発し、対抗する。次第に冷戦がエスカ

※11　**ワシントンＵＦＯ乱舞事件**　１９５２年７月、首都ワシントンの上空に未確認飛行物体（ＵＦＯ）が現れたという報告が多数寄せられ、報道が過熱した。空港の管制官がレーダーで不審物を発見したのを機に、パイロットなど複数の人物が目撃したという。

※12　**ソ連の核実験成功**　１９４３年から本格的な核開発に取り組んでいたソ連は、49年８月に核実験に成功し、世界で２番目の核保有国となった。

レートする中、アメリカ社会は核の脅威に怯えていた。当時アメリカ政府が制作した啓蒙映画では、手作りの核シェルターの作り方が紹介されている。

アメリカ国民にとって、第三次世界大戦は極めてリアルな問題となろうとしていた。どこからともなくやってくる未知の脅威。その不安と恐怖は、映画にも及ぶ。ワシントンＵＦＯ乱舞事件の翌年１９５３年には、24本ものＳＦ映画が公開されていることからもそれが窺い知れる。

その一つが、『宇宙戦争』[13]（１９５３）。移住先を求めて火星から襲来した異星人と人類の戦いを描いた物語だ。ある時、カリフォルニア州に隕石が落下したとの報があり、たまたま釣りで近くに来ていたクレイトン博士は調査を依頼される。その晩、隕石を監視していた3人の男たちは、中から出てきた「目」のようなものから放たれた光線に焼き尽くされてしまう。隕石の正体は、火星人の宇宙船だったのだ。博士は火星人の弱点を探ろうと奮闘する。

原作は、『タイムマシン』などで有名なＨ・Ｇ・ウェルズ。２００５年にはスピルバーグ監督、トム・クルーズ主演でリメイクされている名作ＳＦだ。１９５３年のオリジナルの作品のラストシーンで、追い詰められた主人公たちが向かったのは教会だった。人類をはるかに凌《しの》ぐテクノロジーを持つ相手に対し、人々ができることはただ神に祈るのみだった。実は、ここに冷戦時代の空気を読み解く鍵があるとアンダーセンは述べる。共産主義を怖れ、扇動的なデマに煽られた人々。その背景には「信仰心」があったというのだ。アンダーセンはこう証言する。

「意識的なのか無意識なのかはさておき、反共産主義的、反－反共産主義的な寓話も多くありました。ソ連や中国の代わりに、宇宙人が侵攻してくるのです。アメリカ人特有の信心深さが陰謀論を信じてしまう大きな要因でした。極端なプロテスタントの宗教形態は、とても反近代的で反科学的だったのです。そうしたことが現実世界の仕組みについての陰謀論に弱い人々を生み出していたのです」

映画の幕切れはあっけなく訪れる。それまで殺戮《さつりく》の限りを尽くしてきたＵＦＯが突然次々と墜落するのだ。人類は何も反撃できないが、火星人たちは自滅し、息絶えていく。その理由は、「大気中のバクテリアに火星人は抵抗力がなかった」というものだ。人類の知恵や努力を超えた火星人を倒したのは、神に与えられた最小のものであった。描かれていたのは、無宗教の侵略者に打ち勝つ、神の国の姿だ。

清教徒による理想国家の夢から始まった国。信仰の熱量は、当時もアメリカ社会を動かし続けていた。

さらに『ボディ・スナッチャー』[14]（１９５６）では、宇宙から来た未知の生命体によって

※13　**『宇宙戦争』**（The War of the Worlds）　１９５3年　監督：バイロン・ハスキン　出演：ジーン・バリー、アン・ロビンソン　▼カリフォルニア州に隕石が落下したとの報があり、クレイトン・フォレスター博士は調査を依頼される。隕石の正体は、火星人の宇宙船であり、彼らは地球を侵略しに来たのだった。世界各国は一致団結して立ち向かうが……。

人類が乗っ取られようとしているという物語が描かれる。豆のさやのような中に、自分のコピーができていくのだ。

このB級ホラーに、当時のアメリカの大衆的な無意識が顕《あらわ》れていると言うのは、作家で文芸評論家のロン・ローゼンバウムだ。次のように分析する。

「郊外に暮らす恐怖を描いた作品だ。郊外での生活で個性を失ってしまった住民が異星人の豆のサヤに取り込まれ人間そっくりの異先人に変えられてしまう。〝豆のサヤ〟は、郊外住宅という存在が人々の個性を吸い尽くし増殖していく比喩なのだろう」(David Halberstam『The Fifties』Ballantine Books)

3 夢――『紳士は金髪(ブロンド)がお好き』

モンローの姿に託された夢

1950年代、アメリカ経済はこれまでにない成長を遂げる。GDPは49年末から急上昇し、50年代を通して2倍半の増加を達成した。政府の財政支出も国防費を中心に高い水準で維持され、除隊後の兵士に対する手厚い補償や、核兵器の運搬も可能な高速道路網の建設、さらに50年に始まった朝鮮戦争も好景気を生み出し、国と民間が一体となってアメリカ経済は成長を続けていく。冷戦下、軍産複合体[15]によってもたらされた輝かしい繁栄に

「ダイヤは女の親友」モンローはアメリカの豊かさの象徴一つ／『紳士は金髪（ブロンド）がお好き』

より、平均年収は戦後から50年代半ばまでに85％増加した。

そしてこの時代、特筆すべきは、アメリカ社会が実現していた所得の平準化だ。１０００ドル未満の層はわずか７％、１万ドル以上は８％と、貧困層、富裕層は少なく、分厚い中間層を中心に、多くの庶民が豊かさを実感する社会の形が生まれていた。

自動洗濯機や食器洗い機など、これまでなかった夢のような電化製品が家庭に行き届き、冷凍食品などの新製品が次々と生まれていく。生活を便利にする新商品に人々は心躍らせ、夢の消費が経済をさらに活性化していく。

※14　**『ボディ・スナッチャー／恐怖の街』**（Invasion of the Body Snatchers）　１９５６年　監督：ドン・シーゲル　出演：ケヴィン・マッカーシー、ダナ・ウィンター　▼救急病院に錯乱した一人の男が運び込まれる。彼は、宇宙から来た未知の生命体によって人間の体が乗っ取られようとしており、町から逃げ出してきたのだと言う。

※15　**軍産複合体**　軍需産業を中心とした企業と政府（政治家）や軍隊が密接な関係にあることを示す言葉。軍事予算をめぐる癒着が、政策決定に大きな影響を与えてきたとされる。

誰もが好きな物を手にできるアメリカン・ドリームの一つの形が完成しつつあった。

そしてこの時代、アメリカの豊かさと煌《きら》めきの象徴ともいうべき一人の女性が人気を集める。マリリン・モンローだ。戦時中、軍需工場に勤めていた少女が、世界のセックスシンボルになった。

1953年に公開された『紳士は金髪（ブロンド）がお好き』[16]で、モンロー演じるローレライは、「でもダイヤは、決して形が変わらない、だからダイヤは女の親友なのよ」と、くったくなく物質至上主義を歌い上げる。

モンローは、この作品の大ヒットをきっかけに、一躍トップ女優の仲間入りを果たす。その翌年には、彼女は朝鮮戦争の在留米軍の慰問公演を行なう。東西冷戦の最前線に降り立った超大国アメリカの欲望の象徴に兵士たちは熱狂した。

テレビに映し出された理想の家族

さらにアメリカ国民に夢を与える電化製品が出現する。魔法の箱、テレビだ。戦時中は軍事利用の周波数確保のため、規制されていたテレビ放送だが、50年代に規制が解かれると、続々とテレビ局が開局した。

平均月収がおよそ280ドルのこの時代、一台およそ100ドルのテレビを人々は競うように買い求めた。郊外の住宅で家族揃って見るテレビの画面に、人々は自らの幸せの形を確認したのだろう。

『パパはなんでも知っている』[17]（１９５４年放送開始）、『うちのママは世界一』（１９５８年放送開始）、『アイ・ラブ・ルーシー』（１９５１年放送開始）など、数多くのホームコメディが制作された。中でも人気があった『アイ・ラブ・ルーシー』は53年1月には全米で視聴率68・8％を記録。翌日に行なわれたアイゼンハワー大統領就任式の倍以上の視聴者数だった。

テレビは単なる娯楽を超えて、共通の文化となったとアンダーセンは次のように指摘する。

「テレビの普及が成し遂げた最も重要なことは、非常に広大で人口が広く分散したこの国で宗教も階級も越えた共通の文化を生み出したということです。このように国民が共通の文化を持つのはこの時が初めてでした。全員が同じものを見ていたのです。そしてそれは、〝アメリカ人としてあなたはこうあるべきだ〟ということを示す鏡となったのです」

この時代のテレビ番組で最も人気を博したのはシットコム、日本風に言えばホームコメディだ。なんでも知っている頼れるパパと、専業主婦の優しいママが暮らす家庭のドラ

※16　**『紳士は金髪（ブロンド）がお好き』**（Gentlemen Prefer Blondes）　１９５３年　監督：ハワード・ホークス　出演：マリリン・モンロー、ジェーン・ラッセル　▼ローレライとドロシーは、ニューヨークのナイトクラブで働く人気ショーガール。ある時、ローレライは大富豪のガスと知り合いパリで挙式することになる。パリに向かう船上でドロシーはある男性と仲良くなり……。

※17　**『アイ・ラブ・ルーシー』**（I Love Lucy）　１９５１－57年　放送局：ＣＢＳ　出演：ルシル・ボール、デジ・アーネス　▼ニューヨークで暮らす音楽家のリッキー・リカードとその妻で主婦のルーシー、そして同じアパートに住むルーシーの親友エセルと夫フレッドたちを軸にした、アメリカを代表するシットコム。

マ。テレビは「理想の家族」のイメージを広めた。

戦時中、動員された男性に代わり職場に進出した女性たちは、戦争が終わると一斉に家庭へと戻る。専門職、技術職に進む女性の割合は、1930年の45%から50年には40%へと下落。時代の夢の形は、変わり始めていた。

冷戦への不安と恐怖から目をそらすように、人々はテレビの中に夢を求めたのだ。

さらに50年代半ばにホームコメディに次いで高い視聴率を記録したのが、クイズ番組だ。視聴者が参加して高額の賞金を得る。そこにはアメリカン・ドリームがあった。

内向きの時代のアメリカン・ドリーム
――ブルース・シュルマンの証言

1950年代に対する私たちのイメージを端的に言えば、驚くほど内向きで、郊外に暮らす核家族に均一化された、となるでしょう。そしてテレビのシットコムは、この現実を反映していました。

戦後の豊かさという特徴と経済的繁栄は、多くのアメリカ人にチャンスを与えました。それまで都市部の低層集合住宅や同じ界隈に、両親と祖父母、親戚を含む大家族で住んでいた労働者階級の人々が、戦後の繁栄のおかげで、家を郊外に購入できるようになったのです。だからこそ、郊外の伝統的な家族が強調されたわけです。

ホームドラマのストーリーはありきたりで、専業主婦のちょっとおっちょこちょいだけど愛情いっぱいの「母親」がいます。そして、少々厳格だけれど、責任感があり模範となるような「父親」もいます。それこそがまさに１９５０年代の家庭生活のモデルになるのです。

１８００年代の終わりから現在に至るまでの1世紀以上の間、アメリカの生活様式は一種の自由化に向かっていました。より多くの女性が家の外で働き始め、より多くの女性が高等教育を受けるようになりました。

１９４０年代後半から１９５０年代にかけての時期は、こうした流れの例外です。開放的になりつつあったこれまでの１００年間の中で、過去のような家庭生活に回帰していった異常な時期だったのです。

これは戦後の世界の特殊な状況への反応です。冷戦下の核による滅亡への恐怖から、人々は家族単位でまとまりたいという欲望を持つようになったのです。

テレビ放送の初期において、シットコムに続いて人気だったのがクイズ番組です。なぜそんなに人気があったのかと言えば、それはクイズ番組ではアメリカン・ドリームが現実のものになる様子を見られるからです。普通のアメリカ人が運と勇気と努力で逆境に打ち勝って頂点にたどり着き、大金を獲得する。これこそがまさにクイズ番組の醍醐味なのです。

『裏窓』から見える理想の家庭の裏側

テレビを通じ、誰もが同じ夢を見たこの時代、郊外の生活に欠かせない自動車もまた、夢を実現する手段となる。

当時世界最大の自動車メーカーは「より派手に より大きく より力強く」をモットーとし、アメリカン・ドリームの象徴となった。自動車の普及率は、50年代半ばに全世帯の7割に達した。

1955年にはマクドナルドのフランチャイズ1号店が開店する。街道沿いには、様々なファストフードのチェーン店が立ち並び、アメリカ全土で多くの人々が同じ物を食べる食文化が広がった。

誰もが同じ夢を見る豊かなアメリカ。幸せの形もまた、均質化していった。

そんな時代の空気を描写した傑作サスペンスが巨匠アルフレッド・ヒッチコックによる『裏窓』[18]（1954）だ。ヒッチコックはこの作品で、日常に潜む人々の様々な心の綾《あや》を鮮やかに描き出した。

主人公のカメラマン、ジェフは、郊外での「理想の家庭生活」をあえて拒み、独り、アパートで暮らしている。足を骨折して動けない彼ができることは、同じようなアパートの部屋で暮らす隣人の生活を望遠レンズで覗き見ることだけだった。

見えるのは夫婦喧嘩などばかりで、住民たちは必ずしも幸せではないようだ。そんな中、ジェフはとある隣人の怪しい行動を目にする。何かとんでもないことが起きているのではないか？　穏やかでいられなくなった彼の心は波立ち始める。数々の「証拠」から、その隣人が殺人犯だと結論づけた主人公だが、警察も周りの人々も取り合ってくれない。正しいのは主人公か、それとも周りの大多数か？

イギリスからやってきたヒッチコックは、アメリカ社会を冷静に見つめていた。物質的な豊かさを背景に、誰もが同じ幸せを手にする「理想の社会」。平準化された夢の中に新たな暗がりが生まれていた。

冷戦時代を深く物語った『裏窓』――ブルース・シュルマンの証言

『裏窓』は1950年代の雰囲気の重要な部分を捉えた、ヒッチコックの傑作の一つだと思います。この映画がサスペンスに満ちていて時に非常に怖いのは、従来のホラー映画とは違い、観客が予想もしていなかった方法で衝撃を与えるからです。

『裏窓』では、ジェームズ・スチュワート扮する主人公のカメラマンは、怪我をしてアパートの自分の部屋から出られず、近所の家を窓から覗いています。

彼はある悪事が進行していることを確信しますが、グレース・ケリー演じる恋人や上司をはじめ、出会う全ての人物が主人公に向かって「あなたは間違っている」と繰り返し言うのです。部屋でやることもないから妄想しているだけだと。

彼は妄想症に陥ったように見えます。もはや隣人を信用できないこの世界で。しかし、

※18 **『裏窓』**（Rear Window）　1954年　監督：アルフレッド・ヒッチコック　出演：ジェームズ・スチュアート、グレース・ケリー　▼カメラマンのジェフは足を骨折して動けず、望遠レンズでアパートの住人たちの生活を覗いている。いつも夫婦喧嘩をしていたソーワルド夫妻の妻の姿が見えないことに気づいた彼は……。

実際にはそれは妄想ではなく、主人公が恐れていたことは現実だと分かるのです。そして彼の恋人さえも危険な状況に陥ります。

私はこの映画の意味を次のように考えています。１９４５年から50年代中頃においてパラノイアだと思っていたことが実は真実で、邪悪で恐ろしいものが覆い隠され、普通の生活のように見えていることが本当は憂慮すべきことなのだ、という考えを表わしていると。

この考え方は、冷戦時代を深く物語っていると思います。

4 抑圧――『暴力教室』

初めて「人間」としての黒人を演じたポワチエ

50年代、広がり始めた横並びの幸せを端《はな》から享受できない人々も存在した。その代表が黒人――アフリカ系アメリカ人だ。郊外の住宅地、レヴィットタウンでは彼らの入居は当初から許されていなかった。レヴィットタウンの開発者、レヴィットはこう言い放った。

「黒人の家族に一軒でも家を売ってしまえば白人客の90％から95％はその住宅街にもう住もうとは思わなくなるだろう。問題は客側の姿勢でわが社の姿勢ではない」（David Halberstam『The Fifties』Ballantine Books）

自由と民主主義の理想を世界に広めるはずのアメリカには、建国以来の越えがたい深い溝があった。人種差別である。

１９５５年8月。全米を震撼させる事件が起きる。ミシシッピー州で、14歳のエメット・ティル少年が壮絶なリンチを受け殺されたのだ。[19] 理由は白人女性に対して口笛を吹いた、というもの。少年殺害の罪に問われたのは、女性の夫とその友人だった。だが、２人は裁判で無罪の判決を受ける。陪審員は全て白人だった。

50年代、南部では人種差別が根強く残り、黒人は白人とは別の施設を使わなければならないという法律が定められ、分離政策[20]が取られていた。黒人は住宅、賃金、雇用機会、そして投票権においても白人と平等に扱われていなかったのだ。

エメット・ティル事件から4カ月後の１９５５年12月、アラバマ州モンゴメリーで、黒人女性ローザ・パークスが、白人の乗客に席を譲ることを拒み、逮捕された。彼女の行動に触発され、モンゴメリーの黒人たちは人種差別への抗議として、バス乗車のボイコットを始める。

※19　**エメット・ティル事件**　１９５５年、シカゴに住む14歳の黒人少年エメットは、ミシシッピ州のおじの家に来ていた。彼はそこで白人女性を口笛を吹いて誘ったと因縁を付けられ、女性の夫などからリンチを受け殺害された。残忍な事件は公民権運動の高まりに大きな影響を与えた。

※20　**黒人分離政策**　南北戦争後、憲法上は黒人の自由や平等が認められたが、南部諸州はジム・クロウ法と呼ばれる差別的な法律を制定し、公共交通機関やトイレなどが白人と黒人で分けられた。憲法訴訟に対して、連邦最高裁は「分離しても平等であれば差別には当たらない」とする判決を下した。

このバス・ボイコット運動[21]で表舞台に立ったのが、のちの60年代、公民権運動[22]を担うことになるキング牧師だ。

公民権運動のスタート地点とも言えるこの1955年に公開されたのが『暴力教室』[23]だ。不良少年が集まる高校に赴任した教師と生徒たちとの衝突を描いたこの作品。生徒は言うことを聞かず、クラスは崩壊状態だった。だが、一人の生徒の協力のもと、教師たちは徐々にクラスを立て直していくというストーリーだ。

この教師に協力してくれる生徒を演じたのが、黒人俳優シドニー・ポワチエである。当時、黒人俳優に与えられるのは、白人に従順な執事やメイドなどステレオタイプな役ばかりだった。そんな中、ポワチエが演じたのは、クラスをまとめ上げるカリスマ性を持った生徒。教師に反発するが、やがて心を通わせる深みのある役柄だった。

ポワチエは後にある大学の卒業式に招かれ、次のようなスピーチを残している。

「危険を冒して前へ進もうとしない者、未知の道を旅しようとしない者には、人生はほんのわずかな景色しか見せてくれないんだ」(「エスクァイア　Esquire The Big Black Book SPRING / SUMMER 2019」ハースト婦人画報社)

今なお続く、険しい道のり。その一歩を、ポワチエは『暴力教室』で踏み出したのだ。

1955年公開の『暴力教室』が意味すること
――ブルース・シュルマンの証言

『暴力教室』が1955年に公開されたことは重要なポイントです。その頃ハリウッドには黒人の俳優や関係者はほんのわずかしか存在せず、黒人俳優は過小評価され、ステレオタイプな役しか演じられなかった時代でした。あの映画が重要な転換点となったことは間違いありません。

50年代中頃は、公民権運動が勢いを増し始めた時期です。1954年にはブラウン判決が出され、黒人と白人で施設の使用を分離することを定めた法律が初めて違憲だとされました。1955年には若き日のキング牧師の主導でモンゴメリー・バス・ボイコット運動が発生し、アフリカ系アメリカ人にとって「異文化交差」と言われる時代が訪れようとし

※21　**モンゴメリー・バス・ボイコット運動**　アラバマ州モンゴメリーで起こった分離政策への抗議運動。ローザ・パークスがバスの白人優先席に座っていたという理由で逮捕されたことをきっかけに、市民による乗車拒否運動が広がった。

※22　**公民権運動**　1950年代から60年代にかけて、黒人の人権や平等を求める運動が活発になった。キング牧師などの先導のもとで集会や行進が盛んに行なわれ、64年に公民権法が制定された。「公民権」とはCivil Rightsのこと。

※23　**『暴力教室』**（Blackboard Jungle）　1955年　監督：リチャード・ブルックス　出演：グレン・フォード、ヴィック・モロー、シドニー・ポワチエ　▼リチャード・ダディエが教員として赴任したのは、ニューヨークの低所得者層の子たちが通う荒れた高校。リチャードは、黒人生徒ミラーと共にクラスを立て直そうとする。

ていたのです。

この映画でそうした時代を体現しているのは、のちに黒人俳優として初めてアカデミー賞を受賞したシドニー・ポワチエです。ポワチエは時代の先駆けとなりましたが、ハリウッドが人種統合を果たすのはかなり後になってからです。とはいえ、『暴力教室』の公開は、ようやくアフリカ系アメリカ人が映画や生活において白人とほぼ対等の立場になる可能性を示した希望に満ちた瞬間だったのです。

クラスをまとめる生徒役のシドニー・ポワチエ(左)。これまでの黒人俳優のイメージを覆した／『暴力教室』

ロックンロールがかき混ぜた黒人と白人のカルチャー

実は、この『暴力教室』は、ある黒人発祥の文化を発信したことでも話題となっていた。その文化とはロックンロールである。『暴力教室』公開翌年の1956年、アメリカの国民的テレビ番組「エド・サリヴァン・ショー」にエルヴィス・プレスリーが登場した。キング・オブ・ロックンロールと呼ばれるプレスリー。彼の歌は、黒人の存在なくしては生まれなかった。

50年代、厳しい差別を受けていた黒人たちの心を慰めたのが、黒人歌手によるリズム&ブルースと呼ばれる音楽だった。南部の町、メンフィスでそうした黒人音楽を聞いて育ったプレスリーは、そこにカントリーなど白人音楽の要素を交え、歌ったのだ。

彼は自身の音楽について、次のように語っている。

「黒人たちはずっと以前から僕が今やっているようなスタイルで演奏し、歌っていたんです。彼らは粗末な小屋や酒場のジュークボックスで歌っていました。こんな風にね。でも僕がやるまでは誰も黒人たちの歌に耳を傾けようとしなかったのです。僕は黒人から学んだのです」（Kays Gary「Elvis Defends Low-Down Style」［『The Rock History Reader』］）

ロックンロールの魅力に人種は関係なかった。ロックコンサートの会場では白人と黒人が入り混じり、熱狂するようになっていた。

ポピュラー音楽と公民権運動の融合
——カート・アンダーセンの証言

言うまでもなく、エルヴィス・プレスリーはのちにロックンロール革命と呼ばれた動きで最も著名かつ重要な人物です。彼はポップミュージックを今までになく身体的で性的な音楽にしました。

ロックンロールは多くのポピュラーミュージックがそうであるように、黒人音楽をカントリー&ウエスタンやブルースなど様々なものと混ぜたり盗用したりしたものです。それ以前にもゴスペルなどの黒人の音楽はあり、他にも人種に特化した音楽はいろいろ存在していました。しかし、ここまで白人の大衆に届くような音楽はありませんでした。エルヴィスを通じて、白人の若者が黒人音楽のレコードを買ったりラジオを聴いたりするようになったのです。

その意味では、黒人アーティストこそ当時のロックンロール革命の最前線にいるべきでした。ですが、少なくともこれは「白人のアメリカ」がブラックカルチャーを受け入れた始まりとして重要な意味を持ちます。

同時期には、ロックンロールではないものの、ナット・キング・コールや、ルイ・アームストロングなどの重要な黒人アーティストもいました。彼らがテレビに出演して、黒人のエンターテインメントを白人の大衆に届けられるようになったのも、エルヴィスの役割が大きいはずです。

このことは音楽以外にもポジティブな効果があったと思います。「ここにいる黒人たちにも投票権を与えるべきじゃないか？」と人々が考え始めたのです。

ポピュラー音楽と公民権運動の融合、ある種の相乗効果が起こったのだと思います。

世代の壁

人種間の壁を打ち壊すきっかけを作ったロックンロール。しかし、その流行は、今度は年代の壁を生み出すことになる。

ある音楽雑誌はロックンロールをこう評した。

「ロックンロールは若いリスナーをセックスと暴力の饗宴へと駆り立てている。ロックンロールが知性を欠如させ、若者の道徳観に悪しき影響を与え、非行の原因となっているのは明らかだ」（『Musical Journal』１９５８年2月16日号）

さらに、当時40代のベテラン歌手となっていたフランク・シナトラはこう吐き捨てた。

「ロックンロールはうさん臭いインチキ音楽だ。これを歌う者、演奏する者、書いた者、皆いい加減な奴らだ。繰り返される、馬鹿馬鹿しく、みだらで卑猥な歌詞はもみあげを伸ばした不良少年たちの雄叫びのようなものだ」（MirrorNews［LosAngeles, California］１９５７年10月28日）

5　反抗――『理由なき反抗』

ティーンエイジャーの発見

若者たちがロックンロールに熱狂した１９５０年代後半。ボウリングがブームになる。週末のボウリング場には、若者たちが大挙して押し寄せた。ボウリング市場は3億５００0万ドルの巨大産業に成長し、このブームを受けて、１９５７年から60年代前半にかけてボウリング会社の株価は15倍以上になった。

マーケットに、若者の存在が「発見」されたのだった。

背景にあったのは、50年代後半の若者世代の急増だ。戦後まもなく、復員した男性と女性のカップルを親とするベビーブーマーたち。彼ら彼女らが50年代半ばを過ぎ、思春期を迎えたのだ。アンダーセンはその時代を次のように捉える。

「突然ベビーブーム世代が登場しました。これまでにない膨大な数の若者が現れ、このことにより〝ティーンエイジャー〟という概念が発明されたのです。50年代以前人々は子どもか大人のどちらかでした」

そんな時代の空気を受け、1955年に公開されたのが『理由なき反抗[24]』だ。

17歳の高校生ジム（ジェームズ・ディーン）は酔っぱらってケンカをしたとして、警察に連行される。彼は、大人たちへの言葉にできぬ不満を抱えている。転校先の不良に目を付けられたジムは、「チキンレース」で決闘することになるが、対戦相手の車は崖から海へ転落してしまう。

それまで映画スターと言えば中年男性ばかりだったこの時代、24歳のジェームズ・ディーンを主演に抜擢し話題となった。

実は、その背景にはハリウッドの危機感があった。その頃の映画はテレビの人気に押され凋落《ちょうらく》気味だった。テレビでは若いスターが現れ、若者たちはそちらに夢中になっていたのだ。

ハリウッドの目論見《もくろみ》は見事に当たった。ジェームズ・ディーンは若者の心を摑み、ディーンと同じように、リーゼントにジーンズ姿の若者が街に溢れた。では、この作品で描かれたテーマとは一体なんだったのか？　そこにも、テレビの影が見え隠れする。

テレビに映る、理想の家族。それは、郊外に暮らす50年代のアメリカの夢を表わしていた。ディーン演じる主人公ジムの家も、経済的に不自由ないアメリカの中流家庭だ。

だがジムは家を飛び出し、友人たちと疑似家族のような関係を築く。そして破滅へと向かってゆく。大量生産されたモノに囲まれ、画一的な暮らしに満足している親たち。「理想のアメリカ」に対する「理由なき反抗」が画面から感じられる。

なんでも知っていて頼れるパパ。そんな理想の父親像は、揺らぎ始めていた。

崩れ去った50年代の理想の家族像
——ブルース・シュルマンの証言

１９５０年代、ハリウッドはテレビの影響で観客数の壊滅的な減少に直面していました。若いスターを登場させたのは、若者が大きな視聴者層だとハリウッドが気づいたことを示しているのです。

※24　**『理由なき反抗』**（Rebel Without a Cause）　１９５５年　監督：ニコラス・レイ　出演：ジェームズ・ディーン、ナタリー・ウッド、サル・ミネオ　▼17歳の高校生ジムは大人に対する不満を抱え、学校に馴染めず転校を繰り返している。転校先でも不良のバズから目をつけられたジムは、チキンレースに挑むことになるが、そこで不幸な事故が起きてしまう。

若者文化が開花したテレビの時代にも、週末になると親のいる家を出て劇場に出かける若者たちがたくさんいました。

ただし、ハリウッドはテレビとは異なる表現をしました。

ハリウッド映画は、テレビのホームコメディが決して手を出さない方法で、1950年代の郊外に住むアメリカ的な家族の影の側面を掘り下げているのです。

50年代の理想の家族像を覆した「反抗」がテーマ。24歳のジェームズ・ディーンの起用は、ハリウッドに新たなスターを生んだ／『理由なき反抗』

『理由なき反抗』は1950年代の家族の概念を覆す映画の中で、最も有名で最も影響力があり、おそらく最高の作品です。『理由なき反抗』の最もドラマチックなシーンの一つを紹介しましょう。若き日のジェームズ・ディーンが演じるティーンエイジャーが家に帰ると、エプロンを身につけ母親の代わりに後片付けをする父親の姿を目《ま》の当たりにする場面です。父親が「男性らしさ」を失い、家族は不安定な状態に陥っているのです。

子どもは親に失望し、その子の非行のせいで家族はあちこちを転々とせざるを得ない。この映画では、50年代のシットコムに出てくるような家族のステレオタイプをひっくり返しているのです。

現実社会でも揺らぎ始めるアメリカの威信

50年代後半、現実世界でも超大国アメリカの権威を揺るがす出来事が次々と起きていた。

1957年10月4日、ソ連が人類史上初の人工衛星スプートニクの打ち上げに成功。[25]そのわずか1カ月後、さらに宇宙犬ライカを乗せたスプートニク2号も打ち上げる。犬の代わりに核兵器を乗せることもできるソ連の大型ロケットの打ち上げは、アメリカにかつてない脅威と恐怖を与えた。

その1カ月後、アメリカは威信をかけて人工衛星を搭載したロケット、ヴァンガードの打ち上げに挑んだが、ロケットは発射から2秒後に爆発。アメリカの空には暗雲が立ち込めているかのようだった。

※25　**スプートニク・ショック**　1957年10月4日、ソ連は世界初の人工衛星スプートニクの打ち上げに成功し、遅れを取ったアメリカをはじめとする西洋諸国はショックを受ける。翌58年にアメリカ人工衛星の打ち上げに成功、宇宙開発競争が激化していく。

6　意義——『お熱いのがお好き』

価値観の転換とマリリン・モンローの変化

1959年、11月。一大スキャンダルが報じられる。

50年代初頭、高視聴率を記録したクイズ番組の回答者として絶大な人気を誇ったヴァン・ドーレン。[26] ルックスがよく、爽やかな「理想のアメリカ人」は時代のスターだった。だが、視聴率を求めるテレビ局が、彼に事前に問題と答えを教えていたことが発覚する。白人のスターを求めていた多くの人々の欲望は、裏切られることになる。郊外の住宅で皆が見つめたアメリカン・ドリーム、その夢に亀裂が入り始めていた。

ちなみに、赤狩りの猛威をふるった非米活動委員会が、マッカーシーの失脚と共にその権威を失うのもこの頃のことだ。59年には赤狩り当時大統領だったトルーマンに、「今日、この国で最も非アメリカ的なもの」と批判されるほどだった。

50年代末にアメリカを襲った、権威の失墜と、価値観の転換。アメリカン・ドリームの象徴と目されたスター、マリリン・モンローの人生にも大きな変化が訪れる。

前述の通り53年に『紳士は金髪（ブロンド）がお好き』でアメリカン・ドリームを体現し

たマリリン・モンロー。しかし、彼女はそこから50年代を通して、その「アメリカの理想」と戦い続けていた。

『紳士は金髪（ブロンド）がお好き』以降、『百万長者と結婚する方法』[27]（１９５３）、『七年目の浮気』[28]（１９５５）と次々とモンロー主演の映画が公開された。その役柄はどれも、リッチな男性に擦り寄るグラマラスな金髪美女だ。人々はそんなモンローを、「おばかなブロンド（dumb blonde）」と呼ぶようになっていた。当時の状況をシュルマンは次のように説明する。

「マリリン・モンローのキャリアをある種の悲劇として考えずに語るのは難しいですね。

※26　**チャールズ・ヴァン・ドーレン**（１９２６‐２０１９）　ピューリッツァー賞を受賞した詩人マーク・ヴァン・ドーレンの息子として生まれ、コロンビア大学教員となった。57年にクイズ番組『21』に出場すると高額賞金を獲得して一躍スターとなった。だが、後にテレビ局のやらせだったことが発覚し、大学の職も失った。

※27　**『百万長者と結婚する方法』**（How to Marry a Millionaire）　１９５３年　監督：ジーン・ネグレスコ　出演：ローレン・バコール、マリリン・モンロー、ベティ・グレーブル　▼ニューヨークで暮らすモデルのシャッツィ、ポーラ、ロコの３人は、お金持ちの男を捕まえることを目指し、高級アパートを借りて共同生活を始める。やがて、シャッツィは富豪のハンレー氏との結婚を決めるが、挙式当日に自分の本当の気持ちに気づくのだった。

※28　**『七年目の浮気』**（The Seven Year Itch）　１９５５年　監督：ビリー・ワイルダー　出演：マリリン・モンロー、トム・イーウェル　▼ニューヨークに住むリチャードは、アパートの上の階にいたブロンドの美女と知り合い仲良くなる。その魅力に抗えなくなったリチャードは、思わず彼女を押し倒してしまい、ひどく後悔する。地下鉄の通気口の風によって、モンローのスカートがめくれ上がるシーンで有名な作品。

モンローは究極のセックスシンボルとして、スーパースターの座にのしあがりました。曲線美と金髪が男性の欲望の的になったのです。そしてモンローはスクリーン上で演じた役を現実世界でも演じさせられたのです」

虚構を飛び越え、現実社会でも大衆の欲望の対象を演じ続けたモンロー。だが、彼女にとっての性は、「億万長者」に媚《こび》を売る手段などではなかった。「セックスはあくまで人間の自然な営み」と語っていたという。大衆が求める偶像との間で引き裂かれた彼女には、大きな葛藤が生まれていた。

彼女の葛藤がはっきりと表われたのが、ニューヨーク・ヤンキースのスターメジャーリーガー、ジョー・ディマジオ[29]との結婚生活だった。

1954年に結婚した2人だったが、保守的なディマジオはモンローに仕事をやめ、家庭に入るよう求める。しかしモンローは従わなかった。

「郊外に暮らす専業主婦」という50年代の「理想のアメリカ人」からの逸脱。人々の欲望を超えた自我がそこにはあった。

その後、1年たらずでディマジオとは離婚。同じような役柄しか与えてくれないハリウッドのスタジオからの独立と、自ら道を切り開いたモンロー。独立記者会見で「監督の指名リストを出したのですか?」との問いかけに対し、「指名するのではなく拒否する権利を得たのです」と応えている。

そんな彼女がハリウッドに戻り、主演を務めたのが『お熱いのがお好き』[30]（１９５９）だった。

モンロー演じる主人公（女性楽団の女性楽団員シュガー）が、大企業の御曹司を装う「ジュニア」に近づこうと奮闘するミュージカルコメディだ。……と聞くと、これまでのモンロー作品と変わりないようにも思える。だが、この映画にはオチがつく。本物の富豪を射止めるのは、なんとギャングから逃げるために女装してこの女性楽団に入り込んだ、男性（ジェリー）だった。

ジェリーたちが、女性に扮した男性であると気づかず、客は「セクハラ」をしてくる。男性が女性と同じ経験をすることで初めて分かる不公平な構造。描かれていたのは、これまでのモンロー作品に貫かれてきた価値観への強烈なアンチテーゼだった。

それは、女性は専業主婦として家庭を守るべきという風潮の中、賃金格差やセクハラが横行した社会を風刺したものだった。

※29　**ジョー・ディマジオ**（１９１４－99）　１９３６年にニューヨーク・ヤンキース入団。首位打者、本塁打王、ＭＶＰ獲得など輝かしい成績を残し、大リーグのみならずアメリカを代表するスーパースターとなった。56試合連続安打の記録を持つ。引退後の54年にマリリン・モンローと結婚するが、９カ月で離婚した。

※30　**『お熱いのがお好き』**（Some Like It Hot）　１９５９年　監督：ビリー・ワイルダー　出演：トニー・カーティス、ジャック・レモン、マリリン・モンロー　▼禁酒法時代のシカゴで、ギャングたちが人を殺す現場を目撃したジョーとジェリーは、命を狙われてしまう。ギャングから逃れるため、２人はフロリダに向かう女性楽団に、女装して入り込む。

女性として生きることの問題提起をした作品
――ブルース・シュルマンの証言

この映画の面白さは、性別の入れ替わりをテーマにした作品であることです。当時の大スター、トニー・カーティスを含め男性キャラクターは女装して登場します。

トニー・カーティス他、男性キャラクターが女装して登場する／『お熱いのがお好き』

そしてこの映画の中で彼らは、マリリン・モンローが過去に演じたキャラクターが味わったのと同じ種類の屈辱や搾取を経験するのです。『お熱いのがお好き』は、今日から見れば革新的な映画であるとまでは言えないかもしれません。映画の中で女装した男性のキャラクターは、男性優位主義を経験しながらも、本当の意味で何かに目覚めるというようなことはありませんでした。しかし観客はそのような状況を見て、女性として生きるとはどういうことなのか。男性の欲望や視線の対象となるということはどのようなことなのかという考えに直面するでしょう。

これは『お熱いのがお好き』のような馬鹿げ

たコメディからは想像できない、実に興味深い問題を提起しているのです。

50年代に異議を唱える象徴的なセリフ

作品のラストシーンでは、ジャック・レモン演じる女装した男に、富豪の老人がプロポーズする。男は拒否したのちに本当のことを老人に伝える。


「あなたとは結婚できないわ」

「なぜ」

「本物の金髪じゃないのよ」

「構わん」

「タバコも吸うわ」

「いいよ」

「サックス奏者と3年も暮らしてるわ」

「許すよ」

「子どもが産めないわ」

「もらうさ」

「分かんないのね。男なんだ」

「完全な人などいないさ」

「完全な人などいない」――誰もが「理想のアメリカ人」を目指した50年代に異議を唱えるような象徴的なセリフだ。

7 逸脱――ビートジェネレーション

サブカルチャーの誕生

『お熱いのがお好き』が公開された1959年。カトリック系のリベラル論壇誌で「ビートの王様」と題された記事には、「マリファナ吸引」「スピードの追求」「スリル」「興奮」といった言葉が並んだ。

価値観が大きく転換する1950年代後半、若者たちは新たなムーブメントを巻き起こす。詩人アレン・ギンズバーグ[31]、作家ジャック・ケルアック[32]、ウィリアム・バロウズ[33]たちが起こした「ビート」と呼ばれる動きだ。彼らは、50年代アメリカの保守的な価値観を否定し、個人主義、自発的創造性を追求する。その思想を、小説や詩で表現した。

ドラッグによる酩酊やモダンジャズの高揚感に影響されたその表現は、若者たちの絶大な支持を受けビートジェネレーションと呼ばれる若者が急増する。

そんな彼らの間で流行したのが「旅」だった。ジャック・ケルアックは、50年代初頭にアメリカを放浪した経験をもとに、小説『路上』を執筆した。若者たちは50年代の保守的で安定した空気を、移動することで、かき乱した。物質的な豊かさを享受しながら、満たされない思いを抱えた若者たち。そんな彼らが50年代後半に生み出した文化、それが「サブカルチャー」[34]だったのだ。それは豊かな社会が生み出した、アイロニカルな現象でもあった。

ビート世代がもたらしたものとは何だったのか。シュルマンはこう述べる。

『『パパはなんでも知っている』のような、退屈な家庭生活を送るグレーのスーツを着た男がいる一方で、長髪で髭面で革ジャンを着たビート世代の詩人がそうした主流文化の行動や価値観を軽蔑するような文化を生み出します。若者文化、いわゆるサブカルチャーが、まさにこの時代に生まれたのです。

※31　**アレン・ギンズバーグ**（1926－97）　コロンビア大学卒業後、各地を放浪しながら詩を書いた、ビートニクを代表する詩人。60年代にはインドでヒンドゥー教、日本で仏教を学んだ。代表作に詩集『吠える』。

※32　**ジャック・ケルアック**（1922－69）　コロンビア大学中退後、ギンズバーグ、バロウズらと放浪しながら書いた小説『路上』がヒット。熱烈なファンを生み、カウンターカルチャーのアイコンとなった。

※33　**ウィリアム・バロウズ**（1914－97）　ハーバード大学を卒業後、ドラッグに溺れ、ヨーロッパやアメリカを転々としながらギンズバーグ、ケルアックと知り合う。59年に発表した『裸のランチ』は発禁処分を受けた。

※34　**サブカルチャー**　「サブ」とは、「下位の・副次的な」の意。社会のメイン（主流）カルチャーやハイカルチャー（伝統的な学問や美術など）に対比される概念で、主に大衆文化や若者文化を指すとされる。

また、若者文化の中で中産階級の増加という現象が起きます。10代や20代の人たちが高校を出てすぐに仕事に就くことなく、教育を受け続けることができるようになるのです。それによって青春を謳歌し続け、様々なことを試してみることができるのです。このことが若者文化を大きく発展させました。そして、マーケティングによって、そうした若者たちに向けた商品やサービスが次々と生み出され、さらに若者文化が発達するという循環が生まれました」

ちなみに、ケルアックとギンズバーグはコロンビア、バロウズはハーバードと、皆、それぞれ名門大学に在籍していた。そんな彼らの思想の源には、じつは「アメリカの伝統」が受け継がれていると、アンダーセンは次のように指摘する。

「あまり気づかれていないことですが、彼らもまた過去を愛するという極めてアメリカ的な保守性を持っていました。みんなが大好きな西部劇と同じように、自立して町に属さない孤独なカウボーイでした。西部劇が大流行した1950年代にビートたちも旅に出て、独自の規範を持つことで西部劇の別バージョンをやっていたのです。昔ながらのアメリカの個人主義を受け入れ再構築していたのです」

アメリカ発のサブカルチャーは国境を越える

自由を守る、自立した個人。

「アメリカ的価値観への反抗」を表現するサブカルチャーを生み出したのも、「アメリカ的伝統」だった。そして、そのねじれたムーブメントは、失墜した「偉大なるアメリカ」に代わって、世界に「反抗のアメリカニズム」を届けてゆくことになる。

イギリス、そしてフランスでもビートの集団が生まれ、日本の若者にもアメリカで生まれたサブカルチャーは大きな影響を与えた。

日本の子どもたちは、そもそも戦後ＧＨＱ（連合国最高司令官総司令部）の教育政策の一環として上映されたフィルムを通してアメリカ文化に慣れ親しんできた。彼らが思春期になると、アメリカ生まれのロックンロールがロカビリーブームを呼ぶ。

50年代後半、ビートに呼応するように、日本の若者たちは新たなカルチャーを生み出す。例えば、太陽族だ。戦後世代の若者たちの奔放で享楽的な青春を描いた、石原慎太郎の『太陽の季節』がベストセラーになり、主人公と同じようにアロハシャツを身に纏った若者が、湘南の海岸に溢れた。

そしてサブカルチャーは、かつての「偉大なるアメリカ」が決して手を伸ばせなかった場所、ソ連にまで到達する。

50年代のソ連には「退廃音楽」として禁じられていたロックやジャズのレコードをレントゲン写真にプレスし、密かに楽しむ若者たちがいた。「スチリャーギ」と呼ばれたこうした若者たちの中でも、特にロックの影響を強く受けた者は、50年代の終わりに「ビートニキ」と呼ばれるようになる。

サブカルチャーは人種も国境も飛び越えたのだ。

50年代の後半にムーブメントとなったサブカルチャー。本章の最後にシュルマンとアンダーセンのコメントを紹介しよう。

「アメリカ文化が世界の文化になりつつあったのです。ロックンロールが発明され国内の電波を占拠するだけでなく世界中の若者がロックンロールを聴き、演奏するようになり世界を制覇していきます」(シュルマン)

「50年代後半にそのムーブメントが最初に起きた時、〝一体何が起こっているんだ?〟と皆驚きました。やがてそれはアメリカだけではなく、世界中の先進国で見られるようになります。そしてアメリカの文化がそれ以降何十年間にもわたり世界の文化になるのです」(アンダーセン)

1950年代、眩《まばゆ》いばかりの繁栄を成し遂げたアメリカ。

それは、初めて政治に代わって、ポップカルチャーが人々の「理想」を描き出し、国民を一つにまとめた時代だった。そして同時に、「理想」に押しつぶされそうになった欲望が、サブカルチャーを生み出した時代でもあった。

こうして生まれたサブカルチャーは、さらなる大きなうねりとなり、次の時代の世界を飲み込んでいくことになる。

第2章

闘争の60s

1　開拓——『アラバマ物語』

新しいフロンティアの誕生

60年代の映画史は、鬼才ヒッチコックのサスペンス『サイコ』[1]（1960）で幕を開けた。

※1 **『サイコ』**（Psycho）1960年　監督：アルフレッド・ヒッチコック　出演：アンソニー・パーキンス、ジャネット・リー、ジョン・ギャビン　▼不動産屋に勤めるマリオンは、恋人のサムとの結婚を望んでいるが、サムは金銭的な理由から結論を出せずにいる。ある時、会社から4万ドルを預かったマリオンは、現金を手に逃亡するが行方不明となってしまう。

不動産屋に勤める女性マリオンは、出来心から4万ドルという大金を盗んでしまう。罪を犯した彼女は、逃亡中、疑心暗鬼に駆られ次第に追い詰められていく。彼女の逃亡の手段は車だ。映画の前半は、車を効果的に使った心理サスペンスが展開される。そして逃亡中に宿をとったモーテルでさらなる事件は起きて、後半の実験的な展開へと続く。

車は当時の人々の欲望を刺激する夢の商品であり、サスペンスの格好の舞台装置だった。


１９６０年代は「車社会・アメリカ」の始まりだ。富裕層を中心に過熱していたマイカーブームがいよいよ中間層にも広がり、一家に1台のライフスタイルが当たり前のものとなりつつあった。車に適したサービスも次々と生み出される。ドライブスルーも大きく数を伸ばし、ドライブインシアターは全米でおよそ４０００カ所もあったと言われる。

そんな車社会の拡大が、１９６０年の大統領選挙も演出する。フォードに乗るのは共和党候補の副大統領ニクソン。キャデラックに乗るのは民主党の新星、ジョン・F・ケネディ。

アメリカの豊かさを訴え、守ることを主張したニクソンに対し、ケネディは新たな変化の可能性を、次のように国民に語りかけた。

「今我々はニューフロンティア[2]に直面しています。１９６０年代のフロンティア。平和と戦争の未解決の問題。無知と差別の未解決の問題。貧困と差別の未解決の問題。私はアメリカ国民の全員が新しいアメリカの開拓者になってほしい」（１９６０年7月15日の民主党全国大会指名受諾演説）

ケネディの人気は、社会現象になっていた。彼の顔が描かれたバッジが街頭で売られ、若い女性はジャクリーン夫人の髪型をこぞって真似をした。あげくには、ジャクリーンの胸像まで売られ始める。ケネディが投げかけた「ニューフロンティア」とは何だったのか？　それはなぜ、人々を魅了したのか。カート・アンダーセンはこう述べる。

強国アメリカは次に何ができるのか
――カート・アンダーセンの証言

フロンティアとは、多くの国や文化圏では、単に国と国との境界線を指します。しかしアメリカには、ヨーロッパからの入植者が西へと辺境を移動させていったという、自意識過剰で神話的な歴史があります。

そのため、アメリカ人にとってのフロンティアとは――少なくとも当時は――ヨーロッパ人の入植地が大陸のどこまで進んだかを示すラインであり、その先には恐ろしい未開の地や未知の領域が広がっていることを示唆するのです。

つまりフロンティアとは、ヨーロッパから来た白人による入植地の最前線のことでした。18世紀から20世紀初頭のフロンティアは、荒涼とした危険な辺境地であり、そこで生

※2　**ニューフロンティア**　ケネディが1960年の大統領選挙で用いたスローガン。かつての西部開拓におけるフロンティアを念頭に、経済成長や社会保障、外交面などにおいて困難に直面している状況を表現し、自らの指導力で突破できると主張した。

き抜いた人たちは、まさにアメリカ的なたくましい個人主義者だと捉えられていたのです。このことが、自分たちは勇敢な個人主義者であると想定するアメリカの神話を作り上げています。

一方、ジョン・F・ケネディの「ニューフロンティア」は、1世代前のフランクリン・ルーズヴェルトが掲げた「ニューディール」というフレーズと同様に、新しい世界を切り開く、新しいことを始めるということを示唆しています。

ケネディが宇宙計画を発表した際、「新しい」という言葉を多用したことは有名です。彼は1960年代初頭に大統領に就任し、10年以内に人間を月に着陸させるという宇宙計画を発表しました。その際に「新しい」という言葉を何度も使っています。

宇宙開発は「ニューフロンティア」の一例です。入植や大虐殺は伴いません。「月に行って、宇宙というニューフロンティアを開拓する」というのは、ある意味、純粋な技術目標です。その目標は実際に達成されました。

「ニューフロンティア」には、他にも公民権や社会的・民主的な改革などが含まれていました。社会を構築するための近代的・進歩的な政策の数々が含まれていたのです。「ニューフロンティア」という言葉は漠然としているので、いろいろな意味を持たせることができました。国民の受けも良かったので、ケネディが考えていた新しい計画や政策を全て包含させたのです。

このキャッチフレーズは大成功だったと思います。興味深いのは、古風でノスタルジックな意味を持つ「フロンティア」という言葉に「ニュー（新しい）」という言葉を組み合わせたことです。

それにケネディは43歳で大統領に就任した歴代最年少の大統領です。若々しく、精力的で、ハンサムであることが、ある種の「新しさ」を体現していました。

多くの人が「ニューフロンティア」という概念に魅了されました。というのも、その頃にはとっくにアメリカ全土が開拓され、世界大戦にも勝利していたので、次に何をするべきかみんなが模索していたのです。新しいフロンティア、新しい目標が必要でした。「アメリカの世紀」と言われる中で、強国アメリカに何ができるのかが問われていたのです。

キングとディランという２人のヒーロー

１９６０年代、不当な差別に抗議した黒人たちは、人種隔離賛成派の暴力を受けながら、新しいアメリカを目指して戦いを続けていた。

有色人種による施設利用を禁じる法律「ジム・クロウ法」[3]に抗議し、飲食店の白人用カウンターに座り込みをするシット・イン運動[4]は、１９６０年の2月から始まった。

※３　**ジム・クロウ法**　南北戦争後、南部諸州が制定した黒人差別の法体系を指す。憲法の規定をくぐり抜けるように自治体レベルで黒人を隔離する法律が定められ、公民権法が成立する１９６０年代まで続いた。ジム・クロウとは、白人俳優が顔を黒塗りして演じたキャラクターの名から来ている。

※４　**シット・イン運動**　公民権運動の一環として、人種差別を行なっているレストランなどに座り込みをする運動が全米に広がり、劇場や公共施設などでも行なわれるようになった。

そうした公民権運動の新しいリーダーとなったのがキング牧師だ。

リンカーンの奴隷解放宣言から既に1世紀を経てもなお差別は根強く残っていた。多くの白人たちは、黒人やアジア系の自由については無自覚だった。平等な居住権、選挙権、そして教育を受ける権利などを求め、キング牧師たちは闘った。

彼はある演説で次のように述べて、人々を鼓舞した。

「我々は100年以上この国に抑圧され辱められている。アジアやアフリカから来た人間だ。みんなもう、ウンザリしている。人々は抑圧されることに飽き飽きしている。立ち上がる時が来た」

もう1人、カルチャーの世界から公民権運動に大きな影響を与えたのがボブ・ディランだ。「風に吹かれて」などのヒット曲で知られ、その歌詞によって半世紀後の2016年にノーベル文学賞を受賞した。

60年代を象徴する英雄
——ブルース・シュルマンの証言

60年代を象徴する英雄が2人います。アメリカ人に聞いてみてください。60年代の英雄は誰ですか? と。必ずこの2人の名が挙がるでしょう。

1人目はマーティン・ルーサー・キング・ジュニアです。しばしば彼自身や周りの人が暴力の被害者になっていたのにもかかわらず、非暴力の哲学を貫きながら、社会正義のために闘った活動家です。もちろん、彼にも急進的で好戦的な時期がありましたが、複雑な問題に革新的な方法で挑んだという意味において、真の英雄だと思います。

２人目、こちらも重要なのがボブ・ディランです。ディランの音楽は、世界を理解して変革するツールとしての文化の可能性を示してくれたからです。音楽によって世界を理解できること、単に現状を追認するだけでなく、理想の世界を想像して創り出す、最初の一歩となるようなものでした。

私はディランの音楽によって、世界における自分の立場と自分自身を理解できるようになりました。ある音楽関係者は、「ディランが示してくれたのは、音楽はブギウギできると共に私たちの心の奥底の気持ちや考えに声を与えてくれるということだ。音楽は考え、同時にブギウギできるものなのだ」と述べています。

保守派の抵抗と、リベラルが手に入れた新たな武器

人種差別撤廃に向けて闘うムーブメントは、徐々に広がりを見せていく。ケネディを擁立する民主党も、同時に支持を集めていった。だが黙っていなかったのは南部を中心とした保守層だった。

白人至上主義を掲げるクー・クラックス・クラン（ＫＫＫ）は、60年代に南部で復活を遂げ、公民権運動に対しても銃撃・爆破事件を繰り返すようになる。プロテスタントの秘密組織として、黒人に迫害を加え、さらにケネディのアイルランド系カトリックという出自

にも、反感を抱いていた。彼らの主張は「古き良きアメリカ」を守り抜くことだった。

アメリカの60年代は、じつは宗教対立の10年でもある。保守層の多くは、共和党のニクソンを支持した。栄華を極めた50年代のアメリカで副大統領を務めた彼は、変わらぬ平和と安定を国民に約束した。

１９６０年の大統領選が行なわれた同年、「古き良きアメリカ」をアピールするような映画『アラモ』[5]が公開されている。

アメリカ史上に名高いテキサス独立戦争における、通称「アラモの戦い」を描いた作品だ。メキシコ軍数千人に対し、テキサス軍は２００人程度。13日間にわたる戦闘でテキサス反乱軍は全滅してしまう。「Remember the Alamo!」と言い伝えられる。

主演は50年代アメリカ西部劇の英雄、ジョン・ウェインだ。共和党ニクソンと親しげに写真に納まる保守派のヒーローは、アメリカを代表する愛国者としてこの映画の監督も務めた。映画の登場人物のセリフを借りて、共和党支持者たちへのメッセージが語られたと言われている。映画の中で、反乱軍兵士の一人は次のように語る。

「共和国、なんていい響きだ。人々が自由に暮らし、自由に話し、自由に行き来し、売り買いも自由、感動的な言葉だ」

ジョン・ウェインは人種差別と闘う公民権運動についても、次のような言葉を残している。

「黒人はたくさんいるから、アメリカに対する反対意見も、恨みも当然あるだろう。だが俺たちは無責任な奴らにリーダーシップと判断の権威を与えるべきではないと考えている」（「Playboy Magazine」May 1971）

自由の国・アメリカ——その自由を手にする権利はまだ黒人たちに与えられていなかった。しかし、１９５９年のアメリカの経済成長率は、７・２％と驚異的な伸びを記録していた。そのため、この繁栄を継続するだけでよいと考える保守層の票は、ニクソンに託された。

だが、未曾有の繁栄は変化ももたらす。テレビ普及率が８割を超え、大統領選挙の主戦場もテレビへと移ったのだ。

60年９月、アメリカ大統領選挙で史上初となるテレビ討論会が行なわれる。テレビとラジオ、初の同時中継となった、天下分け目の討論において、ニクソンは副大統領としての経験をアピールした。

※5　『アラモ』（The Alamo）　１９６０年　監督：ジョン・ウェイン　出演：ジョン・ウェイン、リチャード・ウィドマーク、ローレンス・ハーヴェイ　▼１８３６年、メキシコ領テキサスではアメリカ人入植者による独立運動が起きていた。数千人のメキシコ遠征軍に対し、テキサス独立軍は２００人程度。ジム・ボウイ大佐、ウィリアム・トラヴィス大佐、元議員デヴィ・クロケットらは果敢に戦うが、13日に及ぶ戦闘の結果、全滅してしまう。

「我が政権下での成長率は6・9。これは世界でトップの数字です。私には7年半のトルーマン政権での経験があります。この経験はケネディ氏にはないものです」

過去の実績と共に「強いアメリカ」の継続をアピールした。それに対し、ケネディはアメリカの新たな挑戦と白人に独占された「自由」の解放を訴えた。

「1860年のアメリカ大統領選挙で、エイブラハム・リンカーンはこの国が生き残るかどうかは奴隷制にあると言いました。1960年の今でもその問題は解決していません。自由へ舵を切りましょう」

テレビ討論会のインパクト——ブルース・シュルマンの証言

テレビは1950年代からアメリカの生活と国政に作用を及ぼし始めました。ジョン・F・ケネディとリチャード・ニクソンが闘った1960年の選挙において、テレビはアメリカ政治に対して政治団体や交流を通じて行なう従来の手法よりも、主要かつ支配的な影響力を持ちました。

ジョン・F・ケネディはテレビに登場した初めての候補者であり、ケネディの対抗馬は年上の男性ばかりで、全員がテレビが普及する前の世代だったので、このことにピンと来ていませんでした。彼がなぜアメリカ国民の心を摑んでいるのかが理解できなかったのです。

民主党でケネディと候補者争いをしていたリンドン・ジョンソンは、テレビを「憎い箱」と呼んでいたほどです。しかし、ケネディはよく分かっていたのです。彼の父親はハリウッドの映画業界に長く関わっていましたから。

その結果、各地の選挙集会ではサインを求める人が大群で押し寄せ、彼を囲みました。それまで政治的な集会で、このような現象が起きたことはなかったのです。

ただ、ケネディのカリスマ性をもってしても、かなり僅差の戦いになることが予想されていました。そこで一つの決め手になったのは、アメリカ史上初の大統領選テレビ討論会が行なわれたことです。まさしくアメリカ史上初の大統領候補者による生放送の討論会だったのです。

この討論会をラジオだけで聴いていた人の多くはニクソンが堂々としているように感じ、討論にも勝ったと思いました。しかし、その他大勢のテレビ視聴者はまったく別の印象でした。ニクソンは冴えなくて、カメラに向かってどう自分をアピールすればよいか分からなかったのです。ケネディは分かっていました。アメリカの歴史上、最も僅差の選挙だったと言えるかもしれませんが、この違いがケネディを勝たせたのです。

キング牧師の解放とケネディ大統領の誕生

テレビ討論の1カ月後、公民権運動の行進を率いるさなか、キング牧師は不法占拠という罪状で警察に逮捕される。下されたのは、6カ月の重労働の実刑。このままでは刑務所で暴行を受け殺されてしまう。そんな憶測が広がった。その時、キング牧師を救ったのがケネディだった。白人の票を失うことになると言われても、ケネディはキング夫人に励ましの電話をかけ、さらに各所に電話をかけ、キングを刑務所から出すよう要求した。

ケネディからいたわりの電話を受けたキング牧師の父は、その時の心境をこう記した。

「あの人は、私の娘が流した涙を拭い、悲しみを分かち合ってくれた大統領候補だった」

(Joshua D. Farrington『Black Republicans and the Transformation of the GOP』University of Pennsylvania Press)

白人弁護士アティカス(グレゴリー・ペック)の、正義に向かって闘う姿に多くのアメリカ人は夢を託した/『アラバマ物語』

ケネディの尽力によってキング牧師は解放され、黒人社会でもケネディへの支持は高まる。彼の説く「ニューフロンティア」がアメリカ社会を生まれ変わらせてくれるかもしれない。

そして60年11月8日、大接戦の末、ケネディは新しい大統領に選ばれる。

『アラバマ物語』に託す理想
――正義への望みは失わない

今日で何かが変わる――。人々が理想を信じようとした時代。正しいことを行なう勇気を誰かに託したい、という時代の気分はサブカルチャーにも表われる。

正義感溢れるエリートの姿がテレビやスクリーンで光輝いた。医師や弁護士などのスペシャリストが活躍する姿に、人々は胸のすく想いを抱き、夢を託した。『アラバマ物語』[6]（1962）もその一つだ。

舞台は1930年代のアラバマ州。弁護士のアティカスは、レイプ犯として不当に訴えられた黒人青年トムの無実を証明しようと奮闘する。アティカスはトムが犯人でない証拠を示すが、当時の陪審は全員が白人だった。アティカスは「法の下に全ての人間は平等である」と主張するが、彼らは有罪判決を下す。

裁判で敗れはしたが、正義への望みは失わない——正しいことを行なう勇気を人々は求めたのだ。

正義を掲げて闘う姿に人々が時代の夢を託した60年代。黒人も、女性も、若者も誰もが主人公である新しいアメリカを目指して闘う、60年代「闘争のアメリカ」が、幕を開けた。

※6　**『アラバマ物語』**（To Kill a Mockingbird）　1962年　監督：ロバート・マリガン　出演：グレゴリー・ペック、メアリー・バダム、フィリップ・アルフォード　▼1930年代のアラバマ州。黒人のトム・ロビンソンが白人女性メイエラを暴行したとして起訴され、アティカスはその弁護を依頼される。彼は犯人がトムでないという証拠を示すが、白人陪審員は有罪判決を下す。

なぜ『アラバマ物語』はアメリカ人に愛されているのか
――ブルース・シュルマンの証言

『アラバマ物語』はアメリカ映画史の中で非常に愛されている作品です。この映画は1930年代を舞台にしているものの、1960年代初期の状況を描いているかのようであり、衝撃的でした。アメリカ全体、特に南部の慣習をあまり知らなかった北部人、さらには世界までもが、この公民権運動を題材にした道徳的ドラマに釘付けになりました。

南部の人種差別と人種隔離の報道に愕然としていた北部の白人アメリカ人は、弁護士のアティカス・フィンチのような自立心のある道徳的に公正でリベラルな白人南部人に惹かれました。2003年に米国映画協会が映画史の初期1世紀における偉大な英雄役と悪役のリストを発表しましたが、そこでアティカス・フィンチは英雄の第1位を獲得しています。

1962年には、アティカス・フィンチを演じた俳優グレゴリー・ペックがアカデミー賞の主演男優賞を獲りました。

その時にキング牧師があの有名なバーミングハム刑務所からの手紙[7]を書き、リベラルな白人北部人の悪気のない善意が人種平等運動を助けながらも妨げているのではないかと指摘します。彼らのような北部人が穏健なやり方で制度に取り組むことを望み、アティカス・フィンチのような人物が違いを生み出せると信じていることが逆に進歩を妨げているのではないかと言い、さらなる積極果敢な行動が必要だとしました。

彼は確かに裁判に勝てませんでしたが、栄誉ある敗者です。そこには過去2世紀にわたってアメリカ文化の根底に流れる、ある種の楽観主義があります。彼のような人物こそが最終的に困難に打ち勝つということです。

2 逃走――『ティファニーで朝食を』

華やかなヘプバーンの陰に隠されたメッセージ

ケネディ就任の年の秋に公開されたのが、オードリー・ヘプバーン主演の『ティファニーで朝食を』[8]だ。

舞台はニューヨークのアッパーイーストサイド。作家志望のポールは同じアパートに住む夜の女、ホリーと出会う。彼女はその美貌で寄ってくる男たちからお金を巻き上げ、ぜ

※7　**バーミングハム刑務所からの手紙**　キング牧師は1963年のアラバマ州バーミングハムにおける抗議運動で逮捕されていた。キングは、白人牧師たちが抗議運動を異端視したのに対して、非暴力運動の持つ意味を説く公開書簡をしたためた。

※8　**『ティファニーで朝食を』**（Breakfast at Tiffany's）　1961年　監督：ブレイク・エドワーズ　出演：オードリー・ヘプバーン、ジョージ・ペパード　▼ニューヨークで奔放な暮らしをしているホリー・ゴライトリーのアパートに売れない作家ポールが越してくる。ポールとホリーは仲良くなるが、彼女にはポールに言えない過去があった。ある時、ホリーは麻薬取締官に逮捕されてしまう。

いたくな生活を送っている。奔放で魅力溢れるホリーにポールは惹かれ、2人の仲は近づいていく。

天真爛漫でおしゃれなホリーを演じたオードリー・ヘプバーンは、一躍60年代のファッション・アイコンとして大人気になった。オードリーが着たブラックドレスやゴージャスなハットは、世界中の女性を虜《とりこ》にした。

だが、その華やかさに目を奪われると、大切なことを見逃してしまう。

きらめきの陰に隠された時代のメッセージ、それは「逃走」の物語だということだ。

主人公ホリーは、大都会ニューヨークで幸せを探し、金持ちの男性との結婚を夢見る気ままなパーティーガール。だが、じつは貧しさから逃れ、ふるさとをあとにした悲しい過去を持つ娘であることが明かされる。

突然、登場する男性がホリーの過去の写真を取り出す。聞けば、彼はホリーの結婚相手であり、彼女の本名はルラメーだという。実の夫である彼は、ニューヨークまでやってきてルラメーを連れて帰ろうとする。逃げ出したのは、貧しさからだけではない。それは、ふるさとの家庭からの逃走だった。両親の顔も分からず、貧しさゆえ14歳で田舎町の家庭に嫁いだルラメーという名前も捨てた。

60年代のニューヨークには、地方にはない自由があると思われた。だが、大都市への人口の流入が増える一方で、貧富の差も拡大する。トルーマン・カポーティによる原作の小説では、都市と地方の格差はさらに深刻に描かれている。

そして、都市では次々と新たな高層ビルが建設され、その陰ではスラム街がつぶされていった。ニューヨーク・マンハッタンに建つ名高い芸術施設、リンカーンセンター。建設の際に敷地から追い出されたのは、主にアフリカ系の住民たちだったという。ニューヨークは次第に格差を象徴する街へと変貌していった。

ホリーの実の兄は、軍隊に入るより他に生きる場所を見出せなかった。男は軍隊に、女は夜の街に出るしかない。原作『ティファニーで朝食を』は自らの居場所を求めてもがく人々の悲しい運命を描いた物語だったのだ。

映画公開の翌々年、63年に大反響を呼んだ『女らしさの神話』という本がある。著者ベティ・フリーダンは、大学の同窓会で女性たちが皆、同じ焦燥感を抱いていることに驚く。多くの女性が大学を出たにもかかわらず、その教養を生かす場所がなく家庭に入っていた。「女らしさ」という神話の欺瞞《ぎまん》を暴き、自己実現の場を求めるよう促す野心的な著書は、女性解放運動につながっていった。

抑圧から逃げ出し、自由な都会へと向かう。戦後ベビーブームで生まれた多くの若者が、映画の主人公に共感した。

ホリーは時代の悲しみのキャラクター
――ブルース・シュルマンの証言

『ティファニーで朝食を』は、オードリー・ヘプバーンがホリーという魅力的な役を演じた映画ですが、実はアメリカ文化の歴史と伝統を物語っていると思います。つまり小さな田舎から大都会、ニューヨークなどの都市に出てきて自分自身を作り直す人の物語なのです。

この映画の魅力はファッションやサングラス、ニューヨークのきらびやかさだけではありません。きれいなものの裏にある荒々しさと悲しい過去を感じさせるところです。

大都会で幸せを探すホリー（オードリー・ヘプバーン）。この作品は、過去や抑圧からの逃走の物語だ／『ティファニーで朝食を』

これは逃走の物語なのです。自分自身の過去と、歴史と抑圧からの逃走です。衣装を着て役を演じて自分を作り直す。ホリーはそんな時代の悲しみのキャラクターなのです。

都会とは一見繁栄していて、表面はきらびやかに見えても繁栄の裏には貧困があるのです。犯罪や搾取があるのです。ホリーはそういう全てに参加してしまっているのです。

都会とは人々が逃げ出して自分自身を作り直すチャンスでもあり、結局は過去の自分に囚《とら》われてしまう場所でもあるのです。

ホリーのような若者が10代を過ごした1950年代は家庭円満の時代でした。世話好きな父親、愛情深い母親、そしておっちょこちょいだけど良い子どもたち。

1960年代の若者たちにとってそれは見かけほど順調ではなかった、1950年代のアメリカの理想は思い込みであり、見せかけだ、と理解し始めたのです。そんな家庭や抑圧的な結婚から逃げたいと切望したホリーのような人たちがいたのです。

これは1961年のハリウッド映画ですので、ハッピーエンドにしないと恋愛話として成り立ちません。しかし、トルーマン・カポーティの小説は幸せな結末ではありませんでした。映画においても、人々が当時の状況に感じていた緊張と居心地の悪さを示していると思います。

「人種のるつぼ」を反映した物語『ウエスト・サイド物語』

もう一つ、アメリカの都市において忘れてはならない問題が移民だ。
61年公開『ウエスト・サイド物語』[9]は、都会で複数の人種が交わる様子を描いた物語である。

※9　**『ウエスト・サイド物語』**（West Side Story）　1961年　監督：ロバート・ワイズ、ジェローム・ロビンス　出演：ナタリー・ウッド、リチャード・ベイマー、ジョージ・チャキリス、ラス・タンブリン
▼ニューヨークのウエスト・サイドでは、ポーランド系のジェット団とプエルトリコ系のシャーク団という、2つの若者たちのグループが争っていた。ジェット団元リーダーのトニーと、シャーク団リーダーのベルナルドの妹マリアは惹かれ合うが、周囲はそれを許さなかった。

舞台は同じくニューヨーク。移民の多いウエストサイドで起こるポーランド系のジェット団とプエルトリコ系のシャーク団という、2つの若者たちのグループの闘争と恋愛を描くミュージカルだ。近年はスピルバーグ監督のリメイクも話題になった。

この映画の意義をシュルマンは次のように述べる。

『ウエスト・サイド物語』はアメリカ社会の人種的な緊張を明るみに出しました。白人とプエルトリコ系のギャングの対立と、その間の男女の愛を描くことによってです。その上で、人間は根本的には皆一緒であるというリベラル的な普遍主義を打ち出しています。肌の色が違っても同じ血を流し同じように空腹になり同じように涙を流す、というわけです。プエルトリコ系のリーダーの恋人であるアニタを、実際にプエルトリコ系の俳優リタ・モレノが演じたことは、ハリウッドで非白人がその役を演じることへの転機となりました。一方で、ヒロイン役は白人のナタリー・ウッドが演じており、そこには当時の限界も見られます。この映画には60年代初期の未来への願望と希望、アメリカの人種問題についての未来を探求する意思が込められているのです」

「今宵、世界は素晴らしく、輝いている」

劇中歌「トゥナイト」で歌われたこの言葉に象徴されるように、夢だけを胸に、底辺に生きる。だがそこには人種を超える愛があった。差別の中で生まれた、移民の集団。争いの克服は、果たして可能か。人種問題に切り込んだこの作品は、アカデミー作品賞を含む多くの賞を受賞した。

3 恐怖――『博士の異常な愛情』

第三次世界大戦の危機

1962年10月22日、ケネディ大統領はテレビとラジオを通して呼びかけた。

「アメリカ国民の皆さん、こんばんは。アメリカの皆さん、私たちは約束通りキューバにおけるソ連の軍事力に対し監視をつづけてきました。そしてこの1週間で攻撃用ミサイル基地がキューバで準備されている事実が確認されました。この目的は私たちに対する核攻撃を目的としていることは明らかです」

カリブ海のキューバにソ連が核ミサイル基地を建設していることが発覚し、米ソの間で戦争の可能性が極限まで高まったキューバ危機だ。

多くのアメリカ国民が反共産主義的だった当時、社会の繁栄を脅かす反米的なキューバの動きは、なんとしても避けたい事態だった。ケネディは「アメリカはもし西半球のどこかにキューバから核ミサイルが発射された時、ソ連に対して全面報復措置を行なう方針である」と述べた。核兵器の目的は相手に「恐怖」を与えること。脅しあいの中疑心暗鬼に陥るチキンレースで、人類は滅亡に向かうのか？　世界中が固唾《かたず》をのんで見守った。

フロリダから南へわずか150キロに位置するキューバは、50年代までアメリカ経済の影響下にあった。だが、革命をきっかけに社会主義へと転換する。それが全ての始まりだ。革命のリーダー、フィデル・カストロは、アメリカ系企業を接収するなど急進的な改革を次々と実施すると同時にソ連に接近し、61年にはついにアメリカとの国交を断絶した。

これに対して、ケネディはカストロ政権の転覆を試みる。世に言うピッグス湾事件だ。キューバから亡命した1400人にCIAが軍事訓練を行ない、カストロ政権の打倒を目指し、上陸作戦を決行したのだ。だが作戦は大失敗に終わってしまう。

その4カ月後、ソ連は東西に分かれていたドイツにベルリンの壁を建設し、東西の溝はさらに深まる。そして翌年10月、アメリカ空軍の偵察機がキューバに核ミサイル基地を発見したのだ。

一方のアメリカも、ソ連周辺諸国にミサイルを配備すると共に、長距離弾道ミサイルの開発にも成功していた。米ソは互いに直接攻撃が可能な状況だった。

アンダーセンは、次のように述懐する。

「私が幼い頃住んでいたところはオマハという田舎で、そこには原子力空軍が駐留していました。家のすぐ近くに空軍司令部があったのです。だから幼い頃は戦争が起きたら死ぬと思っていました。私は終わりだ。真っ先に死ぬ、とね」

60年代、アメリカの軍備拡大は、宇宙開発とも隣り合わせで進行していった。核開発反対の抗議運動を尻目に、宇宙でも米ソがしのぎを削っていたのだ。

アメリカが足掛かりとして宇宙を旅させることにしたのは、１匹のチンパンジー、ハムだ。２年にわたって、ＮＡＳＡの厳しい訓練を受けたハムは、61年ロケットに乗せられ旅立っている。青いランプが点滅すると５秒以内にレバーを押す必要がある。押せなかったら電気ショックを受け、正しく押せたらバナナが与えられた。

16分39秒。ハムは宇宙を漂い生還した。燃料の低下によって宇宙船の電気系統は故障し、「レバーを押してバナナをもらうシステム」は働かず、ハムは正しくレバーを押し続けたが電気ショックばかりを受けた。

およそ３カ月後、世界初の有人宇宙飛行を成功させたのは、ソ連のガガーリンだった。その１カ月後にはアメリカのシェパード飛行士も有人宇宙飛行に成功した。

ケネディは会見で、60年代のうちに人類を月に送り込むと発表する。いわゆるアポロ計画[10]が進んでいく。

我先に宇宙を目指したアメリカとソ連の激しい競争は、アメリカにとって総力を結集した闘いだった。偵察機から偵察衛星へ。情報収集能力や、通信技術の目覚ましい向上など、後のハイテク産業への布石は、冷戦時代に打たれたと言っても過言ではない。

※10　**アポロ計画**　ＮＡＳＡが１９６２年から72年にかけて実施した、月への有人宇宙探査計画。69年に打ち上げられたアポロ11号によって、ニール・アームストロング船長が人類として初めて月面に着陸した。

ブラックコメディが描いた恐怖の本質

だが、目に見える進歩の影で、米ソは「心理戦争」とも言われる宣伝合戦によって互いの優劣を競い、不安を煽りあう。全てを失う恐怖が、現実のものとして人々の心を蝕《むしば》んだ。そうした状況の中で生まれたのが、スタンリー・キューブリック監督の『博士の異常な愛情』[11]（1964）だ。

アメリカ空軍基地のリッパー司令官は、精神に異常をきたし、独断でソ連への核攻撃を命令し、立てこもってしまう。だがソ連は、攻撃に対して自動的に反撃する最終兵器「皆殺し装置」を開発していたことが判明する。アメリカ大統領は、ソ連に攻撃を止めるよう要求するも、爆撃機はどんどんソ連に近づいていく。誰もが絶望的になる中、ストレンジラブ博士はある妙案を思いつく。

核戦争によって人類が破滅に向かう姿をブラックコメディで表現した／『博士の異常な愛情』

キューバ危機を皮肉り、核戦争によって人類が破滅に向かう姿をブラックコメディとして描いた。

監督である異才スタンリー・キュー

ブリックは、こんな言葉を残している。
「悪夢のコメディが私の中に降りてきたのは脚本に取り組み始めてから数週間後だった。この方法は問題の核心に近いように感じた」(Joshua D. Farrington『Macmillan International Dictionary of Film and Filmmakers』)
時代に注がれた、皮肉で冷めた眼差し。現実がブラックユーモアそのものだったというわけだ。

「文化の解放」が行なわれたことを示す作品――ブルース・シュルマンの証言

『博士の異常な愛情』は、冷戦期のアメリカ人の振る舞いに狂気があったことを物語っています。風刺がきいており、いまだに素晴らしく面白い作品です。

アメリカ人は、ソ連との間で起こりえる核戦争について真剣にかなり心配していまし

※11 **『博士の異常な愛情　または私は如何にして心配するのを止めて水爆を愛するようになったか』**(Dr. Strangelove or: How I Learned to Stop Worrying and Love the Bomb)　１９６４年　監督：スタンリー・キューブリック　出演：ピーター・セラーズ、ジョージ・C・スコット、スターリング・ヘイドン　▼アメリカ空軍の司令官リッパー准将は、ソ連兵が襲ってくるという妄想に囚われ常軌を逸している。彼はついにソ連に対する核攻撃を行なう「R作戦」の実行を命令してしまう。何とか核戦争を食い止めたいアメリカ政府に対し、兵器開発局長官のストレンジラブ博士はある案を示す。

た。それにもかかわらず、映画ではその状況を風刺し、核に対するアメリカの姿勢に警鐘を鳴らしつつも時に笑いに変えて批評しています。つまり冷戦の一般通念に対して異議を唱えているわけです。このことは外交政策やソ連との関係における緩和とまでは言えないかもしれませんが、文化の緩和を示していると思います。脚本家や音楽家、監督や俳優、ハリウッドの映画会社でさえも、冷戦の総意に対して批判的な視点や声を取り上げる意思を表明していたのです。

それは1960年代初期において、広い意味で文化の開放が行なわれたことを示しています。このことはアメリカの生活において様々な分野で垣間見ることができました。それまでの10年間は共産党や社会主義に関わったと見なされた場合、また公民権団体や労働組合に関わった場合、ブラックリストに載せられ、非公式にはアメリカでの生活におけるいろいろな側面から排除されました。それが終わったのです。

この映画は、そうした権力を笑い飛ばすブラックジョークに満ちていて、見ていて笑いが止まらなくなることがあります。

キューバ危機の翌年、ケネディは凶弾に倒れる

キューバ危機に際して、全面戦争を覚悟したというケネディ。空軍に核兵器の搭載を命じた上で、キューバと行き来するソ連の船舶の往来を封鎖する。ソ連はこれに対し、「必要なあらゆる手段をとる」と書簡を送った。

これを機に、ホワイトハウスではソ連とキューバへの空爆を主張するメンバーが増えたという。当時の国防長官、マクナマラはホワイトハウス内の『博士の異常な愛情』のセットさながらの円卓で、「この日が生涯最後の日となることを覚悟した」と、後に語っている。映画では次のようなやりとりがある。

タージンソン「もし仮に、われわれが今すぐヤツらの基地を全部攻撃すればフルチンの敵を襲うようなもんだ。現在わが国にはミサイルが敵の5倍ある」
大統領「それは大量殺人で戦争ではない」
タージンソン「閣下、私たちも確かに犠牲は払います。だけど２０００万人くらいの犠牲で済むんですよ？　運次第で」
大統領「私はヒトラーと張り合う気はない！」

第三次世界大戦か、核戦争か――。だが米ソは踏みとどまった。
午前9時、ソ連の指導者フルシチョフがキューバからミサイルの撤去を発表。条件はアメリカがキューバに侵攻しないことだった。フルシチョフとケネディのやりとりは史上最大級の闘争であり、ギリギリの駆け引きだった。翌63年には、部分的核実験禁止条約[12]が調

※12　**部分的核実験禁止条約**　１９６３年にアメリカ・ソ連・イギリスの３カ国が調印した条約。地下を除く大気圏内、宇宙空間、水中における核実験を禁止することを定めた。

印され、平和共存志向が一時的に強まった。
だが同年、テキサスを遊説中のケネディは、凶弾に倒れ、帰らぬ人となった。

4 分断――『サウンド・オブ・ミュージック』

ミュージカルで表現された戦争への拒否感

若き大統領の死の3カ月前、首都ワシントンでは公民権運動の頂点と言われるデモ「ワシントン大行進[13]」が行なわれていた。キング牧師のあの不朽の名演説「私には夢がある。私の4人の子どもたちが肌の色でなく人格によって評価される国に住むこと。私には夢がある」もここで生まれている。

マーロン・ブランドやボブ・ディラン、ハリー・ベラフォンテら、数々の著名人も参加した。

だが、公民権運動の高まりは、強い反発も招く。フィラデルフィアでは、白人至上主義団体ＫＫＫが地元警察と共謀し3名の公民権運動家を殺害した。ケネディの路線を継承したジョンソン大統領は、ＫＫＫを「アメリカの未来の敵」とし、浄化作戦を決行。殺人に関わった郡保安官を含む21名を逮捕させた。そしてついに１９６４年、ジョンソン政権は「公民権法」を制定する。施行の文書に署名するジョンソンの背後には、平等を求め非暴力で差別と戦い続けたキング牧師もいた。
この年、ジョンソン政権はベトナム戦争[14]への本格介入を開始した。きっかけは、アメリカ海軍の駆逐艦が北ベトナムの攻撃を受けたと主張した事件。いわゆる、トンキン湾事件[15]だ。

多くの若者が戦場に駆り出されることになった。当時、アメリカ議会は圧倒的多数で戦争を支持。大統領に無制限とも言える戦争遂行権限を与えた。

兵士たちの多くは、戦争の大義を信じ、自らの生命と自由を捧げ、戦地へと赴く。
そんな時代に、一本のミュージカル映画が空前の大ヒット。65年公開の『サウンド・オブ・ミュージック』[16]だ。

※13　**ワシントン大行進**　１９６３年８月28日に行なわれた黒人差別撤廃を求める運動。キング牧師の呼びかけに、20万人以上が集まったという。有名な「私には夢がある」の演説はここで生まれた。
※14　**ベトナム戦争**　自由主義・資本主義陣営とされたベトナム共和国（南ベトナム）およびアメリカと、社会主義・共産主義陣営であるベトナム民主共和国（北ベトナム）およびソ連との間の戦争。１９５０年代後半から激化し、73年にアメリカが撤退した後も、75年のサイゴン陥落まで続いた。
※15　**トンキン湾事件**　１９６４年８月２日と４日に、ベトナムのトンキン湾を航行中のアメリカ駆逐艦が北ベトナムの魚雷を受けた。その報復としてアメリカは北ベトナムを爆撃、事実上の参戦となり、ベトナム戦争が激化するきっかけとなった。後年、この事件はアメリカの捏造であると判明した。
※16　**『サウンド・オブ・ミュージック』**（The Sound of Music）　１９６５年　監督：ロバート・ワイズ　出演：ジュリー・アンドリュース、クリストファー・プラマー　▼オーストリア、ザルツブルクに住む元海軍のトラップ大佐には、７人の子どもがいる。新たな家庭教師としてやってきたマリアは明るい女性。折しもナチスがオーストリアを支配し、それから逃れるべく一家は山を越えてスイスへ向かう。

舞台は1938年、第二次大戦前夜のオーストリア。歌を愛する見習い修道女のマリアはトラップ家の7人の子どもたちの家庭教師となる。軍人の父・トラップ大佐の教育法に戸惑うマリアだったが、彼女の歌声は、子どもたちの心を徐々に開いていく。そんな中、オーストリアに押し寄せるナチスの支配。祖国オーストリアを愛するトラップ大佐は、ナチスに協力することを敢然と拒否。マリアと一家は、アルプスを越え、スイスへ亡命することを決意する。ミュージカル映画の傑作として、「ドレミの歌」「エーデルワイス」「私のお気に入り」などの劇中歌はよく知られている。

ナチスの戦争に加わることを拒否する勇敢な主人公たちの姿は、ベトナム戦争への参加をためらっていた多くのアメリカ人の心の奥に何かを訴えかけた。

ベトナム戦争の泥沼化と『サウンド・オブ・ミュージック』――ブルース・シュルマンの証言

『サウンド・オブ・ミュージック』は60年代の最大のヒット作であるし、史上最も人気を集めたミュージカル映画とも言えます。主演のジュリー・アンドリュースもスーパースターになりました。

個人的な思い出話になりますが、私は幼い頃に数年間、ロードアイランド州プロビデンス郊外の小さな町に住んでいました。町に映画館が一つあったのですが、2年以上にわたり1作品だけを上映しており、それが『サウンド・オブ・ミュージック』でした。

この作品は、オーストリアの愛国者たちがナチスに抵抗して脱出する話です。とても勇敵な物語でベトナム戦争にアメリカが介入するような複雑さや曖昧さがありません。そういう純粋さが1960年代の多くの人に受けた理由です。つまり良い戦いを思い出させたのです。敵がはっきりしていて邪悪で、良い人は良い人だった時代を思い出させた。それが大人気となった理由です。

アメリカがベトナムとの戦争の泥沼に陥り始めた時期に、『サウンド・オブ・ミュージック』は演出として受けがよかったのです。戦争の中ではっきりとした勇敢さを持つことの物語ですから。もちろん、素晴らしい音楽がその大きな要素であることは言うまでもありません。

ベトナム反戦運動へ

主演のジュリー・アンドリュースはブロードウェイ出身の舞台女優だ。前年に公開された『メリー・ポピンズ』にも出演。この作品が素晴らしいという評判は、貧しい移民や、多くの若者たちを映画館へと向かわせた。

「ブロードウェイの本物のミュージカル」に触れることができた喜び。高価で手が届かなかったカルチャー、ミュージカルを大衆に届け直したのが『サウンド・オブ・ミュージック』だった。

「隠れても問題は解決しません。立ち向かいなさい。あなたは自分の人生を生きるために生まれてきたの」というシスターの言葉は、貧しい人々や若者たちの心に響く。戦争を拒否するのもまた、「自分の人生を生きる」勇気ある選択ではないか、と。

ベトナム反戦運動は若者を中心に広がりを見せ、国を二分する対立を呼ぶ。

ちなみに同じ65年に誕生したスポーツがある。今もアメリカを中心に親しまれている「ピックルボール」だ。若者から高齢者まで誰もが楽しめるテニスより簡単な球技である。中身が空っぽの、軽い、プラスチック製のボールが世代を越えて行き交う。戦争をめぐる対立の時代に、人々はゆるやかな連帯を見出そうとしたのか？

だが、社会の軋轢《あつれき》は次第に高まってゆくのだった。

5 英雄──『俺たちに明日はない』

すれ違ったレノンとプレスリー

65年3月、ジョンソン政権はローリングサンダー作戦[17]と名付けられた北ベトナムへの空爆攻撃を開始した。アメリカは本格的な戦争へと引きずり込まれていく。

その4カ月後、人気の絶頂にあったビートルズが新曲を発表した。過熱する人気に自分を見失いかけたジョン・レノンが、心の叫びを歌にしたとも言われる「ヘルプ！」だ。

この新曲「ヘルプ！」と共に11日間行なわれたアメリカ・ツアーは50万人以上の観客を

動員した。ツアー中、ビートルズの４人が訪ねたのは、キング・オブ・ロックンロール、エルヴィス・プレスリーだ。レノンの友人のジャーナリスト、クリス・ハッチンスを通しての歴史的な会談だった。

だが、レノンがプレスリーの家で見つけたのは、「All the way with LBJ（リンドン・ジョンソンと共にどこまでも）」と書かれた言葉。この瞬間、レノンは反戦の意思を示しプレスリーを困惑させたという。

プレスリーは徴兵された経験を持つ愛国者だった。レノンはお構いなしに、プレスリーのベトナム戦争を支持する姿勢と、彼のマンネリ気味の映画を批判した。イギリスとアメリカ、両国のトップスターの対話は気まずいまま終わったという。

翌年3月、ジョンソン政権は徴兵の基準を拡大、それまで兵役を免れていた若者たちも招集することにした。これによりさらに、多くの若者たちが、アメリカ軍兵士としてベトナムに送られた。65年2月には2万人あまりだったアメリカ軍の兵力は12月には37万６０００人と急増した。アメリカの力を見せつけてやれと言う賛成派と、若者をこれ以上戦争に送るなと言う反対派。国論は、真っ二つに割れた。

※17　**ローリングサンダー作戦**　１９６５年3月からアメリカが実施した北ベトナムに対する継続的な空爆作戦。同時に海兵隊の地上部隊を派遣したが、徐々に北ベトナムの防空力が増し、結果的に９００機以上の戦闘機を失う結果となった。１９６８年に作戦中止となる。

モハメド・アリのリング外での闘い

その頃、ある人物が敢然と徴兵を拒否したことで話題となる。カシアス・クレイ、[18]またの名はモハメド・アリ。「蝶のように舞い、蜂のように刺す」ボクシング世界ヘビー級王者だ。彼は徴兵基準の見直しで入隊適格とされたが、次のように言い放った。

「私ははっきりと今テレビの前で言います。行きません。10万マイルも遠いところに行って、貧しい人々を殺したくありません」

ベトナム戦争への従軍を拒否した最強の男に対して、アメリカ社会への「宣戦布告」とみなす人々もいた。ベトナム戦争に対する支持率がまだ50%を超えていた当時、アリのもとには「ベトナムで頑張っている同胞に対して、よくあんなことが言えたものだ」という数々の中傷の手紙、殺害・爆破予告が送られてきた。白人はもちろん、黒人たちもアリに対する批判を繰り返した。

第二次世界大戦中、アメリカ軍のシンボルとしても活動したボクサーのジョー・ルイスは「アメリカで巨万の富を稼いだ男がアメリカのために戦争に行かないのはおかしい。俺は戦争に行きたくてしょうがなかった」と述べた（ABC News １９６7年4月28日）。

メジャーリーグで活躍した野球選手ジャッキー・ロビンソンもまた、アリを連日批判した。公民権運動に参加し、全米黒人地位向上委員会の議長も務めていたロビンソンは、第二次世界大戦で従軍した経歴を持つ。彼は「あの若造はアメリカで黒人の地位を取り戻そうと戦った全ての黒人兵を失望させた」となじった。

67年、徴兵を回避した罪でモハメド・アリは有罪判決を受け、ボクシングライセンスは剝奪された。陪審員は全員白人。禁錮5年と罰金1万ドル、そしてパスポートも没収された。当時25歳のアリは、アスリートとして脂が乗り切っていた。しかし戦争に行くことを拒否したことで、そのキャリアは事実上の終わりを迎えた。

だが、アリはファイティングポーズを崩さなかった。リングではなく、法廷で、彼はアメリカ社会を相手に孤独な戦いを続ける。彼の講演会には多くの人々が集まり、そこで彼はこう述べた。

「リングに行くのと、戦争に行くのは一緒だろと言われます。お前は戦う男だ。何が違う？　と。そう言ってくる人たちに私は言います。リングで戦うのとベトナムで戦争するのは違うに決まってる、と」

戦争に行くべきではないというアリの言葉を聞いた若者たちの中で、権力への反発が芽

※18　**カシアス・クレイ（モハメド・アリ）**（１９４２－２０１６）　１９６０年のローマオリンピックのボクシングライトヘビー級で金メダルを獲得するが、帰国後にレストランで差別を受けたことに反発して、メダルを川へ投げ捨てた。プロに転向した後、ムスリムであることを公表して名をカシアス・クレイからモハメド・アリに改めた。ヘビー級王座を獲得してスターとなり、また兵役を拒否するなどリングの内外で話題となった。

生え始める。それは「カウンター」とも呼ばれる既存の社会への反抗心だった。

かつて、アリの友人の一人、マルコムX[19]は、彼が初めて世界チャンピオンになった時、こんな言葉を遺している。

「彼は英雄になる。英雄のイメージは本人よりも力を持つ。もし人々が彼のイメージに共感し始めたら、とんでもないことが起こる。黒人たちも俺は偉大だと叫び出すだろうね」

（１９６４年のマイアミビーチでのインタビュー　Interview at Miami Beach 2/25/1964）

差別と徴兵の関係を浮き彫りに
――カート・アンダーセンの証言

カシアス・クレイがボクシングのチャンピオンになった時、私は9歳でしたが今でも覚えています。テレビじゃなくてラジオでした。とても興奮したことを覚えています。今までにない驚きでした。彼が王者になったのはテレビでビートルズが演奏した2週間後のことでした。家族全員でビートルズの演奏を見たのも覚えています。そしたら2週間後に若い黒人がいきなりチャンピオンになったのですから。

彼がチャンピオンになったのと、イスラム教徒に改宗してカシアス・クレイからモハメド・アリになったのは同じ年でした。

モハメド・アリが俺は戦争に行かないといったのは１９６７年でした。その頃は本格介入からまだ2年目でとても早い動きだったのです。彼があいう発言をして私は父と食卓で戦争について議論するようになりました。

当初は反戦運動はあまり見られませんでした。そりゃ死にたくないと嘆く若者は多かったですが、ほとんどのアメリカ人は戦争に行くことは義務だと感じていたのです。

また、社会のどの層に属するかによっても異なりました。子どもを大学に入れれば、4年間は徴兵が免除されます。そうした家庭では息子が入隊するとは思っていなかったでしょう。私の家族もそうでした。

反戦感情が高まるのは、膨大な数の若者がベトナムに送られるようになった1967年頃です。ちょうどアリが徴兵に応じないと宣言した時と重なります。

当時既に、たくさんの黒人の若者が従軍させられていました。モハメド・アリもそうですが、彼の発言は反戦運動と黒人の権利問題を結びつけました。差別の問題と黒人が多く派兵されている問題は関係があると気づかせたのです。だから彼は英雄なのです。しかも彼はチャンピオンです。その声は皆に届いたのです

若者たちの反抗

若者たちは行動に出た。公衆の面前で徴兵カードを燃やし、公然と抗議の意思を示しだ

※19　**マルコムX**（1925－65）　20代で入った刑務所でイスラム教に出合い入信。ネーション・オブ・イスラムのスポークスマンとして頭角を現す。キング牧師らの公民権運動を批判し、暴力を辞さない構えを見せた。後に組織を離れ独自の運動を始め、公民権運動とも和解。1965年ニューヨークで暗殺された。

したのだ。アリはカウンターカルチャーの英雄として、ボクシングのチャンピオンを越えた存在となる。

そうした動きを背景に社会に牙をむく英雄がスクリーンに次々と登場したのがこの頃だ。例えば、フェイ・ダナウェイが出演している『俺たちに明日はない』[20]は67年に公開された。実在した銀行強盗のボニーとクライドがモデルのアメリカン・ニューシネマの先駆けだ。

1930年代のテキサスで、刑務所を出たばかりのクライドは平凡な暮らしに退屈するボニーと出会い、意気投合。街から街へと銀行強盗を重ねながら流浪する。だが、貧しい銀行の客からは金を奪わないという美学があった。2人の行動は話題となり、世間から人気を集めるようになる。

60年代初頭では作れなかった『俺たちに明日はない』——ブルース・シュルマンの証言

『俺たちに明日はない』は、アメリカン・ニューシネマ[21]の初期に登場した名作であり、61年や62年には作れなかった作品です。どの会社もこんなものを作ろうとしませんでした。アメリカン・ニューシネマの時代はヘイズ・コード（自主規制条項）やハリウッドの映画会社のシステムが崩れ始めた時で、監督が全責任を負う覚悟で取り組む作品が台頭し、作り手が好きなように制作できるようになりました。撮影はハリウッドのスタジオの中ではなくロケで行ない、より物議を醸すテーマを取り上げ、性や暴力をよりオープンに描写していました。また、善悪の曖昧さが増したことで、必ずしも最後に善人が勝ち、悪人が負けるとは限らないストーリーが生まれたのです。

この作品は暴力をまさに美的要素として見せています。物議を醸した最終シークエンスではボニーとクライドが撃ち殺され、スローモーションになります。暴力がまるでバレエのように見えるのです。従来のハリウッド映画なら、こうした暴力性やダメージに気づかせることはなかったのです。

加えて、ボニーとクライドにおいては性の曖昧さが存在します。クライドは勃起不

1930年代のテキサスで銀行強盗を重ねながら流浪するボニー（フェイ・ダナウェイ）とクライド（ウォーレン・ベイティ）。2人の破滅的な人生を描く／『俺たちに明日はない』

※20　**『俺たちに明日はない』**（Bonnie and Clyde）　１９６７年　監督：アーサー・ペン　出演：ウォーレン・ベイティ、フェイ・ダナウェイ　▼１９３０年代のアメリカ・テキサスで、刑務所から出所してきたばかりのクライド・バロウとウエイトレスをしていたボニー・パーカーはアメリカ各地で強盗を繰り返していく。２人の義賊的行動は世間の人気を集めるが、警察は徐々に彼らを追い詰める。

※21　**アメリカン・ニューシネマ**　１９６０年代後半から作られるようになった、『イージー・ライダー』『俺たちに明日はない』などに代表されるハリウッドのメインストリームとは異なる反体制的な一連の映画を指す。英語では「ニュー・ハリウッド」などと呼ばれる。

全で、ロマンチックな主人公ではありません。クライドはボニーとのロマンチックな行為を完結することができません。これもまたそれまでにない表現の挑戦だと思います。

この映画の最大の特徴は銀行強盗、つまり犯罪者の美化です。設定は1930年代ですが60年代後半の反逆に通じています。ボニーとクライドは犯罪者で犯罪行為をしていて、法律を守る社会から逸脱していますが、規範に沿って生きています。自分の規範で生きる気高い無法者なのです。

法律だからというだけの理由で法律に従うべきではなく、正しいことに従うべきだと言っています。時にそれは権力者の矛盾を浮き彫りにするのです

『俺たちに明日はない』は、暴力を美化して美的価値を与えた点、性の既成概念を崩した点、気高い無法者を賛美した点、反体制文化的に善悪を判断した点など、それらの全てにおいて、アメリカン・ニューシネマで転機となる作品でした。それは『イージー・ライダー』『卒業』『真夜中のカーボーイ』など1960年代の終盤に登場する映画に共通するものです。

ベトナム戦争の後悔

68年1月、テト攻勢が起きる。南ベトナム解放民族戦線（ベトコン）の兵士たちは各地で一気に攻勢に出て、アメリカと南ベトナム政府を揺さぶった。ベトナムの旧正月であるテトの期間は休戦とする暗黙のルールがあったが、北ベトナム側が奇襲を仕掛けたのだ。そ

の結果、サイゴンのアメリカ大使館が一時占拠されるという事態も起きる。アメリカでもテレビを通じて、銃撃戦の生々しい映像がその日のうちに伝えられ、世論に大きな影響を与えた。

そして、１枚の写真が決定的な影響を与え、人々の気持ちは一気に反戦へと傾く。「サイゴンでの処刑」と名付けられた写真には、南ベトナム国家警察総監のグエン・ゴク・ロアンが、一人のベトコンの士官の頭を銃で撃ち抜く瞬間がはっきりと写されていた。ＡＰ通信のカメラマンによって撮影されたものだ。

ベトナムの目にすることのなかった現実を突き付けられた人々は自問する。アメリカは、本当に正義のための戦争をしているのか？　大きな疑問が人々の間に広がった。

世論の動きもあり、１９６８年3月、ジョンソン政権は北爆を部分停止し、和平交渉への道を模索し始めた。ベトナムへの派兵は誤りだったのか？

重苦しい空気が、アメリカ社会を覆い始める。

6　卒業――『卒業』

親の支配からの卒業

60年代後半、アメリカの行き詰まりとその時代の気分を映し出したかのような映画『卒業』[22]（1967）が公開された。

ダスティン・ホフマン演じる、ベンジャミンは大学では陸上部のスターで頭脳も優秀だ。卒業し地元へ帰ると、裕福な両親は彼のために卒業祝いのパーティーを開いてくれる。だが、彼自身は自分が人生において何をしたいのか分からず、将来に漠然とした不安を感じている。彼は、そこで出会った父の友人の妻であるミセス・ロビンソンに惹かれ、関係を持つようになってしまう。

式場から抜け出してバスに乗り込むベンジャミン（ダスティン・ホフマン）とエレーン（キャサリン・ロス）。2人が見せる表情は未来への不安でやがて……／『卒業』

ところで、本筋とはあまり関係ないが、パーティーで1人の男がベンジャミンに近づいて言う。「プラスチック」。これは当時急成長していたプラスチック業界に行けば間違いないという、男からのアドバイスだ。エリートのベンジャミンが目指すのにふさわしい仕事、将来も安泰だ、というわけだが、まさに時代を象徴するエピソード。

今となっては削減の対象となっている石油由来の素材が、あらゆる日用品に用いられ始めていた。作って、売って、捨てることが言わば常識だった時代。ただ、この言葉には金属や木の素材に置き換わるまがい物という皮肉な意味も込められた。

ベンジャミンは、年上のロビンソン夫人の誘惑に乗り、肉体関係を重ねるが、虚無感が募るばかり。ロビンソン夫人は、幼なじみのエレーンの母親だった。エレーンに惹かれてゆくベンジャミンだが、大人はそれを許してくれない。

ロビンソン夫人との関係はついにエレーンに明かされ、エレーンは他の男との結婚を決めてしまう。しかし、あきらめきれないベンジャミンは教会に向かう。全てを捨て、愛を貫こうとする2人は式場から逃げ出しバスに乗り込む。有名なラストシーンだ。

だが喜びは束の間かもしれない。それはやがて未来の不安へと変わってゆく……。そんなことを予感させるかのように、カメラはベンジャミンとエレーン、2人の虚ろな表情を映し出す。

１９６０年代の終焉の若者像
——ブルース・シュルマンの証言

『卒業』というタイトルには2つの意味があります。１つ目は明白です。ダスティン・ホフマン演じる主人公のベンジャミン・ブラドックは大学を卒業したばかりで、故郷の南カ

※22　『**卒業**』（The Graduate）　１９６７年　監督：マイク・ニコルズ　出演：ダスティン・ホフマン、アン・バンクロフト、キャサリン・ロス　▼ベンジャミンは一流大学を優秀な成績で卒業。両親は未来を期待しているが、本人はどこか将来に漠然とした不安を感じている。実家で開かれた卒業記念パーティーで彼はロビンソン夫人に誘惑され、2人は関係を持つようになってしまう。

リフォルニアに戻り不確かな世界に放り込まれます。

2つ目は、主流とされる、彼が生まれ育った裕福な郊外の両親や社会の期待からの卒業です。

ベンジャミン・ブラドックのようなアメリカ人なら、つまり爽やかな好人物で、大学のスポーツ選手で、スポーツカーを買ってもらえるぐらい裕福な家庭の息子なら、1950年代、1960年代初期にかけての時代であれば人生の道が開けていました。

すなわち、大企業に勤め、出世街道に乗り、結婚して子どもをもうけるという、両親の姿を再現したような人生を送れるはずです。

しかし、1960年代の終わりに大人として世界に一歩を踏み出したベンジャミンにとっては、進む道がまったく想像できませんでした。

ただ、ベンジャミンは反体制的な人物ではありません。服装も平凡ですし、願望も実利主義的です。ですが、彼はそのまま進むことができません。彼は親世代の期待を理解していますが、もうそれには従うことができないのです。自分を見つけて自己実現しないといけない。その意味で彼は、反体制文化を体現する人物の走りとして捉えられると思います。

アメリカの理想、ジョー・ディマジオはもういない

『卒業』の主題歌を歌ったのは64年にデビューした、サイモン&ガーファンクルだった。映画でも使われた「ミセス・ロビンソン」はポップに、そしてアイロニカルに当時のアメ

リカと、若者の心を歌い上げた名曲だ。

歌詞の一節には「ジョー・ディマジオはどこへ行った？」という言葉が出てくる。マリリン・モンローと結婚したメジャーリーガー、ジョー・ディマジオ。野球のスーパースターであるだけでなく、紳士的な態度はアメリカ人の模範とも言われた。

だが、ジョー・ディマジオはもういない。それは、模範とする大人を社会が見失い始めた時代を表していたのかもしれない。

アンダーセンは、この時代について次のように述べる。

「いろいろあった60年代について今考えると、私自身、初めて私は私だと、人生は大人に理解できない経験をすることだと思うようになりました。そういった自己愛的で思春期特有の未熟な態度をみんな持ち始めたのです。〝若者よ、アメリカの何が気に食わないんだ？〟と大人が問うても、当時の14歳、19歳、22歳の子どもは自分たちが特別であると考え、調子に乗ったやり方でアメリカを支配してしまったのです」


愛と平和のため、アメリカ社会に反発した若者たちだったが、その刹那的な虚しさも次第に露呈するようになる。

68年のアメリカ大統領選挙で若者たちが候補者として擁立したのは、1匹の豚ピガススだった。翌年、ヒッピーだったチャールズ・マンソン[23]は、女優シャロン・テート殺害事件を起こす。愛と平和のコンセプトは、空虚な反抗に取って代わられた。

古いしがらみから卒業しようとしたアメリカの前には、険しい道が待ち受けていた。

7 哀愁――『真夜中のカーボーイ』

『猿の惑星』が描いたディストピア

大人も、若者も、政治家も、大衆も、確かな道筋を見失い、途方に暮れた60年代末。少し前には思いもよらなかった時代の変化が押し寄せていた。

68年に公開された『猿の惑星』[24]は、そんな不確かな未来しか描けない時代を表わすかのようなディストピアＳＦだ。

主人公のテイラーらを乗せた宇宙船は、３２０光年の旅を終え地球へと向かう。船内は１９７２年だが、地球上は既に２６７３年になっている計算だ。だが、予期せぬトラブルにより、宇宙船はとある惑星に不時着する。そこで彼が見たのは、言葉を話す猿が人間を支配する奇妙な社会だった。

猿に捕えられたテイラーは、自らの自由と未来を取り戻すために闘い、走り出す。ラストシーン、遠ざかる彼を見て、協力者の猿たちは言う。

「彼は何を見つけるのでしょう」

「自分の運命さ」

自由を勝ち得た高揚感は長くは続かない。彼は全てが失われたことに気づくのだ。ここは核戦争後の地球、かつてのアメリカだったという衝撃のエンディング。いつか私たちもそうなるかもしれないという不安があったのか。

『猿の惑星』が画期的作品である2つの理由——ブルース・シュルマンの証言

『猿の惑星』は映画史において画期的な作品です。SF映画はアメリカの映画史に登場してからしばらく経っていましたが、それまでのSF映画はジャンル映画、いわゆるB級映画でした。

ところがこの映画の主演は、チャールトン・ヘストンでした。彼は単に大スターである

※23　**チャールズ・マンソン**（1934－2017）　少年時代から非行や犯罪を繰り返し刑務所に収監された後、サンフランシスコでヒッピーとなる。独自の思想で次第に信者を集め「マンソン・ファミリー」を形成する。ファミリーの行動は過激化し、69年には映画監督ロマン・ポランスキーの妻で女優のシャロン・テートを殺害するなど複数の殺人事件を起こした。死刑判決の後、終身刑に減刑。

※24　**『猿の惑星』**（Planet of the Apes）　1968年　監督：フランクリン・J・シャフナー　出演：チャールトン・ヘストン、キム・ハンター、ロディ・マクドウォール、モーリス・エヴァンス　▼ジョージ・テイラーら4人を乗せた宇宙船は地球への帰還途中、トラブルに見舞われ未知の惑星に不時着する。3日間歩いた末、テイラーらは人間に似た種族を発見するが、彼らは言語を持たないようだった。すると突然彼らを襲う「猿」たちが現れ、テイラーたちも一緒に捕まってしまう。

だけでなく、『ベン・ハー』や『十戒《じっかい》』のような大規模な予算をかけた壮大なスケールのハリウッド超大作の主演俳優として高い評価を受けていました。そういう意味でも、この作品はＳＦ映画をハリウッドの主流に押し上げたものとして大きな役割を果たしました。この映画がなければ『スター・ウォーズ』シリーズの成功もなかったでしょう。

この映画では、アメリカの宇宙飛行士が宇宙に旅立ちます。そして遥か未来のある日、長い宇宙旅行の果てに未知の世界にたどり着きます。そこは地球に似ていますが、知能を持ち言葉を話す猿が支配する、全く異なる惑星です。実際、そこでは人類は下等動物で、檻《おり》に入れられています。チャールトン・ヘストンは猿の支配に抵抗し、脱走しようとします。そしてクライマックスのラストシーンで、さまよい歩いた先で彼が目にするのは、半分埋まった自由の女神です。それを見て観客は、そこは遠く離れた宇宙にある惑星ではなく、地球の成れの果てだと悟るのです。そこでチャールトン・ヘストンは叫びます。「バカども！　お前らのせいだ！」と。

これは社会への警鐘です。猿の惑星は実は地球で、人類は地球の管理人としての役割に失敗し、人類の文明を破壊してしまった。観客に、現在人類が支配しているこの世界をもっと大切にするべきだと警告しているのです。ですからこの作品は単なるＳＦではなく、政治的、社会的な批判でもあります。

都会で夢破れたカウボーイたち

１９６8年、公民権運動の象徴だったキング牧師は暗殺され、帰らぬ人になる。彼の墓標に書かれた言葉は「ついに自由に」というものだった。

生きている者たちの闘争は続く。

69年、最後の闘争を起こしたのは同性愛者たちだった。

当時、アメリカではイリノイ州以外の全てで同性愛が違法とされていた。ずっと虐げられてきた当事者たちが、警察の踏み込み捜査に対して初めて牙をむいた暴動があった。現場となったゲイバーの名から「ストーンウォールの反乱」[25]と呼ばれ、ＬＧＢＴの権利獲得運動の起点となった出来事と言われている。

この事件の少し前に公開された映画もまた、都会の片隅に隠れるように暮らす男たちを描いた。それが69年公開の『真夜中のカーボーイ』[26]だ。

貧しさから逃れようとテキサスの田舎からニューヨークにやってきたジゴロのジョー。だがカウボーイの服装に身を包んだ田舎者は相手にされず、何もかもがうまくいかない。

※25　**ストーンウォールの反乱**　１９６９年、ニューヨークのゲイバー「ストーンウォール・イン」に警察が捜査に入ったことに対し、店にいた同性愛者たちが立ち向かった事件。これをきっかけに性的マイノリティ当事者たちの権利獲得・抵抗運動が盛んとなった。

※26　**『真夜中のカーボーイ』**（Midnight Cowboy）　１９６９年　監督：ジョン・シュレシンジャー　出演：ジョン・ヴォイト、ダスティン・ホフマン　▼テキサス出身のジョーは、ニューヨークへと出て男娼として一獲千金を夢見る。だが、カウボーイの服装に身を包んだ田舎者を、都会の女たちは全く相手にしない。バーでたまたま隣り合った足の不自由な男ラッツォとの奇妙な共同生活が始まるが、２人は困窮に追い詰められていく。

そんなある日、彼はラッツォという足の不自由な男に出会い、彼の家に転がり込む。なんとか這い上がろうとするうちに、金も仕事もない2人の心は近づいてゆく。それは、決して日の当たらない真夜中に生きる、都会の弱者を描いた映画だった。学歴もコネもなく、肺を病み、足を引きずって歩くラッツォの姿。大国アメリカの60年代で、見て見ぬふりをされてきた「闇」を全て詰め込んだような作品が、人々の心を捉えた。

シュルマンは次のように指摘する。

「今まで作品賞を獲った映画の中で唯一、成人指定を受けた作品です。男性による売春の映画で薬物中毒や障害を抱えた路上生活者が描かれており、あの時代に本当に挑戦的な映画だったと思います。そして人間性の暗い一面や都市の暗黒面を描いている映画です。このことは1960年代に起きた劇的な変化を示すものです」

ジゴロのジョー（ジョン・ヴォイト）と足の不自由な詐欺師ラッツォ（ダスティン・ホフマン）。都会の片隅に隠れるように暮らす弱者を描いた／『真夜中のカーボーイ』

フロリダに行きたいというラッツォの夢を叶えるため、全てを捨てるジョー。そこには友情と愛情とがないまぜになっている。だが病魔に侵されていたラッツォは、到着目前で息絶えてしまう。

豊かさを求めやってきたニューヨー

クは冷たく、底意地の悪い街だった。死の影に怯える人々は刹那のぬくもりを求め、全てを捨てる。『真夜中のカーボーイ』は、そんな人々の心の叫びを描いた。

60年代、闘争のアメリカ——それは変化と失望の時代だった。

1969年7月20日、ニール・アームストロング船長が月面へ降り立った。同じ年、若者たちによる巨大な野外コンサート、ウッドストック・フェスティバルが開催された。40万人の若者たちが愛と平和、そして反戦を歌いあげた。

アメリカがこの10年間で得たものとは何だったのか。シュルマンとアンダーセンはこう述べる。

「全員が今でも60年代の影響下にあります。そして60年代は今日のアメリカの悪いところ全ての発祥と考える人が大勢います。それと同時に解放の時代の始まりと見る人がいます。アメリカの自由と民主主義は達成可能で、私たちは正しい方向に進めると信じられた時代だったのです」（シュルマン）

「60年代後半には文化的な革命が起こりました。60年代は極端に新しいものを受け入れた時代でした。ですがそれは極端すぎました。変化が大きすぎたのです。60年代後半は誰もが失望している状況でした。社会が変化しなかったことと若者の夢が叶わなかったことが一緒になっているのです。ある意味60年代後半の全ての夢が叶わなかったことへの失望と18歳の頃の夢が叶わなかったことを皆が混同しているのです」（アンダーセン）

60年代の混同は、アメリカという国の壮大な反抗期が生んだ結末なのか？

人々は闘った。そこには夢があり、変化への希望が、幾多の闘争を支えていた。強烈だった10年間は過ぎ去り、アメリカはまた新たな夢を求め歩み始める。

第2部

70sから90s
「幻想」「葛藤」そして「喪失」へ

イントロダクション

停滞と屈折の70年代はサブカルチャー豊穣の時代

70年代、アメリカは壁にぶつかる。「闘争」の時代のベースにあった繁栄から一転、ベトナム戦争の泥沼化も大きかったわけだが、経済的にも、スタグフレーションと呼ばれる、インフレと景気低迷による失業問題を同時に抱え込む、未曾有の事態に悩まされるのだ。基軸通貨としてのドルへの信頼が揺らぎ、切り下げだけでは長くは持たず、変動為替相場制へと移行する。60年代に生まれたカウンターカルチャー、市民運動などの流れが、物質的な豊かさを追求する経済のあり方に、大きな疑問符を突き付ける。環境問題への意識も高まり、物質主義を越えるという精神が人々の間に広まり、そうした流れもあってか、超自然現象にも注目が集まり、スピリチュアルブームなども生まれる。時代の空気は大きく変わった。

戦後のベビーブームで生まれた世代が消費の主役となり始めたことで、社会の空気も変わっていく。女性の人権に対する意識も変わり、ウーマン・リブ運動は、アメリカ発のムーブメントとして世界に広がる。高度成長が環境、エネルギー問題などにも阻まれてひとまず頓挫し、不透明感が広がる中で、人々の欲望の形も少しずつ多様化し始めた時代だ。

停滞した経済、社会の状況から「空白」と呼ばれることも多い70年代だが、実は、サブカルチャー的には豊穣の時代とも言える。「壁」を想像力で越えようとすることが、時代の表現を生んだのか、本文でお確かめいただきたい。そして、そこに生まれた「幻想」とは何だったのか？ アメリカはこの70年代という屈折した時代のカーブをどのように乗り切るべきだったのかも、ご一緒に考えてみていただきたい。

「強いアメリカを取り戻す」が宣言された80年代

「幻想」の70年代の閉塞感を打破すべく、80年代に大衆が選んだリーダーは、奇《く》しくもハリウッドという壮大な夢の産業の中のスター、ロナルド・レーガンだ。「強いアメリカを取り戻す」ことを国民に約束したリーダーは、市場原理による競争を強めることによって、国家の繁栄を目指す。社会保障を切り詰めて、弱者切り捨てとの批判を受けても「小さな政府」による経済政策に邁進する。実際、既に70年代から支持者を増やしていた「新自由主義」と呼ばれる、ケインズ的な修正資本主義からの再転換による市場原理に傾斜した国策は、レーガノミクスと呼ばれこの政権の柱となった。そしてこの時代、少なくとも、経済指標の上ではアメリカは再び、豊かさを取り戻したかに見えた。84年のロサンゼルスオリンピックは、そうした時代の象徴として語られる。同時に、そこからオリンピックの商業化が加速度的に進んだという批判の声もあるのだが、アメリカの国威発揚と相まって、ひとまず、「豊かなアメリカ」が復活したことが世界に印象づけられた。

だがもちろん光があれば影もある。黒人を中心としたマイノリティは従来以上に不利な状況に置かれ、極端な貧困が女性や子どもたちの間で広がっていった。母子家庭の増加なども実は80年代から顕著になっていた問題だった。またレーガンが志向する「強いアメリカ」は、米ソ冷戦において緊張を高める方向へも進む。折しも大韓航空機撃墜事件などが在任中に起き、ソ連との間に険悪な空気も生まれる。表面の華やかさとは裏腹に、様々な綻《ほころ》びを抱えながら、「葛藤」に引き裂かれたアメリカの姿がそこにあった。

80年代後半は、ゴルバチョフという共産圏の新たなリーダーの登場のもと、ソ連国内の人々の想いも噴き出し、世界の構図は変わっていく。日本でも「バブル」という言葉が接頭語のように語られ、大衆の欲望が爆発した現象ばかりで懐古されがちな80年代だが、当時を生きた人々のメンタリティの変化を想像しながら時代を読み解いていくと、アメリカ、日本、それぞれのステレオタイプではない80年代が見えてくるかもしれない。

90年代、仮想敵国を失った超大国

90年代は、80年代の水面下にあった「葛藤」が、いよいよ「喪失」という形で表面化してきた時代と言えるだろう。

ソ連の消失という、驚くべき国際秩序の変化で、唯一無二の「超大国」、まさに「無敵」

となったかに思われたアメリカだが、その時代状況が、むしろ罠となったと言えるのかもしれない。仮想敵国を失って、ある種エアポケットのような、気が抜けた空気に包まれたアメリカ。米ソ冷戦の終焉が見えた91年に、今度は中東イラクに向けハイテクによる湾岸戦争へと踏み出したのは皮肉と言う他ないが、これからは世界中が市場となることによって、自由主義による経済のゲームが地球上を覆うはずだと言わんばかりの動きを見せる。冷戦の終結によって抑制することになった国家予算の軍事費分が、情報産業、航空宇宙産業、そしてバイオテクノロジー産業などのデジタル・ニュー・エコノミー分野に投入される。グローバル化の潮流が世界を覆っていく。アメリカ型資本主義のみが「世界標準」であるかのような空気が、多くの国々を支配し始めていた。

それは、政治学者フランシス・フクヤマによる言説の通り、一見「歴史の終わり」とも思えるような空気だったのかもしれない。自由を求める人類の精神の運動である「歴史」は、もはやアメリカという「理想」の国家が栄華を極めることで、その「終わり」を迎えた、アメリカ的な「自由」が世界を包み、これ以上変化の時はやって来ないのだ、と。しかし、「文明の衝突」（サミュエル・ハンチントン）を想起させるような悲惨な大惨事が、21世紀に入り遠からず起きることとなったのは皆さんが知るところである。

「喪失」したのは、何だったのか？　アメリカの美徳か、市民としての矜持《きょうじ》か、自由を求める者が同時に持つべき倫理か……。

70年代から90年代は、戦後アメリカにとって、慎重にカーブを切るべき、大きな、時代の曲がり角だったのだ。そのこともこれから確認してみたい。

第3章 幻想の70s

1 自由——『イージー・ライダー』

カウンターカルチャーと「サイレント・マジョリティ」

60年代初頭のアメリカは高い経済成長率を達成し、まさに「黄金時代」を謳歌していた。大量生産・大量消費という経済の循環は幅広い層に行き渡り、郊外に一軒家を持つことが中流階級の証しとなる。

１９６０年代に人気を博したシットコム『奥さまは魔女』は、次のようなナレーションで始まる。

「奥さまの名前はサマンサ、そして旦那さまの名前はダーリン。ごく普通のふたりは、ごく普通の恋をし、ごく普通の結婚をしました。でも、ただ一つ違っていたのは……奥さまは魔女だったのです」

「ごく普通」という言葉で、全てが疑問なく受け入れられた時代。アメリカの中流家庭が体現する豊かさは、世界の憧れの的となった。

だが１９６８年、憧れだったアメリカ社会は大きな曲がり角を迎える。既に始まっていたベトナム戦争は泥沼化の一途をたどり、若者たちは反戦[1]の声を高めていた。

そんな中、４月に公民権運動を率いてきたキング牧師が暗殺される。さらにその２カ月後、次期大統領と期待されていたジョン・Ｆ・ケネディの弟ロバート・ケネディも凶弾に倒れる。

全米１２５都市で黒人住民による暴動が続発し、民主党シカゴ大会の裏側で反戦急進派と警察官が衝突した。

進路を見失った政治、そして一向に終わらないベトナム戦争、人権への抑圧。人々の間にくすぶっていた焦りと苛立ちは突如、暴力という形で噴出する。リベラルの理念は大き

※１　**ベトナム反戦運動**　当初は学生や若者の間で始まった反戦運動やデモ活動は、次第に公民権運動や労働運動などと結びついて全米に広まっただけでなく、世界的な平和運動の拡大をもたらした。

く揺らいでいた。
若者たちは、自らを育んだ「豊かな社会」への反抗に走り始める。ロック、ドラッグ、フリーセックスなど、彼らの欲求は独特の文化を生み出していく。これらの文化は、カウンターカルチャーと呼ばれた。長髪姿の男性は、この新しい文化のトレードマークとなった。

ロックの祭典ウッドストック・フェスティバルが空前の規模で開催された69年、とある長髪の新人監督の映画が話題を呼んでいた。それが『イージー・ライダー』[2]だ。

ヒッピーの青年、ワイアットとビリーはハーレーにまたがり謝肉祭の開催されるニューオーリンズを目指してアメリカ横断の旅に出る。アウトサイダーが自由とアメリカン・ドリームを求める旅を描いた、アメリカン・ニューシネマの名作だ。

しかし、監督のデニス・ホッパーは、単に若者の姿を撮っただけでなく、アメリカに忍び寄る影も捉えようとしていた。彼は次のように言っている。

「例えば大都市では黒人と白人の争いで街のあちこちで焼きうち騒ぎがあったし、ヒッピーは街に繰り出してドラッグの使用を堂々と主張し、ラヴ・インが行なわれ、国中がヴェトナム戦争に対して失望するようになっていたりで、恐ろしいほどに悪い状態だったんだ。それで、俺はそれを象徴化したかったんだ」（谷川建司『「イージー・ライダー」伝説：ピーター・フォンダとデニス・ホッパー』筑摩書房）

ワイアットとビリー、そして旅の途中で意気投合した弁護士ハンセンはある町に立ち寄

「みんな自由が欲しいはずなのになぜだ」ヒッピーを嫌う町の人たちを避け野宿をするワイアット(ピーター・フォンダ)とビリー(デニス・ホッパー)／『イージー・ライダー』

るが、ヒッピーを嫌う町の人たちを避け、荒野で野宿をすることになる。そこでの会話のシーンは、ホッパーの考えを象徴するかのようなシーンだと、シュルマンは次のように述べる。

「たき火を囲みながらの会話で、ハンセンはビリーに言います。ビリーたちの姿が町の人、すなわちアメリカの一般的な人たちに恐怖を与えるのは、彼らが『自由』を体現しているからだと。それに対してビリーは、みんな自由が欲しいはずなのになぜだ、と疑問を呈します。ハンセンは答えます。その通りだが、自由を『語る』ことと、自由『である』ことは違う。本当に自由な

※2 **『イージー・ライダー』**(Easy Rider) 1969年 監督：デニス・ホッパー 出演：ピーター・フォンダ、デニス・ホッパー、ジャック・ニコルソン ▼コカイン密輸で大金を得たヒッピーのワイアットとビリーは、ハーレーにまたがりニューオーリンズを目指してアメリカ横断の旅に出る。道中、留置場で出会った型破りな弁護士ハンセンも仲間に加わり3人で旅を続けるが、南部では保守派の大人たちから冷酷な仕打ちを受ける。

個人を見ると、彼らは怖くなるのだ、と」

自由を求める若者たちに対して、大人たちは次第に恐怖と反感をつのらせていく。こうした若者文化に向けられる憎悪を敏感に察知したのはホッパーだけではなかった。

その一人が後の37代大統領、リチャード・ニクソンだ。『イージー・ライダー』公開と同じ1969年、ニクソンは過激な若者たちに不安を感じる保守層に向けて選挙戦術を展開し、勝利する。69年の演説でニクソンはこう呼びかけた。「偉大なるサイレント・マジョリティの皆さん」と。自由を求めて物言う若者たちに対し、保守派や労働者層に向けて「物言わぬ偉大な多数派」という言葉で支持を訴えたのだ。

ヘルメット暴動

「自由」を象徴する長い髪。それは、南部の人々にとっては伝統を踏みにじる脅威そのものだった。この嫌悪と不安は、南部だけではなくアメリカ全土に広がっていく。

ちなみに、『イージー・ライダー』の中でレストランであからさまな敵意を向ける客は、撮影と知らずに、長髪のホッパーに言いがかりをつけてきた地元の住民で、そのまま起用されたのだという。

徴兵猶予がある大学生とは異なり、有無を言わせず戦場に送りこまれることも多かった労働者たちは、反戦デモやドラッグに興じる若者たちを間近に見て、怒りを感じていた。

彼らサイレント・マジョリティはいつまでも黙ってはいなかった。

1970年5月8日、ニューヨークでヘルメット姿の労働者たちがデモ行進を行なった。彼らはベトナム戦争の勝利とニクソン支持を訴えた。そして、反戦デモ隊と鉢合わせになった時、衝突は起きる。ヘルメットを被った労働者200名が若者たちに襲いかかり、中でも長髪、髪の長い男には容赦がなかった。

ヘルメット暴動と呼ばれることになるこの衝突は、カウンターカルチャーへの反動を浮かび上がらせた。南部の保守派、そして北部の労働者たちは、その後もアメリカの保守勢力の一翼を担っていくことになる。


『イージー・ライダー』には、ワイアットがビリーに対して「俺たちは負けたんだ」と言うシーンがある。このセリフによって主演のピーター・フォンダは、観客に大いなる謎を残したいと考えた。彼はこんな風に打ち明けている。

「こいつらは自由を求めているんだ、って観客は考えてる。

でも負けたってどういう意味だ？

それでそいつらには何もわからない状況だけが残されるのさ」（「CUT」1993年9月号）

「自由」とは何か。それを叫ぶ当事者さえ本当の意味を見失いそうになる中で、アメリカの迷走が始まった。

イッピーからヤッピーへ

ところで、21世紀のアメリカ経済成長の立役者たちの多くがかつてヒッピーだったことは、よく知られている。その一人が、後にアップル・コンピュータを作ることになるスティーブ・ジョブズだった。

なぜ、権力に反旗を翻したかのような彼らが、経済の中心へと躍り出たのか。シュルマンは、反体制派と保守派の分断の一方で、その転換も指摘する。

「反体制派と保守派は奇妙な形で同居していたのです。そういうと、おそらくジェリー・ルービンの例を思い出す人がいるはずです。

ルービンは反体制過激派の活動家で、1968年のシカゴ民主党大会暴動事件の首謀者の一人として起訴されました。彼は60年代後半に、イッピー（Yippie：ヒッピーの中でも反体制過激派を指す言葉。Youth International Partyの頭文字をヒッピーになぞらえている）を率いて、ニューヨーク証券取引所の展望台から札をばらまき、それを拾うブローカーたちを馬鹿にするという抗議活動を行なったことでも知られます。

ところが、後に彼自身がウォール街の株式トレーダーに転身します。このことをマスコミは揶揄して『イッピーからヤッピーへ（Yuppie：Young Urban Professionalsの略で、都市の若手エリートを指す）』と評しました。

こうした例を挙げて、70年代の左翼主義者やリベラリストたちの多くが後に『裏切って』保守派に転向したと言われることがあります。しかし、この見方は正しくありません。ルービンのような例は、彼らが真のリベラルではなく過激派であったというだけであり、単に過激な左翼から過激な右翼へと移っただけなのです」

どうやらある視点から見れば、右と左はそう遠く離れたものではないようだ。ヒッピーとして自由を求めた若者たちは、テクノロジーの世界にその自由を見出し突き進んでいった。

2　懐古――『アメリカン・グラフィティ』

1950年代へのノスタルジー

ヒッピー・スタイルと入れ替わるように、アメリカの若者たちの間でにわかにブームになったのが50年代に流行したようなトラディショナルなファッションだった。それらは「オールディーズ」と呼ばれた。

若者たちが無邪気に過去を消費している間に、アメリカの栄光は陰りを見せ始めていた。スタグフレーションと呼ばれる、不況とインフレの同時進行に経済は翻弄された。基軸通貨として戦後経済を支えたドルの信用は落ち、73年にはドルの固定相場制は完全に崩壊[3]する。超大国アメリカの威信は揺らいでいた。

そんな中、若者たちの間で広まったノスタルジー・ブームは現在に対する不安の裏返しだったのかもしれない。こうした時代の気分をいち早く映画に取り入れたのがジョージ・ルーカスだった。『イージー・ライダー』の4年後に公開された『アメリカン・グラフィティ[4]』(1973)では、62年のカリフォルニアの小さな町を舞台に若者たちの青春が描かれる。

高校を卒業したカートやスティーブは、翌朝には東部の大学に向けて旅立つことが決まっている。だが、カートは町に留《とど》まるか、大学に行くかで悩んでいる。冴えないテリーはスティーブの車を借りて美女とのデートを楽しみ、町で一番の車乗りであるジョンは強敵ボブ・ファルファとのレースに挑む。

こうした若者たちと街の様子は、ルーカス自身の経験がもとになっているという。

62年という時代設定にはルーカスの狙いがあった。あの頃のアメリカは純粋で、まだケネディ暗殺も、ベトナム戦争も知らない時代だった。のちにイギリスから海を越えてやってくる、ビートルズの音楽すらまだ知らない——そんな、夢のアメリカを描くことにルーカスはとことんこだわった。

ルーカスは次のように述べている。

「僕は、ある年代のアメリカ人がティーンエージャーだった時代をどう捉えているかということを形に残しておきたかったんだ。

僕はそういう時代を生きてきたし、その時代が大好きだったんだ。

今の子供は、僕らの頃みたいに人生に夢がないんだ」（ヤン・S・ウェナー　ジョー・レヴィ編『「ローリング・ストーン」インタビュー選集』大田黒奉之他訳　ティー・オーエンタテインメント）

昔は世の中がもっとシンプルで、人生が何のためにあるのか、どう生きればいいのかが手に取るように感じられた。全てが流動的、相対的になってしまった時代のノスタルジーだ

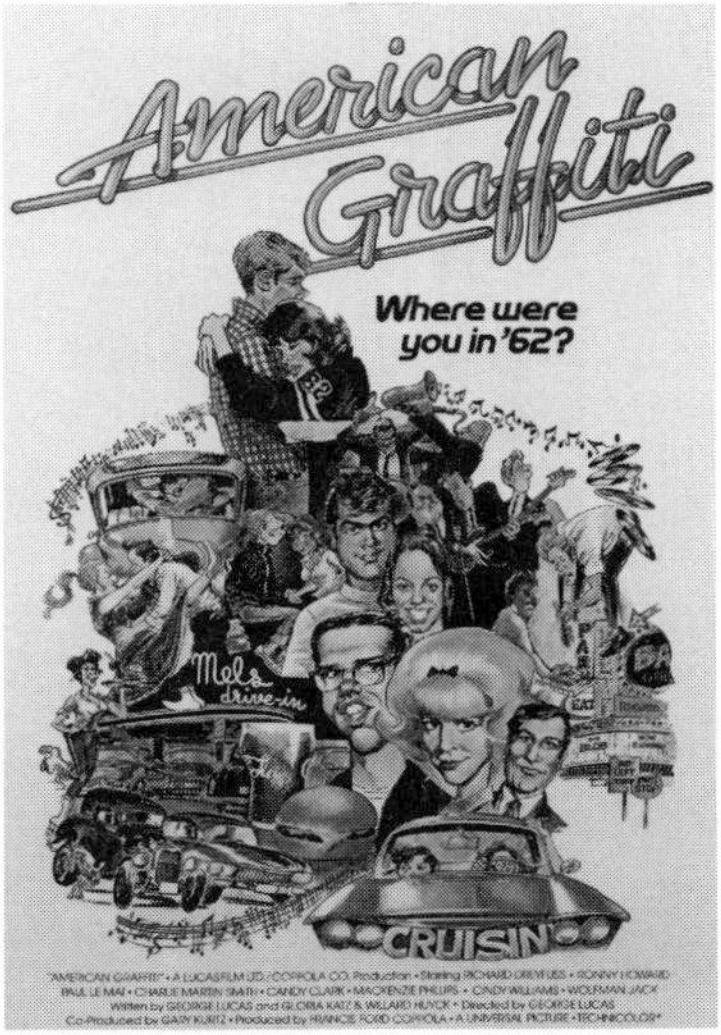

「あなたは62年、どこにいましたか？」まだベトナム戦争もなかった、純粋なあの時代を舞台にした青春映画／『アメリカン・グラフィティ』

※3　**ドル固定相場制崩壊**　第二次大戦後、世界経済はドルを基軸通貨とした金本位制を維持していた（ブレトンウッズ体制）。すなわち、「1ドル360円」のような固定相場制であった。1971年、ニクソン大統領は金ドル兌換を一時停止しドルを切り下げ、その後73年に主要国のほとんどは再び変動相場制に移行した。

※4　**『アメリカン・グラフィティ』**（American Graffiti）　1973年　監督：ジョージ・ルーカス　出演：リチャード・ドレイファス、ロン・ハワード　▼高校を卒業したカートやスティーブは、翌朝には東部の大学に向けて旅立つことが決まっている。そんな中、町で一番の車乗りであるジョンは強敵ボブ・ファルファとのレースに挑む。1962年のカリフォルニア州の小さな町で起こる一晩の出来事を描いた青春群像劇。

が、そこには落とし穴もあるとアンダーセンは次のように指摘する。

「こうしたノスタルジアは、同時に歴史に対する無垢な視線をあらわにします。公民権法ができるよりも前にあったひどい黒人への差別や女性の権利の抑圧などは全て無視して、60年代前半は良かったねと言っているようなものだからです。

このノスタルジアを『悪の天才（Evil Genius）』（アンダーセン氏には同名の著書がある。2020年刊）すなわち合理的な経済右翼は見逃しません。彼らはそれを政治的に利用し、かつてのアメリカ――『大きな政府』がなかった頃――は、コミュニティのつながりがある小さな町に住み、誰も生活保護など受けていなかったなどと言って、フランクリン・ルーズヴェルト大統領がニューディールを行なって以降の戦後の社会福祉国家としての歩みを否定したのです。今になって考えてみると、それは非常にナイーブなことだったのかもしれません」


あまりに純粋なノスタルジーは時に社会を思わぬ方向へと走らせるのか？

80年代以降、「自由」を、市場での競争の中に見出すことになっていくアメリカの芽はすでにここにあった。

だが、映画はただノスタルジーに浸って終わるのではない。エンディングでは、登場した若者たちのその後が、文字だけで淡々と語られる。その一人はこうだ。

テリー・フィールズ

１９６５年12月　ベトナムで戦闘中行方不明

ノスタルジーから、現実へと引き戻される鮮やかな終幕。これは『地獄の黙示録』へ向けた、ルーカスなりの伏線だったのかもしれない。

『ゴッドファーザー』が描くアメリカ社会の偶像

『アメリカン・グラフィティ』と同じ頃、コッポラもまた時代をさかのぼり、40年代のアメリカを舞台にした映画に挑んでいた。しかしコッポラはそこに単純なノスタルジーを見ようとしていたわけではなかった。描いたのは、アメリカの中の異国だった。

『ゴッドファーザー』[5]（１９７２）およびそのシリーズは、第二次大戦後のアメリカ裏社会において絶大な力を誇ったあるイタリア系移民の家族の物語だ。「ドン・コルレオーネ」と呼ばれたヴィトー・コルレオーネと、その息子であるソニーやマイケルら一族の来歴や、他のマフィアとの抗争が壮大なスケールで展開される。

背景にあったのは、エスニック・リバイバルと呼ばれる現象だ。黒人だけでなく、イタ

※5　『ゴッドファーザー』（The Godfather）　１９７２年　監督：フランシス・フォード・コッポラ　出演：マーロン・ブランド、アル・パチーノ、ジェームズ・カーン　▼第二次世界大戦直後のニューヨークに君臨したイタリア系マフィア、コルレオーネファミリーの物語。三男マイケルはマフィア稼業からは距離を置いているが、家族の絆は否応なく彼を巻き込んでいくことになる。

リア、アイルランド、ポーランド、中国……アメリカには様々な地域からの移民が存在する。70年代、アメリカに住む移民系の人々はルーツやアイデンティティを再確認する機運が高まっていた。それもまた経済や社会の不安に対するリアクションの一つだったのかもしれない。

シュルマンは、彼らの気持ちを次のように表現する。

監督のコッポラは、アメリカ社会の偶像としてマフィアを描いた／『ゴッドファーザー』

「『ゴッドファーザー』シリーズから見えてくるのは、彼ら移民たちがアメリカに馴染み、同化したいということと、自らの民族的な伝統や文化を保持したいという相反する欲求を抱えていることです。彼らはその緊張関係に対峙しなければなりませんでした。

移民たちは次第に、互いが溶けてしまう『人種のるつぼ（melting pot）』ではなく『サラダボウル』や『タペストリー』のようなあり方という、新たな理想を持つようになったのです」

ストーリーの主軸は、受け継がれる家族の掟《おきて》と、家の因習に深い葛藤を抱えるアル・パチーノが演じるマイケルの姿。しかし、ゴッドファーザーをマフィアという特殊な世界の物語と捉えると大事なことを見逃してしまう。

父の後を引き継ぎ「ドン」となったマイケルが守ろうとするファミリーの利益と尊厳だ。コッポラはそれをアメリカ社会の偶像として見ていた。彼は次のように述べている。

「あの中で私は、マフィアというグループを描きたかったのではなく、アメリカという一つの国を描きたかったんです。

マフィアというのはアメリカの一つの象徴だと思うんです。

彼らは自分たちのグループの利益を第一と考え、それを熱烈に追い求めている。

これは、資本主義社会の第一義的なことではないでしょうか。

つまりはマフィアはアメリカそのものなんですよ。

その長がマイケル・コルレオーネで、彼はいっさいのものを排し、利益を追求した。

でも、その結果どうなったか。

彼はすべてのものを失ってしまったんです」（「スクリーン」１９８０年５月号）

3　未知──『未知との遭遇』

オカルトブームと『ジョーズ』の人喰いザメ

69年にケネディ以来の悲願である月面着陸を果たしたアメリカは、70年代にさらにその夢を加速させ、宇宙が米ソの冷戦のしのぎを削る場となる。国際政治の力学を背景に、科学技術が発展すると、その想像力は予想外の方向へと羽を延ばしていく。

未確認生物やＵＦＯの目撃情報が続々と寄せられるようになり、お茶の間の話題は持ちきりとなった。ネス湖のネッシーに本格的な科学調査が入ったのは75年のことだ。ユリ・ゲラーのスプーン曲げなど超能力ブームも起きた。

世界は、未知なるものへの好奇心に溢れていた。

そしてカウンターカルチャーの挫折のあと若者をはじめ人々が向かったのは、内なる宇宙だった。自己啓発や神秘主義、さらには魔女信仰など、オカルトと呼ばれるジャンルがアメリカでは一大ブームになった。

背景には、科学の発達によって逆に見えてきたその限界があったのかもしれない。72年に発表されたローマ・クラブによる「成長の限界」[6]は、テクノロジーで課題を克服することの限界を人々に知らしめた。

生産規模の拡大や人口増加に伴う環境汚染が深刻化。さらに世界各地で異常気象が襲い、地球は氷河期に突入しつつあるとさえ考えられた。

近代的な価値観が揺らぐ中でオカルト現象はアメリカ社会に広がっていった。

漠然と広がる未来への不安に、思わぬ方向から追い打ちをかけたのが、72年に始まる政治スキャンダルだった。共和党陣営が民主党事務所の盗聴を行なったという、ウォーターゲート事件[7]だ。この卑劣な行為にニクソン大統領が関与していたことが次第に明らかになってきたのだ。

アメリカの根幹である民主主義への信頼もまた、崩れ去ろうとしていた。74年にニクソンは辞任によって幕引きを図るも、国民の失望感は拭えなかった。

この頃になるとベトナム戦争の失敗は誰の目にも明らかとなり、国家に対する不信感は募るばかりだった。

時代の道しるべが失われる中、先が見えない不安はどこか遠くからやって来る未知なるものへの恐怖としてスクリーンに現れた。それが『ジョーズ』[8]（1975）だ。

海辺のリゾート地であるアミティ島の海岸に人喰いザメが現れたことによって、小さな町は混乱に陥る。警察署長のブロディは海岸を閉鎖しようとするが、観光収入を失いたくない町長は強硬に反対する。ブロディは、サメの専門家であるフーパー、荒くれ者の船乗りであるクイントと共に、人喰いサメを退治するために沖へ出る。

※6　**「成長の限界」**　民間シンクタンクのローマ・クラブが1972年に発表した主張。このまま人口増加や環境汚染が進行すれば、地球における人類の成長は100年以内に限界を迎えると警鐘を鳴らした。

※7　**ウォーターゲート事件**　1972年の大統領選挙戦中に、民主党選挙対策本部が設置されたウォーターゲート・ビルに盗聴器を仕掛けようとしたグループが逮捕された。取り調べの中で次第にニクソン大統領自身の関与が明らかとなり、大統領が辞任へ追い込まれる一大スキャンダルとなった。

※8　**『ジョーズ』**（Jaws）　1975年　監督：スティーヴン・スピルバーグ　出演：ロイ・シャイダー、リチャード・ドレイファス　▼海辺のリゾート地、アミティ島。この平穏な海水浴場に人喰いザメが突如現れ、小さな町は混乱に陥る。警察署長のブロディは、サメの専門家であるフーパーらと共に人喰いザメを退治するために沖へ出る。

映画は、海面に出た背びれと印象的なテーマで人々に恐怖を与えた。シュルマンは当時の観客の心情をこう代弁する。

「サメというのは、人間がコントロールできない畏怖すべき自然の象徴です。普通の人はそうした自然に対して、なすがままに任せるしかないと考えています。あるいは、町長たちのように海水浴場を閉鎖すれば観光で食べている町が立ち行かなくなるという自己の利益に固執する人たちもいます。それに対して、警察署長のブロディ、海洋学者のフーパー、船乗りのクイントは立ち向かい、人間の力を示す希望のよすがとなるのです」

未知なる脅威にも人知を尽くして最後は勝利する。アメリカ映画の定番とも言えるストーリーだが、人々は皆胸のすく思いで拍手を送ったのだろう。

撮影当時27歳のスピルバーグは、不安の時代を背景に怖い物見たさの大衆の欲望を、巧みに映画に取り入れ、大成功を収めた。

ファンタジーランド

そしてあの印象的な音楽を生み出したジョン・ウィリアムズもアカデミー作曲賞を受賞。この最強タッグが次に臨んだのが、ＵＦＯ映画の金字塔『未知との遭遇』[9]（1977）だ。

インディアナ州に住む発電所技師ロイは、ある時ＵＦＯを目撃する。ロイはそのことを家族に話すが、誰も信じてくれない。一方、別の場所では小さな男の子が光に誘われるよ

外界からの未知なるものは、まるでキリストの再臨のようだ。ストーリーには政治的な陰謀も織り込まれている／『未知との遭遇』

うに一人で外出し、ＵＦＯにさらわれてしまう。それを目撃した母ジリアンの頭には、ある山の姿が浮かぶ。奇しくもそれはロイの頭にこびりついて離れないものと同じワイオミング州のデビルスタワーという山だった。なんと、そこには多数の科学技術者が集まり、ＵＦＯの主と交信しようとしていたのだった。

アンダーセンは、こうした映画が生まれた背景を「ファンタジー」というキーワードで捉える。

「スピルバーグは『未知との遭遇』で、地球外生物をまるで救世主キリストの再臨のように非常にリアルに描き出しました。

もはやそれはおとぎ話（ファンタジー）ではなく、現実の地球外生命体がやってきて、救世主として私た

※９　**『未知との遭遇』**（Close Encounters of the Third Kind）　１９７７年　監督：スティーヴン・スピルバーグ　出演：リチャード・ドレイファス、メリンダ・ディロン　▼インディアナ州に住む発電所技師ロイは、ある時ＵＦＯを目撃する。一方、別の場所では一人の小さな男の子がＵＦＯにさらわれてしまう。目撃した母ジリアンの頭には、ある山の姿が浮かぶ。奇しくもそれはロイの頭に浮かんだのと同じものだった。

ちをより良い場所に連れていってくれるという、ある種の宗教的なものとして『実在』しているかのようでした。

この時期に出てきた傾向の一つが『自分の信じたいことは、何であれ信じる態度』です。アメリカという国はもとからその傾向を持った国でした。私はそれを『ファンタジーランド（幻想の国）』と呼んでいます」


ちなみにストーリーに政治的な陰謀を組み込んだのは、ウォーターゲート事件に触発されたスピルバーグのアイデアだと言われている。犯人は誰なのか、ロシア、ＣＩＡ、マフィアなどの黒幕はいるのか。全てが謎に包まれた結果、どんなことでも信じられてしまう。科学や宗教が、もはや共通の価値観とはなりえない時代の空気の中、外界からの未知なるものに人類はある種のファンタジーを見出していたのだろうか。

『ジョーズ』公開と同じ１９７５年にベトナム戦争はようやく終結。しかしその終わりは名誉ある撤退とはほど遠い、アメリカの夢と野望が砕け散った瞬間だった。

なんのために戦ったのか？

その問いは、その後のサブカルチャーの重い宿題となる。

4 敗者——『ディア・ハンター』

ラストベルト

アメリカ中西部に広がるラストベルト。[10]「錆付いた」と形容される工業地帯は、２０１６年の大統領選でも勝敗を左右したと言われる地だ。それはかつて「古き良きアメリカ」を支えていた地域でもあった。アメリカの工業と共に隆盛を極めたものの、それは既に失われた。その始まりが70年代だった。

73年の第四次中東戦争[11]に端を発するオイルショック以来、世界経済の停滞が尾を引き、アメリカ経済は苦境にあえいでいた。インフレが悪化し、金融引き締めなどの対策が景気減退と失業を加速させていた。経済の不振は、地方の工業地帯を直撃する。

現代のアメリカの分断を象徴するラストベルトの街の一つ、ペンシルベニアを舞台に、ベトナム戦争の敗北後、大傑作とも、問題作とも評される１本の映画が生まれた。それが『ディア・ハンター』[12]だ。

※10　**ラストベルト**　ペンシルベニア州、オハイオ州、ミシガン州など、アメリカ中西部から北東部にかけての地域は、鉄鋼業や自動車産業が盛んな地域である。かつてこれらの鉱工業の隆盛と共に栄えたが、衰退と共に街もさびれた。その一帯の様子を「ラスト（錆）」と表現する言葉。

※11　**第四次中東戦争**　１９７３年10月、エジプトとシリアのアラブ側がイスラエルに対し奇襲をしかけた戦争。この戦いの結果、アラブ諸国は石油価格の上昇を宣言する戦略を発動、第一次オイルショックの引き金となった。

ペンシルベニア州の郊外で暮らすロシア系移民の仲間たち――マイケル、ニック、スティーブンの3人は、ベトナム戦争に徴兵されることになる。彼らは凄惨な体験をする。彼らは北ベトナムの捕虜となり、収容された小屋では捕虜同士がロシアン・ルーレットをさせられていた。

何とか脱出した3人だったが、スティーブンは両脚を失い、ニックは精神を病んでサイゴンの街へと消えていく。その後、マイケルとスティーブンは帰国するが、彼らには全てが違って見え、元の生活に戻ることはできなかった。

ある日、スティーブンのもとへ謎の送金があることを聞いたマイケルは、ニックに違いないと確信し再びベトナムへ向かう。

タイトルは、マイケルたちの趣味である鹿狩りに由来する。帰国後の彼は、前のように鹿を撃つことができない。素朴で陽気な若者たちが、ベトナムの地で銃を握らされたことによって精神を病んでしまう姿を描き、衝撃的であった。

アンダーセンは「『ディア・ハンター』は現在にまで通じる政治的な病理や失敗を描いた比類なき映画と言える」、シュルマンは、「『ディア・ハンター』が描いたのは、男同士の愛であり、同志としての仲間意識や友情でした。このように民族性というのは、1970年代の映画において通底する地下水脈のようなものなのです」とそれぞれ指摘する。

ところでベトナム兵が捕虜であるアメリカ兵に対してロシアン・ルーレットをさせるというシーンについてだが、実際の戦争でこうしたことが行なわれた記録はなく、さらにベ

ベトナム戦争に徴兵された男たちの悲惨な体験と心の闇。ベトナム戦争の敗北後に生まれたこの作品は、傑作であり問題作だと評された／『ディア・ハンター』

トナム人の描き方も人種差別的だとして猛烈に批判される。ベルリン映画祭に共産主義圏の国が出品を見送るほどだった。

しかし監督のマイケル・チミノはこう反論した。

「僕の映画は戦争がこうあるべきじゃなかったっていうこととは全然関係ないものだ。

この映画は、自分の家から闇の奥に出かけ、そして戻ってきた、この国の普通の人たちの疑問に答えているんだ」（渡部幻主編『70年代アメリカ映画100』芸術新聞社）

戦争によって引き裂かれた友情と変わり果てた祖国。不条理はいつも普通の人々に降りかかる。ニックが鹿を撃てなくなってしまったことで表現されているのは、戦場を体験した男の心の闇だ。

※12　**『ディア・ハンター』**（The Deer Hunte）　1978年　監督：マイケル・チミノ　出演：ロバート・デ・ニーロ、ジョン・サヴェージ　▼ペンシルベニア州の郊外で暮らすロシア系移民のマイケル、ニック、スティーブンの3人は、ベトナム戦争で捕虜となる。何とか脱出した3人だったが、スティーブンは両脚を失い、ニックは精神を病んでサイゴンの街へと消えていく。2年後、マイケルは復員。マイケルはニックを探しに再びベトナムへ戻る。

『ロッキー』が見せたアメリカン・ドリーム

「アメリカの失敗」は、人々に現実をつきつけた。しかし、多くの人にとってそれはつらいものであり、何かしら前向きになれるもの、明るい未来が描かれたものにすがりたいと思うのも無理はない。

ベトナム戦争終結の翌年に公開された『ロッキー』[13]（１９７６）。ペンシルベニアの落ちぶれたボクサーであるロッキーは、賭けボクシングで食いつなぐ毎日を送り、プロの世界とはほど遠いところにいた。絶望の中、あるきっかけでヘビー級チャンピオンと闘う機会を得る。彼はその試合に望みをかけ、闘志を燃やす。それは単なる一選手の再起というだけでなく、アメリカそのものが立ち上がる姿だった。

脚本とロッキー自身を演じたシルヴェスター・スタローンは次のように述べている。

「ある時、今の映画界やテレビ界の間違いは、何もかもアンチであるということに思い当たったわけさ。反政府、反宗教、反幸福――そんなものから人間の希望は生まれて来るだろうか、と思った時、今の時代に必要なのはもっと肯定的な態度だって気がついたわけ」

（「スクリーン」１９７７年７月号）

ロッキーはベトナム戦争後の落ち込んだ社会に、アメリカン・ドリームという夢を再びもたらした。しかし全ての人がその夢を見られたわけではない。

公民権運動やウーマン・リブ[14]に刺激されてジェンダー・マイノリティの権利運動が盛んになっていた。ただ多様性が叫ばれても、浸透するにはほど遠かった。そうした中で、マイノリティたちは、大都会の片隅に集まった。その象徴がディスコだった。

日本でも大ヒットした西城秀樹の「YOUNG MAN（Y.M.C.A.）」の原曲はヴィレッジ・ピープル[15]の「Y.M.C.A.」。だが、この曲名も実はゲイコミュニティを示すスラングだ。

そしてもう一つ、日本でも一大ディスコ・ブームを巻き起こした映画がある。『サタデー・ナイト・フィーバー』[16]（1977）だ。ビージーズの音楽でも知られるが、単なるダン

※13　**『ロッキー』**（Rocky）　1976年　監督：ジョン・G・アヴィルドセン　出演：シルヴェスター・スタローン、タリア・シャイア　▼ロッキー・バルボアは、フィラデルフィアに暮らす、うだつの上がらないボクサー。ある時、ヘビー級王者のアポロ・クリードと対戦する機会を得た彼は、誰もが無理だと思う中、勝利へ向けて特訓を始める。

※14　**ウーマン・リブ運動**　1960年代から70年代にかけて起こった女性解放運動。ベトナム反戦運動や公民権運動と連動する形で盛り上がった。Women's liberation の略。

※15　**ヴィレッジ・ピープル**　6人組の音楽グループ。「Y.M.C.A.」や「ゴー・ウエスト」などのヒット曲を生み出した。「YMCA」はキリスト教青年会による寮のことだが、当時ゲイのことを指すスラングとして用いられ、歌詞にもその要素が見られる。

※16　**『サタデー・ナイト・フィーバー』**（Saturday Night Fever）　1977年　監督：ジョン・バダム　出演：ジョン・トラヴォルタ、カレン・リン・ゴーニイ　▼ブルックリンに住むトニーはペンキ店で働いているが将来性はない。だが、彼はそのダンスのうまさで「キング」ともてはやされている。ある時トニーはディスコで見かけた女性ステファニーに一目惚れ。自分を変えようと、彼女をパートナーにしてダンスコンテストへの挑戦を決める。

スに興じる若者たちの青春物語だと思って観ると、裏切られることになる。

主人公のトニー・マネロは、労働者階級の住むブルックリンに暮らすイタリア系移民の家庭に育った。彼は安い給料でペンキ屋の店員をしていて、唯一の楽しみは週末のディスコで踊ることだ。

そんな鬱屈した暮らしをする青年たちの姿に、シュルマンは当時のアメリカの社会状況を見出す。

「この映画で一番印象的なのは、ダンスなどではなく、マネロ一家の食卓シーンです。トニーが仕事から帰り、ダンスに行こうとすると、夕食を食べていけと無理やり席につかされます。食事の最中、失業した父親とそれに不満を持つ母親との間で口論が起こり、母が父をぶつのです。

トニーの父親はブルーカラーの建設労働者として家族を養ってきたけれど、いまは失業して家庭の中での威厳を失っています。いわゆる『男らしさ』は危機に晒されており、トニーはもはやそれを目指すべきモデルにはできません。

『サタデー・ナイト・フィーバー』はダンスシーンを描いた映画などではなく、70年代の若者たちがこれまでとは違う自分たちの道をどのように切り開いていくのかを描いた映画だったのです」

「家長」としての地位も権威も失った男たちの焦り。それはまたベトナム戦争を経て、衰退の感覚が漂うアメリカという国そのものの焦りだったのかもしれない。

5
理想――『クレイマー、クレイマー』

ウーマン・リブ

一方で70年代は、60年代のウーマン・リブ運動がようやく光を浴び、成果を出し始めた時代だったとも言える。女性の社会進出が飛躍的に進み弁護士や医療関係に進む女性の数も倍増した。

実は、トラヴォルタ演じるトニーがディスコで一目惚れする女性ステファニーもまたマンハッタンでのキャリアに邁進する女性だった。彼女は、トニーやその仲間たちのようにブルックリンでくすぶる若者たちに対して、当初軽蔑の眼差しを向けている。マンハッタンで働くようなエリートたちとは比べるべくもないと言わんばかりに。

女性像の変化は、テレビにも現れ始める。1976年に始まる人気シリーズ、『チャーリーズ・エンジェル』[17]（1976―1981）もその一つだ。「エンジェル」と呼ばれる女性探偵たちが派手なアクションで難事件を解決していく。その描かれ方に、シュルマンは当時

※17 **『チャーリーズ・エンジェル』**（Charlie's Angels）　1976―81年　放送局：ABC　出演：ケイト・ジャクソン、ファラ・フォーセット、ジャクリーン・スミス　▼チャーリー探偵事務所に所属する3人の女性探偵が身分を隠し、派手なアクションで様々な事件を解決していく。

の微妙な感覚を読み取る。

「エンジェルの一人を演じたファラ・フォーセットに代表されるように、彼女らはセックスシンボルとして画面に登場しています。と同時に、彼女は勇気と肉体的な敏捷性を持ち合わせ、派手なアクションシーンを通して事件を解決する強い女性でもあるのです」

社会における女性の立ち位置が徐々に変わっていく中で、離婚が社会問題化するようになる。アメリカでは、1975年までに年間100万のカップルが別れるようになった。これは実に2組に1組が離婚する状況だ。

変わりゆく性別と役割の関係。もうそこに『奥さまは魔女』で描かれていた「ごく普通の幸せ」はなかった。

そんな男女の関係を描いたのが映画『クレイマー、クレイマー』[18]（1979）だ。

ダスティン・ホフマン演じる広告マン・テッドは、働き詰めで家庭のことは疎《おろそ》かだ。ある日、異例の昇進が決まり喜んで家に帰ると、妻ジョアンナは別れを

離婚が社会問題化したアメリカ。妻ジョアンナ（メリル・ストリープ）に出ていかれた広告マンのテッド（ダスティン・ホフマン）は息子ビリーの子育てに奮闘するが……／『クレイマー、クレイマー』

切り出し、7歳の息子ビリーを残して家を出ていってしまう。彼は一人子育てに奮闘する。

「理想」通りにしようとして失敗した時には、もうその相手は、いない。

「理想」の夢を見て、独り相撲をとっていたのは、アメリカも同じだったのだろうか？

6

幻想──『タクシードライバー』

ベトナム戦争がもたらした埋められない溝

ベトナム戦争を期に激しく社会が変わりつつあったアメリカの70年代。戦争の経験者たちと都会で暮らす人々の間には埋められない溝が生まれていた。ベトナムから帰った若者たちの中には、目的を見失い、社会から取り残されていく人々もいた。

ベトナム戦争終結の翌年に公開された『タクシードライバー』[19]（１９７６）は、まさにそんな人々を描いた映画だ。戦争後遺症に悩まされる孤独な帰還兵トラヴィスをデ・ニーロ

※18 **『クレイマー、クレイマー』**（Kramer vs. Kramer）　１９７９年　監督：ロバート・ベントン　出演：ダスティン・ホフマン、メリル・ストリープ　▼広告会社の社員テッド・クレイマーがある日、昇進が決まり喜んで家に帰ると、妻ジョアンナは別れを切り出し7歳の息子ビリーを残して家を出ていってしまう。父子の生活が軌道に乗った頃、元妻から親権を求めて訴訟を起こされる。

が演じる。

彼はタクシードライバーとして働くが、弱肉強食化していくアメリカ社会に適応することができず、次第に暴力と狂気に捉えられていく。トラヴィスは、ジョディ・フォスターが演じる10代の娼婦アイリスをヒモ男から解放することを目標に定め、そのために肉体を鍛え、射撃の腕を磨く。完全武装したトラヴィスは、アイリスのヒモ男や売春業のヤクザたちを次々と殺害し、その結果「ヒーロー」として称賛されるのだった。

トラヴィスの姿は、敗北感と疎外感を抱え、目的を見出せなくなった当時のアメリカの感覚を表している。そして、その感覚は現代にも通ずるものだとアンダーセンは指摘する。

「こうした感覚は70年代どころか、近年になってさらに多く見られるようになりました。『自己過激派』などと呼ばれますが、ごく普通の人が自分の『正義』をふりかざして武器を取ったりネット上で過剰な攻撃を仕掛けたりしています。彼らはトラヴィスと同じように『やるべきことをやっている』のです」

敗北感の中で生まれる幻想が、トラヴィスの、そしてアメリカ人の心を蝕む。脚本を読んだ時、監督のスコセッシもまたこう理解したという。

「トラビスの怒りだ。自分にもその種の感情があるのが分かるんだ。

彼は自分のファンタジーを実行に移そうとする。街に暮らしていると、誰かを殺したくなる時もあるだろう。でも実行はしない。

トラビスはやる。境界線を踏み越える。

僕らはその匂いを嗅ぎ取った」（「CUT」1991年1月号）

実際、ベトナムからの帰還兵が増加すると共に、アメリカの都市には暴力が溢れ出した。過剰な暴力に満たされた雰囲気は、若者たちを捉え、大きな影響を与えた。当時の都市の雰囲気をシュルマンはよく覚えている。

「70年代のニューヨークやロサンゼルス、シカゴのような都会は、ワクワクするような文化の大変動があり若者にとって魅力的でした。それと同時に、これらの都市は悪意に満ちてもいました。当時のニューヨークで暗くなってから歩いていれば、不審者や怖そうな人を避けるために道を何回も渡らなければいけませんでした。そうした若者たちの体験をこの映画は反映

ベトナム戦争の後遺症に悩まされる、孤独な帰還兵トラヴィス（ロバート・デ・ニーロ）。追い詰められていき、ついに「浄化殺人作戦」の実行に移る／『タクシードライバー』

※19 **『タクシードライバー』**（Taxi Driver）1976年　監督：マーティン・スコセッシ　出演：ロバート・デ・ニーロ、ジョディ・フォスター　▼ベトナム戦争帰りの元軍人トラヴィス・ビックルは、タクシー運転手となるがうまくいかない。ある時、彼のタクシーに乗り込んだ10代の娼婦アイリスを助けるため、狂気に囚われた彼は完全武装してアイリスのヒモ男や売春業のヤクザたちを次々と殺害する。

しているのです」

暴力を通してヒーローになる。夢と現実の境界が曖昧になる中で、さまようトラヴィス。行き場のない暴力は、ついには不条理に、大統領候補の暗殺に向けられる。

そして、『タクシードライバー』に出演した女優の熱烈なファンが映画と同様に大統領の暗殺を企てることになるのは、そう遠くない未来のことだ。

7 力——『スター・ウォーズ』

なぜ、我々はベトナム戦争に行ったのか
——『地獄の黙示録』が描く狂気と矛盾

『タクシードライバー』が公開された1976年、コッポラはフィリピンで『地獄の黙示録[20]』の監督をしていた。撮影は困難を極めていた。戦場さながらの現場を共にしていたコッポラの妻・エレノアは彼の苦悩を当時の日記（1976年9月8日）に記している。

「たったいま、脚本の結末を書けない理由がわかったという。

なぜわれわれがヴェトナムに行ったのかという問いに単純な答えがないのと同様に。

その戦争が矛盾そのものだったから。人間そのものが矛盾から成り立っている。

それを認めて初めて、わたしたちの内部にある愛と憎しみ、平和と暴力といった矛盾の

フィリピンでの撮影は戦場さながらだった。監督のコッポラは、そこでアメリカの狂気と矛盾を描き切った／『地獄の黙示録』

中立地点を発見できる」（エレノア・コッポラ『ノーツ：コッポラの黙示録』原田真人他訳　マガジンハウス）

コッポラは極限状態の中でアメリカの狂気と矛盾を描き切った。一方、『地獄の黙示録』が公開された時ルーカスは既に『スター・ウォーズ』[21]の2作目を制作中だった。時代は、より純粋なファンタジーを求めていた。

『スター・ウォーズ』において印象的なのが、主人公らが使える「フォース」と呼ばれる力だ。いわゆる超能力的なもので、物を動かしたり、相手の心を読んだりできる。これは、すぐれてアメリカ的な概念だと、アンダーセンは指摘する。

「フォースは実にアメリカ的なものです。精神的な訓練によって身につけられるものですが、同時に極めて実用的な

※20　**『地獄の黙示録』**（Apocalypse Now）　1979年　監督：フランシス・フォード・コッポラ　出演：マーロン・ブランド、マーティン・シーン、ロバート・デュヴァル　▼ベトナム戦争末期、帰国して酒に溺れていたアメリカ陸軍のウィラード大尉は、軍を脱走しカンボジアの奥地で「王国」を作っているカーツ大佐の暗殺という極秘作戦のためにベトナムに呼び戻される。ベトナムに戻ったウィラードが見たのは、矛盾に満ちた狂気的な光景だった。

力だからです。当時のニューエイジ的な思想を受け入れていたアメリカ人が、フォースこそ我らが宗教と思ったのも無理はありません。いまだに当初の予定通り続編が作り続けられていることからも、アメリカ人が現代でもフォースを『信じている』ことが分かります。こうした『テクノ宗教』は今日のアメリカの成功の要因の一つかもしれません。70年代のＳＦ映画は、宗教的なファンタジーであると同時に、『科学的』な現実でもある。だから、それらはいずれ実現すると感じられるのです」

１９７０年代は空白の10年だったのか？

81年、映画という虚構の世界にいた映画俳優レーガンが現実に大統領に就任した。それは、コッポラがかつてマフィアの世界に見出した、過酷なアメリカ型資本主義の始まりだった。ちなみに80年代、コッポラは破産し、不遇の年が続く。代わって映画界の寵児となったのはルーカス、そしてスピルバーグの２人だった。

「君に力《フォース》あれ！」あるいは「フォースと共にあらんことを」のほうが有名か？

『スター・ウォーズ』の名セリフだ。アメリカを動かす力は、時に強大で自らのみならず世界に大きな影響を及ぼす。

70年代とはどのような時代だったのか？

最後にシュルマンにまとめてもらおう。

「アメリカの歴史学者のほとんど、いやむしろ世界中のほとんどの歴史学者が、１９７０年代のアメリカを〝空白の10年〟だと見なしています。しかし私は、それは誤った見方であると考えています。

たしかに、70年代のアメリカは衰退の時代です。オイルショックによる石油不足、政治への不信と自信喪失の時でした。ですが、あらためて見直してみると、それが非常に重要な時期であったことに気づくはずです。なぜなら、この時期が多くの意味においてアメリカの、ひいては今日の世界というものの『種まき』の時代であったからです」

※21 **『スター・ウォーズ』**（Star Wars）　１９７７年　監督：ジョージ・ルーカス　出演：マーク・ハミル、ハリソン・フォード、キャリー・フィッシャー　▼銀河系はかつて統一していた銀河共和国の崩壊後、専制的な銀河帝国によって支配されていた。レイア姫らが率いる反乱同盟軍は、かつてのジェダイの騎士オビ＝ワン・ケノービに助けを求める。農家として暮らす青年ルーク・スカイウォーカーはドロイドR2-D2を手に入れ、レイア姫から助けを求められていることを知る。

第4章 葛藤の80s

1 虚飾――『普通の人々』

長引く不況とディスコ・ディモリッション・ナイト

1970年代後半、アメリカはベトナム戦争の敗北によるショック、そして長引く不況によって自信を失っていた。1930年代の大恐慌以来、最悪と言われた経済の中、多くのアメリカ人が将来の生活に不安を感じていた。

その不安は、なぜかディスコに向けての反発となって現れる。

1979年、ディスコ・ディモリッション・ナイトと呼ばれるイベントが開かれる。「ディスコミュージックをぶっとばせ」という意味のこのイベントは、シカゴのラジオ局のＤＪスティーブ・ダールが発案した。

　7月12日に行なわれたホワイトソックス対タイガースの試合において、ディスコミュージックのレコードを集めて燃やすため、それを持ってきた人の入場料を98セントに割引した。ＤＪが集めたレコードを入れた木箱を爆破すると、集まった群衆がフィールドになだれ込む騒ぎとなった。

　なぜ、不満の矛先がディスコだったのか？　アンダーセンはその背景を次のように分析する。

「ディスコは当時、黒人の同性愛者たちが集まる場所とされていました。だから、ディスコミュージックを攻撃することは、黒人やゲイ・ピープルへの迫害と捉えられたのです。

　しかし、それだけを強調しすぎることは拙速で、事後的な視点なのではないかとも思います。というのは、その頃既にディスコミュージックは、黒人やゲイの人たちだけでなく全国規模の大衆文化やトレンドとなっていました。彼らは、ロックンロールを古いものとした。だから、そこにはロックンロールへの拒絶を感じた層の反発があったのではないかと思うのです」

　ロックンロールを愛した人々の間に渦巻いていたのは、当時オシャレな若者たちが熱狂し、もてはやされていたディスコ文化やダンスミュージックに対する嫌悪感だった。

　サブカルチャーの背後にある偏愛や憎悪は、保守化への欲望となって噴き出す。

79年にイランで起きたアメリカ大使館での人質事件[1]も解決できないまま、1年以上が過ぎると、アメリカ国民の政府に対する不満も高まっていった。こうした閉塞感の中で、人々は強いリーダーを求めるようになる。

レーガンに託した強いアメリカ復活の夢

強いアメリカを復活させる。その夢を託されたのはロナルド・レーガンだった。若い頃に俳優だった彼は、ハリウッドから飛び出し、カリフォルニア州知事を経て、一国のリーダーへと昇り詰めた。その後8年間、80年代のアメリカはこの男がリードすることとなる。キャッチフレーズは、「再びアメリカを偉大な国に」。国民はその言葉に深く共感した。

「自由を愛する者は、全てアメリカ人だ」

建国以来、世界のどの国よりも移民を受け入れ、それを活力としてきたアメリカ。だが長びく停滞の中で募ったフラストレーションは、人種のるつぼと言われた国の中に様々な軋《きし》みを生んでいた。

そうした時代に人々は、音楽の世界にひとときの夢と理想の国の姿を求めたのかもしれない。それを感じさせるのがジョン・ベルーシとダン・エイクロイド主演の、破天荒なミュージカル・コメディ『ブルース・ブラザース』[2]だ。

刑務所から出所したジェイクと彼を迎えにきたエルウッドは、少年時代を過ごした孤児院を守るため、ライブでお金を稼ぐことを思いつく。もとはテレビ番組「サタデー・ナイト・ライブ」で人気となったキャラクターから生まれた映画である。

ジェームス・ブラウン、レイ・チャールズ、アレサ・フランクリンらブラックミュージックのレジェンドたちも次々に登場し、かつてのリズム・アンド・ブルースの黄金時代への愛が全編に溢れている。

アンダーセンは、次のように述べ、この映画に黒人文化の受容を見る。

「白人の国だったアメリカの文化やエンターテインメントは、黒人の文化を受け入れ、取り入れることで発展してきました。

アレサ・フランクリンはスターだったし、80年代のテレビ番組——例えばビル・コスビーの『コスビー・ショー』は当時最も成功したホーム・コメディの一つだと言えます。そこでは、専門職に就いた黒人家族の幸せな姿が描かれました。メジャーなモーニングショーの一つである『トゥデイ』のホストが、黒人であるブライアント・ガンベルに替わったのもこの頃でした。

※1　**イランアメリカ大使館人質事件**　１９７９年11月、ホメイニによるイラン革命が起きた後、革命派の学生がテヘランのアメリカ大使館を占拠し、52名を人質にとった事件。アメリカに亡命中のパーレビ（パフレヴィー）２世前国王の引き渡しを要求した。アメリカ側はそれを拒否し、翌年救出を試みるが失敗に終わった。翌81年にアルジェリアの仲介によって解決。

※2　**『ブルース・ブラザース』**（The Blues Brothers）　１９８０年　監督：ジョン・ランディス　出演：ジョン・ベルーシ、ダン・エイクロイド　▼刑務所から出所したジェイクと彼を迎えにきたエルウッドは、少年時代を過ごした孤児院に資金援助すべく、かつてのバンド仲間を集めてライブで稼ぐことを思いつく。

私は、〝アメリカの白人たちが黒人の文化を受け入れたのは成果で、それで、人種問題は解決した〟と言いたいわけでは決してありません。その一方で、単純に当時の白人たちは皆黒人やゲイを嫌悪し、迫害していたというのもまた、私の実感とは異なることです」

監督ジョン・ランディスは、自らの出身地でもあるブルースの聖地シカゴを舞台に、何でもありのスラップスティックによって人々の心を解放しようとした。アナーキーなシーンの連続に、人々は日頃の鬱憤《うっぷん》を晴らし、快哉《かいさい》を叫んだ。

80年代初頭。人々は、現実から逃げ出したい気分にあったのだろうか？

ミーイズムと家族の崩壊

不況とはいえ、ある程度の物質的な豊かさが行き渡り、郊外に家を持つこともできる時代。だが、その豊かさゆえに目標を失い、家族の関係性にすきま風が生まれる家も少なくなかった。

「ミーイズム」[3]という言葉が、個人の殻に閉じこもる若者のレッテルになったのもこの頃だ。理想的に見えたアメリカの家族は、少しずつ形を変え、そしてその崩壊はあっけなく訪れる。

この頃の「普通の人々」に忍び寄る心の闇を描いたのが、タイトルもそのままの『普通の人々』[4]（1980）だ。

シカゴ郊外の高級住宅地に住むジャレット一家。父カルビンは弁護士で不自由のない暮らしをしていたが、家庭に悲劇が訪れる。長男のバックがボートの転覆で亡くなり、助かった次男コンラッドも自殺未遂で精神科病院へ入院してしまう。

コンラッドの退院後、家族は普通の暮らしを取り戻そうとするが、母との関係はどこかうまくいかず、家族の絆の綻びはやがて大きくなってゆく。

俳優としても活躍するロバート・レッドフォードの初監督作品は高く評価され、アカデミー作品賞と監督賞に輝く。彼は次のように述べている。

「アメリカでは家族という社会単位は腐蝕しつつあり、誰しもがその潜在意識の中で家族に不安を抱いていると思います。家族生活の型や儀式的な部分は失われてしまいました」

実は、そのアカデミー授賞式は、1日延期されることとなった。予定されていた開幕の5時間前に大きな事件が発生したからだ。

1981年3月30日、大統領に就任したばかりのレーガンを一人の暴漢が襲った。犯人

※3　**ミーイズム**　自分（me）のことや身近なことにだけに興味を持ち、社会的な事象には関心がいかない風潮を指した言葉。主に70年代～80年代のアメリカの若者を指して言う。

※4　**『普通の人々』**（Ordinary People）　1980年　監督：ロバート・レッドフォード　出演：ドナルド・サザーランド、メアリー・タイラー・ムーア、ティモシー・ハットン　▼シカゴ郊外の高級住宅地に住むジャレット一家を不幸が襲う。長男のバックがボートの転覆で亡くなり、助かった次男コンラッドも自殺未遂で精神科病院へ入院してしまう。コンラッドの退院後、家族は普通の暮らしを取り戻そうとするが、母ベスとの関係はどこかうまくいかない。

ジョン・ヒンクリーは『タクシードライバー』を見てジョディ・フォスターに偏執的な愛情を持つ。彼女の気を引くため、彼はついに映画と同じく大統領暗殺を企てる。そして、レーガンの講演会場であったワシントンD.C.のホテルで銃弾を放った。

弾はレーガンの左胸に命中したが、彼は一命を取り留めた。

映画のストーリーが現実のものとなる。もの言わぬ大衆の鬱屈が浮き彫りとなった瞬間だった。

2 焦燥――『愛と青春の旅だち』

新自由主義の幕開け

中産階級が心の不安を抱える中、貧困層にはより厳しい経済状況がのしかかっていた。80年代初頭の数年は、およそ10人に1人が職を失うほどの不況で、まだ70年代の停滞から抜け出せないでいた。

豊かさを享受する層がいる一方で、いつ失業者となるか分からない。先行きに不安を抱える人々が増えていた。

そんな中、レーガンは「レーガノミクス」[5]と呼ばれる新しい経済政策を打ち出す。それは小さな政府をスローガンに、市場の自由競争に景気回復への道を託すものだった。経済の効率化の名のもとで、様々な公的サービスの給付が打ち切られていく。いわゆる「新自由主義」[6]の幕開けだ。

例えば、レーガンは社会サービス庁という所得の低い人たちへの職業訓練、零細企業への融資の斡旋など恵まれない人たちの援助をしてきた政府機関を閉鎖するなど、福祉にまつわる経費削減や連邦職員の人員整理を実行に移した。その影響は子どもたちの学校給食にまで及ぶ。学校給食に栄養があり過ぎることなどを理由として、給食費の補助を全面カットしたのだ。貧しい人々を切り捨てるかのようなこれらの政策に多くの労働者たちが声を上げ、各地で失業者たちによるデモが行なわれた。

こうした苦しい現実から抜け出したい。人々は、アメリカン・ドリームの再来をスクリーンに投影した。『愛と青春の旅だち』[7]（1982）は、そうした作品だ。

※5　**レーガノミクス**　1980年代にレーガン大統領が行なった一連の経済政策のこと。「小さな政府」による経済再建を目指し、大幅な減税、歳出削減、規制緩和などを実行した。

※6　**新自由主義**　市場メカニズムを重視し、政府の財政政策による経済への介入を少なくすることが経済を効率化させることにつながるとする考え方。当然、福祉や公共サービスは縮小される。ネオリベラリズムとも。

※7　**『愛と青春の旅だち』**（An Officer and a Gentleman）　1982年　監督：テイラー・ハックフォード　出演：リチャード・ギア、ルイス・ゴセット・ジュニア　▼メイヨは、幼くして母を自殺で亡くし、その母を捨てた海軍に勤める父に引き取られる。彼は大学卒業と同時にシアトルの海軍士官学校への入学を決める。待っていたのはフォーリー軍曹による鬼のようなしごきだった。

幼くして母を失ったリチャード・ギア演じる主人公メイヨは、酒と女に溺れる父親と決別し、海軍士官学校へと入学する。待っていたのは鬼のようなしごきだった。メイヨは人を信じず仲間からも孤立していたが、過酷な訓練の中で徐々に心を開いていく。

原題は『士官と紳士』であり、単に若者の青春を描いたというだけでなく、当時のアメリカ社会の現実を表している。

苦しい現実から抜け出すために海軍士官学校に入学したメイヨ（リチャード・ギア）。教官は過酷な訓練を彼に課す／『愛と青春の旅だち』

監督のテイラー・ハックフォードは次のように述べている。

「これは現代を生きる労働者の話なんだ。『ロッキー』とはまた別の意味で上昇志向の映画と言える」（「キネマ旬報」1982年11月15日号）

社会の落伍者になりたくなければ、這い上がるしかない。メイヨの姿に当時の人々は自分の姿を見たのかもしれない。教官は過酷な訓練と罰を課し、メイヨに対して再三除隊願いを出すよう迫る。だが、彼はこう叫ぶ。

「行く所がないんだ！　ぼくには何もない」

ここをやめたら、自分には行き場も何もなくなってしまう。このセリフは、多くの労働者たちの共感を呼んだ。

『フラッシュダンス』が映し出す「ガラスの天井」

どん底の暮らしから抜け出そうともがいていたのは、男だけではなかった。女性たちもまた、肉体的にも精神的にも、自分を解放しようともがいていた。

『フラッシュダンス』[8]（１９８３）は、プロのダンサーになることを夢見る女性が摑んだシンデレラストーリーであり、かつミュージックビデオ的な手法で描いたダンスシーンが話題となった映画だ。

主人公のアレックスは、お金持ちの社長に簡単にはなびかず、仕事とプライベートは別だという毅然とした態度をとる。女性たちの引き裂かれる思いが、根深い男女間の賃金格差などの社会状況を背景に様々なシーンで描かれている。

女性たちが社会を少しずつ変えていく。映画公開の83年は、アメリカの歴史上初めて成

※8　**『フラッシュダンス』**（Flashdance）　１９８3年　監督：エイドリアン・ライン　出演：ジェニファー・ビールス、マイケル・ヌーリー　▼プロのダンサーになることを夢見るアレックスは、昼は製鉄所で溶接工として働き、夜はバーで働いて生計を立てている。ある時、製鉄所の社長ニックは、バーでアレックスを見て一目惚れし、２人は次第に惹かれ合っていく。

人女性の半数以上が就労しているという統計が発表された年だ。

だが、それも当時の時代状況を知ると違う意味が見えてくるという。

実はこのストーリーから読み取れるのは、女性の社会進出に対する保守派の抵抗であり、むしろ社会に強く残る「ガラスの天井」だと、シュルマンは次のように述べる。

「アレックスは、ダンス養成所に入ろうと応募するのですが、まわりはバレエなどお金のかかる正統派のレッスンを受けたエリートばかり。そこへ溶接工場の社長であり、アレックスに思いを寄せるニックがやってきて、コネを使ってアレックスを合格させるのです。他の女性キャラクターたちもまた、それぞれ夢に挫折して、あげく男たちに利用される様子が描かれています」

限界はあれ、人々は夢を摑もうと努力した。そうした人々の思いが活力となったのか、景気も回復基調となり、街の空気が少し明るさを取り戻し始めた頃、アメリカのみならず世界を揺るがす大事件が起きる。
1983年9月、多くのアメリカ人を乗せた韓国の旅客機が領空を侵犯したとしてソ連の戦闘機に撃ち落とされたのだ。[9]
当初、事件への関与を一切認めなかったソ連だったが、日本の自衛隊が傍受したソ連軍の交信記録が公開されると、「軍用機と間違えた」と撃墜を認めた。
当然、アメリカではソ連への反感が強まり、抗議運動が広がっていった。

3　愛国——『トップガン』

掻き立てられる愛国心

事件の半年前、レーガンはソ連を名指しで「悪の中心である〝悪の帝国〟だ」と批判していた。冷戦の緊張は再び高まっていた。

大統領は福祉の財源を削る一方、軍事費は拡大させた。アメリカは軍備を拡張し、着々とソ連包囲網を強めていたのだ。

そして、レーガンは既に壮大な計画を発表していた。それが「戦略防衛構想（ＳＤＩ）」[10]だ。これは、地上の迎撃システムと宇宙空間の衛星を使って、敵のミサイルを撃ち落とすことのできる体制を整える計画だ。あまりの壮大さにメディアがつけた愛称は「スター・

※9　**大韓航空機撃墜事件**　１９８３年、ニューヨーク発ソウル行きの大韓航空機がソ連領空を侵犯したとして、ソ連の戦闘機により撃墜された事件。乗員乗客２６９名が死亡した。ソ連側は当初認めず、発覚した後もスパイ機であったと主張。米ソの緊張が高まった。

※10　**戦略防衛構想（ＳＤＩ）**　レーガン大統領が１９８３年の演説で打ち出した構想。ソ連を念頭に、アメリカや同盟国を狙って発射されたミサイルを、宇宙から撃墜するという計画を立て、映画にちなんでスター・ウォーズ計画とも呼ばれた。

ウォーズ計画」というものだった。

当時国民的な人気で人々を熱狂させていたこのＳＦは、まさに「悪の帝国」との正義の戦い。映画のような戦いと装備が現実のものとなっていった。

虚構と現実が入り乱れた冷戦の中、アメリカ人の愛国心を掻き立てる一人のパイロットの成長物語が生まれる。それが『トップガン』[11]（１９８６）だ。

「トップガン」で訓練を受けるパイロット、ピート・〝マーヴェリック〟・ミッチェル（トム・クルーズ）の成長物語は、アメリカ人の愛国心を掻き立てた／『トップガン』

海軍の中でも精鋭のエリートパイロットが航空戦を訓練するための学校「トップガン」に集う仲間たちの物語によって、主演のトム・クルーズは一躍アメリカのヒーローとなった。彼はこう語っている。

「主人公はどんな人物で、彼の何が魅力なのか考えました。

ただの戦争映画にはしたくなかったんです」

（『トップガン』メイキングビデオ）

人々はトム・クルーズというスターに何を重ねたのか。シュルマンは次のように述べる。

「トム・クルーズはイケメンの白人です。しかもマッチョでアクション映画をみごとに演じます。

彼は軍事関係の人物や男の中の男という役もよく似合う。でもそれ以上にトム・クルーズには何かがある。永遠の未熟さというか、ある種の弱さも持ち合わせている。だからリアリティが生まれるのです」

実は、映画の中で敵の正体は明示されていない。だが、セリフにはソ連の戦闘機である「ミグ」という言葉も登場し、見る者にそれは明白だった。彼らはソ連に対するアメリカ人の気持ちを代弁するかのように、敵の戦闘機に侮蔑的なシグナルを送る。

『トップガン』の公開後、海軍への入隊志願者が5倍に増えたという。レーガンが演出する強い国としてのアメリカ。しかし、夢の裏側には苦い現実があった。

「今度は勝てるか」——『ランボー／怒りの脱出』で変わる意識

80年代後半のこの時期、アメリカの影の部分を問いかける映画が相次いで公開された。『トップガン』と同じ年に公開された『プラトーン』[12]は、ベトナム戦争に従軍した監督の

※11 **『トップガン』**（Top Gun）　1986年　監督：トニー・スコット　出演：トム・クルーズ、ケリー・マクギリス、ヴァル・キルマー　▼海軍の中でも精鋭のエリートパイロットが航空戦を訓練するための学校「トップガン」。名パイロットだった父親を謎の事故で失ったピート（コールサインはマーヴェリック）は、そこへの入学を果たす。過酷な訓練でトップの成績を狙おうと奮闘するマーヴェリックだが、訓練途中の事故で相棒のグースが亡くなってしまう。

オリヴァー・ストーンが自らの体験をもとに戦争の愚かさを描いたものだ。この映画で、ベトナムの戦場のリアリティに初めてふれたと感じたアメリカ人も多かったという。

大学を中退して志願し、ベトナムにやってきたクリスが見たのは、ベトナム人たちを虫けらのように扱い、民間人の射殺や強姦などを行なう米兵の姿だった。過ちを諌《いさ》める兵士とそうでない兵士との対立があり、ついには米兵同士での命の奪い合いにまで発展する。戦場における狂気がまざまざと描かれていた。

オリヴァー・ストーンは次のように語っている。

「アメリカ政府はベトナムの教訓を忘れて、再び過ちを犯している。私たちは忘れるということを過小評価してはならないと思う」（「キネマ旬報」1987年11月下旬号）

さらに、人気シリーズとなった『ランボー』[13]の変化にもそれは見て取れる。『ランボー』の最初の公開は、82年のことだ。シルヴェスター・スタローンが演じるランボーはベトナム帰還兵として登場する。しかし、世間の冷たい目に晒され、やり場のない怒りと悲しみを爆発させるのだった。

彼は叫ぶ。「俺にとって戦争は続いたままなんだ」と。

一体、何のために戦ったのか？　ベトナム帰還兵の一部は、社会復帰できずに心を病んだ。アメリカは、ベトナム戦争で負った心の傷を80年代になってもまだ引きずっていた。

しかし、3年後に公開された2作目の『ランボー／怒りの脱出』[14]で主人公の意識は大きく変わる。
再びベトナムへと赴く命令を出した上官に対して、ランボーはこう言う。

「今度は勝てますか？」

このセリフに時代の変化が集約されている。
ベトナムに戻り、たった１人で捕虜を救出するランボーの姿は、絶望から立ち直り、雄弁に語り出そうとするアメリカ人の姿を表していた。その変化の背後にあったものは何

※12　『**プラトーン**』（Platoon）　１９８６年　監督：オリヴァー・ストーン　出演：チャーリー・シーン、ウィレム・デフォー　▼クリス・テイラーは大学を中退して志願し、ベトナムにやってくるが、入隊した彼を待っていたのは過酷な現実だった。米兵はベトナム人たちを虫けらのように扱い、民間人の射殺や強姦などが日常の光景となっていた。部隊内では、非道な振舞いをするバーンズと、それを諌めるエリアスとの間で対立が深まっていく。
※13　『**ランボー**』（First Blood）　１９８２年　監督：テッド・コッチェフ　出演：シルヴェスター・スタローン、リチャード・クレンナ　▼陸軍特殊部隊に所属していた帰還兵ジョン・ランボーは、かつての戦友の家を訪れた帰り道、保安官ティールズに難癖をつけられ、逮捕されてしまう。逃げ出したランボーと保安官や州兵との戦いが始まり、そこへかつてのランボーの上司であるトラウトマン大佐がやってくる。
※14　『**ランボー／怒りの脱出**』（Rambo: First Blood Part II）　１９８５年　監督：ジョージ・P・コスマトス　出演：シルヴェスター・スタローン、チャールズ・ネイピア　▼前作の事件で捕まったランボーは、軍の収容所にいた。そこへトラウトマン大佐がやってきて、ベトナムでの軍の特殊任務を遂行する代わりに特赦が下りると告げる。ベトナムに入ったランボーは命令を逸脱して単身で収容所に乗り込み、捕虜たちを助けようとする。

か。シュルマンは次のように読み解く。

「80年代初めのアメリカはまだ、ベトナムにおける敗戦はアメリカ帝国主義の失敗だったと捉えていました。しかし次第に、レーガン支持者である共和党保守派を中心に次のような考え方が支配的になっていきます。

アメリカは、共産主義支配からベトナムを救い出すという正しい戦いをしようとした。いけなかったのは、政府の指導者たちが本気で勝とうとする気持ちや戦略を持っていなかったことであり、軍隊はいわば片手を後ろに縛られた状態で戦っていたのだという考えです。

そして『2』(『怒りの脱出』)のランボーは、単独行動で米軍捕虜たちを救い出すヒーローとして描かれるのです。それはまさにアメリカがこの期間に再び自信を取り戻し、ベトナムの失敗を再解釈したことを意味するのです」

「USA! USA!」1984ロスオリンピック

プライドと輝きを必死で取り戻そうとしていたアメリカ。その一つの到達点が、84年のロサンゼルスオリンピックだ。冷戦状態のソ連をはじめとした社会主義国は軒並み参加をボイコットしていたが、派手な演出と商業主義が導入されたスポーツの祭典は、アメリカの力を見せつける大会だった。

アメリカ選手たちが躍動すると、スタジアムは「USA!」の大合唱に包まれた。陸上短距離のカール・ルイスは100メートルをはじめ4つの金メダルに輝き、強いアメリカを象徴するヒーローとなった。彼の活躍する姿にアメリカ人は誇らしい気持ちを取り戻した。

アンダーセンは、その当時を次のように振り返る。

「1980年代には大勢のアメリカ人がスポーツイベントで『USA！　USA！』と叫ぶ新たな現象が生まれました。昔ながらの純粋に愛国的なやり方で、また誇りを持とう！　アメリカ人よ！　と。『USA！　USA！』という叫びは、レーガン政権を象徴するような瞬間でした。

1984年のロサンゼルスは、都市として成熟期を迎え調子に乗っていました。『本物の都市になったんだ』と感じられたのです。そこに美しく設計されたオリンピックがやってきました。だからレーガン支持者たちがアメリカ人のプライドを取り戻した中で、経済の好調とも相まって『全てがうまくいってるな』と人々が思ったのです。オリンピックに乗じてアメリカニズムをお祝いしたようなものでした」

同じ年、さらにアメリカ人の愛国心をくすぐる歌が大ヒットした。ブルース・スプリングスティーンの「ボーン・イン・ザ・U.S.A.」だ。

「俺はアメリカに生まれた」とリフレインするサビは、アメリカを称揚する歌として様々な場面で歌われた。

だが、少し聞けば、変わり果てたアメリカ社会への嘆きに満ちていることが分かるとアンダーセンは指摘する。

「その歌詞を読めばすぐに分かりますが、実はこの歌は『死者の町』と表現されるさびれた町で生まれ、ベトナムに送られた男が帰国後も誰からも必要とされないでいる怒りや嘆きを描いています。そのあとに繰り返される『アメリカに生まれた』というフレーズには、だから当時の絶望的な状況に対する厳しい視線が感じられます」

この皮肉な歌詞を知ってか知らずか、2期目の大統領選挙に挑んだレーガンは選挙キャンペーンでこの曲を好んで流し、見事、大統領に再選された。

レーガン政権によって植え付けられた愛国歌のイメージに対する複雑な想いを、ブルース・スプリングスティーンはこう語っている。

「『ボーン・イン・ザ・U.S.A.』の成功は本当に嬉しかったけど、マッチョなイメージなんて、実際の俺とはかけ離れているんだ。ある種の偶像を作り出して、結局それに圧倒されたんだ」（前掲『「ローリング・ストーン」インタビュー選集』）

「強いアメリカ」を演出することに成功したレーガンだったが、全てがうまくいったわけではない。

一部の富裕層の華やぎにスポットが当たる中で、貧困層へのダメージは静かに広がっていた。自由な市場原理を基本とするレーガノミクスによって金持ちはますます豊かになっても、貧しい人々にその富が滴り落ちることはなかった。

4

郷愁――『バック・トゥ・ザ・フューチャー』

豊かで輝いていた1950年代へのノスタルジー再び

この頃、最も豊かで輝いていた時代として多くのアメリカ人が懐かしんでいたのが、1950年代だ。アンダーセンは次のように言う。

「レーガン政権の戦略家たちが政策をブランド化するにあたって、大衆文化的なノスタルジアを利用しました。『アメリカは昔のほうが良かったよね』と。

もちろん具体的に『いつ頃』と言ったわけじゃありません。例えば『黒人の人権運動や女性解放運動の前』『男女の役割がはっきりしていて白人男性がリードしていた頃』などと示唆しただけです。

でも支持者たちはすぐに行間を読めたのです。

『60年代と70年代に物事がめちゃくちゃになる前のほうが良かった』とね」

そんな時代に現れた1台の夢の車は、過去へのノスタルジーの道を開くかのようだった。人気映画『バック・トゥ・ザ・フューチャー』[15]（1985）は、主人公の高校生マーティが友人である科学者ドクが開発したデロリアンというタイムマシーンに乗って過去へとタイムスリップしてしまう物語だ。

第1作で彼が飛ばされてしまうのが、1955年だった。映画では、古き良き時代に俳優だったレーガンをめぐってこんなやりとりも交わされている。

「では教えてもらおう。1985年のアメリカの大統領は?」

「ロナルド・レーガン」

「ロナルド・レーガン? 俳優の? 副大統領はジェリー・ルイスか?」

マーティ(マイケル・J・フォックス)がデロリアンでタイムスリップしたのは、両親が青春時代を送った1950年代だった/『バック・トゥ・ザ・フューチャー』

このシーンを見たレーガンは、ホワイトハウスで大爆笑したという。映画もお気に入りで、演説でも作中のセリフを引用した。
「『バック・トゥ・ザ・フューチャー』でも言っていたように、我々の行く先に道路が敷かれている必要はないのです」
サブカルチャーが政治の世界を侵食し、人々のノスタルジーが社会を動かそうとしていた。虚構と現実の境目が曖昧になる中で、50年代への郷愁が、80年代の夢を支えていた。

誰もが郷愁を覚える思春期を描いた『スタンド・バイ・ミー』[16]（１９８６）は、小学校の同級生４人が、親に内緒でちょっとした冒険をするお話だ。途中で不良たちにからまれるも、その理不尽を乗り越え、仲間と分かち合う。思春期の葛藤と感傷が呼び覚まされる物語だった。大人になればあの頃のような友達はもうできないし、いつまでもそれは懐かしい記憶として残り続ける。

正義感の強い少年を演じたリヴァー・フェニックスは、有望な若手俳優となったが23歳でこの世を去ってしまう。薬物中毒だった。一方、冷酷な不良を演じたキーファー・サザーランドはその後、テレビシリーズ『24』のジャック・バウアーとしてアメリカ国民をテロリストから命がけで守ることになる。

※15　**『バック・トゥ・ザ・フューチャー』**（Back to the Future）　１９８５年　監督：ロバート・ゼメキス　出演：マイケル・J・フォックス、クリストファー・ロイド　▼１９８５年、カリフォルニアに住む高校生マーティは、友人である発明家ドク・ブラウンが発明したタイムマシン「デロリアン」の操作ミスで１９５５年にタイムスリップしてしまう。現代に戻るために、55年の世界のドクを訪ねたマーティだったが……。

※16　**『スタンド・バイ・ミー』**（Stand by Me）　１９８６年　監督：ロブ・ライナー　出演：ウィル・ウィートン、リヴァー・フェニックス　▼小学校の同級生で仲良しだったゴーディとクリス、テディ、バーンの４人。ある時バーンは、町から30キロ以上先の森の中に行方不明だった少年の死体が見つかったという兄の会話を盗み聞きする。バーンからそれを聞いて、４人は死体を探しに行くことを決める。

5

自虐――「マテリアル・ガール」

「みんな子ども」症候群とMTV

80年代は、大人も子どもも、エンターテインメントにどっぷり浸かった年代とも言える。そこに一役買ったのが日本のテレビゲームだ。アメリカでも発売初年度に1200万台が売れた。ワシントンの歴史ある美術館では、テレビゲーム展が開催されたほどだった。モニターに映し出される虚構の世界に大の大人が夢中となる。もはや、サブカルチャーに年齢の壁などなくなり、社会を飲み込もうとしていた。そんな状況をアンダーセンは「みんな子ども」症候群と名づける。

そんな中、24時間ひたすら音楽を流し続けるという、当時としては異色の音楽専門チャンネルMTVが誕生した。家庭用のビデオデッキの普及なども手伝って、24時間、映像と音に満たされる生活に人々はハマり始め、様々なカルチャーの個人化も進む。数々の人気アーティストが生まれ、それは単に音楽だけでなく、ファッションやライフスタイルとして若者の間に浸透していった。

中でも人間離れしたダンスでサブカルチャーに革命を起こしたのがキング・オブ・ポップ、マイケル・ジャクソンだ。マイケルの華麗なステップに誰もが憧れた。まさにMTV

が生んだ最大のスターだった。

ＭＴＶの影響力の大きさを、アンダーセンは次のように言う。

「ＭＴＶを音楽のこととして見るのは狭すぎます。最新の技術と24時間配信が組み合わさって若者の文化が世界に向けて発信され、地球上のどこでも見られたのです。

マーシャル・マクルーハンが提唱した〝地球村〟というアイデアの現実化でした。

インターネットが本格的に普及したのは90年代半ばにウェブブラウザが登場してからですから、まさにインターネット以前のインターネットと言えるでしょう」

さらに、マイケル・ジャクソンと並んでＭＴＶから誕生したもう一人のスターがマドンナだ。ヒット曲「マテリアル・ガール」では、80年代の消費社会を生きる女性を歌った。ビデオの中でマドンナは、50年代のセックス・シンボル、マリリン・モンローになりきっている。映画『紳士は金髪（ブロンド）がお好き』の中で愛よりも富を欲する女性を演じたモンローに捧げるオマージュだったのだ。

マドンナはこう言う。

「私は女性運動を30年後退させたんですって。でも当時の女性は自分の女らしさを十分に楽しんで、心から信じてたのよ。女は男とは違うわ。女には男にできないことができるの」

（『マドンナ語録　時代を生き抜く女の言葉』ミック・セントミッチェル監修　富原まさ江訳　ブルースインターアクションズ）

かつてウーマン・リブを牽引した世代も保守化の波に流されていく。「マテリアル・ガール」は物質的な欲望が渦巻く80年代にあって、女性たちのシニカルな自己批評だったのだろうか？

ＭＴＶは若者を中心にライフスタイルを変えていった。自宅でスナック片手に大型のソファーに寝そべり、テレビ三昧。そんなライフスタイルは「カウチポテト」と呼ばれる。ファストフードの普及にもはずみがつく。高カロリーなジャンクフードを人々は好んで食べた。一見、豊かな消費社会の裏に隠された「飽食」という罠。

自堕落な生活は、時に心のバランスを崩すことにもつながる。だが、かかりつけのカウンセラーがいることがクールな都市生活の証しともなっていった。

華やかで満ち足りたように見える生活はどこかねじれていた。

6 強欲――『ウォール街』

「強欲は善である」

こうした豊かな都会人たちの生活を支えていたのは、83年以降回復へと転じた景気の上昇だった。

アメリカ市場を目指して海外からも大量の資金が流入した。高い利子と差益を求めて、激しい資本の移動が起きる。金融のグローバリズムが進展し、アメリカの経済、社会の形も急速に変化していった。

マイケル・J・フォックスが主演した『摩天楼（ニューヨーク）はバラ色に』[17]（１９８７）では、金融の街ニューヨークに憧れる80年代の典型的若者が描かれる。

実力があればのし上がれるというアメリカン・ドリームを、主人公はあるきっかけを生かして実現していく。輝く摩天楼のもとで繰り広げられる熾烈な競争は、彼らにとって公平なチャンスだった。

若くして、ひと財産築いた彼らは皆、一流大学や大学院卒で都会暮らしの専門職エリートたち。彼らは「ヤング・アーバン・プロフェッショナル」を略して「ヤッピー」と呼ばれた。

後に大統領となるドナルド・トランプも80年代に成功した一人だ。大統領になった時、「強い国アメリカ」を唱えたレーガンを参考にしたのは有名な話だ。

金持ちはどんどん金持ちに。ヤッピーたちにとっては毎日がマネーゲームだった。そんな金融業界をスリリングに描いたのが、オリヴァー・ストーン監督の『ウォール街』[18]だ。

※17　**『摩天楼（ニューヨーク）はバラ色に』**（The Secret of My Success）　１９８７年　監督：ハーバート・ロス　出演：マイケル・J・フォックス、ヘレン・スレイター、リチャード・ジョーダン　▼大学を出てニューヨークへ出てきたブラントリーだったが、内定していた会社が買収され、就職できなくなってしまう。叔父のハワードを訪ね、彼が経営する大企業ペンローズ社に採用されたブラントリーは、とある偶然を生かして重役になりすまし、経営に関わっていく。

航空会社の労働組合の委員長を父親に持つ主人公は、父親のようなブルーカラーで終わりたくないと考え、ウォール街での成功を夢見る。憧れは、企業買収のプロ、ゴードン・ゲッコー。「乗っ取り屋」と陰口も叩かれるが、1日で億単位の金を稼ぐ、父親とは正反対の人物だ。

だが、マイケル・ダグラスが演じた投資家ゲッコーは、おそらくは監督の意図とは裏腹に、人々の心を強く魅了したのだった。それはなぜか。シュルマンは、作中でゲッコーが言う「強欲は善である」という価値観をアメリカ人が受け入れたからだと、次のように指摘する。

「ゲッコーがテルダーペーパーという会社の株主総会で行なう演説は、80年代の映画で最も印象的なシーンの一つです。

彼は言います。『強欲は善である（Greed is good.）。欲望は正しいものであり、役に立つ。生命、お金、愛、知識への欲……どんな形であれ欲望は成長の糧《かて》となってきた。欲望こそが、うまくいっていない会社（テルダーペーパー社）を、そしてもう一つの危機的な〈USAという会社〉を救うのだ』と」

金儲けのためなら情け容赦のない投資家、ゴードン・ゲッコーは、ダーク・ヒーローとして人々に受け入れられた。

実はゴードン・ゲッコーにはモデルがいた。『買収マニア』という本も出版した投資家のアイヴァン・ボウスキー。2億ドルの資産を持ち、80年代半ばのウォール街で最も成功

投資家ゲッコー（マイケル・ダグラス）に憧れるバド（チャーリー・シーン）はウォール街での成功を夢見る／『ウォール街』

した人物である。こうしたアンチ・ヒーローの姿は、金融からＩＴにメインストリームが移った21世紀にも大きな影響を与えたと、アンダーセンはこう言う。

「このゲッコーの価値観は90年代、そして2000年代へと持ち越されることになります。21世紀のデジタル革命で面白いのは、ジャック・ドーシー（ツイッター）やマーク・ザッカーバーグ（フェイスブック、現メタ）ら起業家たちの持つユートピア主義的な思想です。彼らにとっては、起業してお金を稼ぐことと、世の中を善くすることは無邪気な形でつながっています。その結果生まれたのが、プラットフォームという〈帝国〉でした。

そうしたアメリカの資本主義社会が行き着く先は現在進行形で分かりませんが、その出

※18　**『ウォール街』**（Wall Street）　1987年　監督：オリヴァー・ストーン　出演：マイケル・ダグラス、チャーリー・シーン　▼若き証券マンであるバドは業界で一旗揚げようと、大物投資家で儲けるためなら手段を選ばないゴードン・ゲッコーにアプローチする。ゲッコーに気に入られたバドは、好成績を収めようと危ない取引に手を染めていく。

発点は間違いなくここにあるのです」

「強欲は善だ」と言い切ったゴードン・ゲッコーは結局、インサイダー取引で逮捕される。現実の世界においても、アイヴァン・ボウスキーも同様に逮捕された。

浮かび上がる光と影は崩壊となって訪れる。

１９８７年10月19日、ニューヨーク株式市場は株価が大暴落。いわゆる「ブラックマンデー」[19]だ。その下落率は、１９２９年の大恐慌を上回った。

強いアメリカを復活させたレーガン政権もまもなく終わろうとしていた。ブラックマンデーの翌年、副大統領だったジョージ・H・W・ブッシュが選挙で勝利する。

だが、その前に立ちはだかっていたのは、日本だった。

80年代の半ばから、バブル経済に沸いた日本企業が次々とアメリカに進出。アメリカの産業が日本に乗っ取られるのではないかという恐怖がアメリカ人の間に蔓延《まんえん》した。

さらに、コロンビア映画やロックフェラーセンターなどアメリカを代表する名だたる企業や顔となる場所を日本資本が買収。日本への警戒はいやがうえにも高まった。

7　欺瞞——『タッカー』

自動車産業の衰退とジャパンバッシング

日本経済脅威論は、80年代初頭から膨らみ続けていた。安くて性能がよい日本の小型車が市場を席捲《せっけん》し、アメリカの伝統と誇りを担ってきた自動車産業は、衰退の一途をたどっていた。

実はこの80年代に起きた自動車産業の低迷を40年も前に予見していた男がいた。その実在の人物を描いた映画が『タッカー』[20]だ。監督はフランシス・フォード・コッポラ。製作総指揮はジョージ・ルーカス。ビッグネーム２人がタッグを組んだ。

※19　**ブラックマンデー**　１９８７年10月19日月曜日に起きたニューヨーク株式市場の大暴落。当時のダウ平均株価は22・6％の下落を記録した。原因は諸説あるが、当時始まったコンピュータによる自動取引が下落を助長したとされる。

※20　**『タッカー』**（Tucker: The Man and His Dream）　１９８８年　監督：フランシス・フォード・コッポラ　出演：ジェフ・ブリッジス、マーティン・ランドー　▼プレストン・タッカーは、斬新で安全な自動車を作ることを夢見ていた。彼は経営に詳しいエイブや技術者の仲間を集め、資金集めに奔走、ついにシカゴに工場を手に入れる。しかし、自動車業界を牛耳るビッグスリーはタッカーを潰そうと画策するのだった。

プレストン・タッカーは、斬新で安全な自動車を作るため、仲間と工場を手に入れ新製品を発表する。だが、危機感を抱いたフォードやGM、クライスラーは自らの脅威となる前にタッカーをつぶそうと卑劣な手段に出る。

果敢に大企業に挑んだことで、陰謀によって詐欺呼ばわりされたタッカー。結果的に負けることになってしまう裁判の席で彼は言う。「アメリカが夢を失えばどうなるか。いずれ敗戦国からモノを買うようになるだろう」と。

アメリカン・ドリームを失いかけた80年代のアメリカ人に向けたコッポラの熱い思いが込められていた。コッポラは次のように言っている。

「自由競争の建前を守ってタッカーに活躍させていたら、現在のようなアメリカ車の衰退は無かっただろう」（「潮」1988年12月号）

かつてアメリカの自動車産業は先進的技術と巨大な資本力で全世界を支配し、GNPの50％を超えるアメリカ経済の主柱だった。しかし、80年代になると市場のおよそ4分の1を日本車が占めるようになる。

ビッグスリー（GM、フォード、クライスラー）をはじめ多数の関連会社が集まる自動車の町デトロイトでは、工場の閉鎖や縮小が相次いだ。

失業者も増大する中で、日本への憎しみは激しさを増し、日米貿易摩擦と言われる状況が生まれる。ジャパンバッシング、日本叩きが加速化した。日本は輸出については「自主規制」で対応したが、労働者たちが怒りに任せて日本車を叩き壊す映像が世界をかけめぐった。

反日感情が高まる中、不幸な事件も起きている。4カ月後に結婚を控えていた中国人のビンセント・チンが日本人に間違われてデトロイトで殴り殺されたのだ。

アメリカ社会は日本への反感を強める一方で、「日本に学べ」と研究を始めた。ビジネスマンに向けて、新たな敵国・日本を知るための特設コーナーを設置する書店も現れた。

人種問題の複雑さ『ドゥ・ザ・ライト・シング』

ただ、こうした反発の根っこは経済だけではなかっただろう。そこにはアメリカ社会に深く残る人種差別的な考え方があった。

黒人人口の70%が公民権運動を経て、中産階級になったとも言われる80年代。しかし、つぶさに見ると、景気回復の恩恵は富裕層に留まり、アンダークラスと呼ばれる層が増加。貧困問題と共に、様々な人種間での差別が根強く残っていた。

黒人だけでなく、ヒスパニックやアジア系が増える中で、人種問題はますます複雑に解きほぐしがたくなっていた。その様子を鮮やかな手法で表現したのが、スパイク・リーだった。

『シーズ・ガッタ・ハヴ・イット』[21]（1985）のヒットで評価を得た彼が満を持して送り出したのが『ドゥ・ザ・ライト・シング』[22]（1989）だ。

スパイク・リー自身が演じる黒人の若者ムーキーは、ブルックリンのピザ屋で配達の仕事をしている。その店はイタリア系家族の経営だが、黒人街にあり、客は黒人ばかり。オーナーであるサルの2人の息子はムーキーと同世代、兄ビトは黒人を嫌っているが、弟ピノはムーキーと仲良しだ。街には、イタリアやアイルランドなどのヨーロッパ系やヒスパニッシュ、韓国系の移民など多様な人物が住んでいる。

映画の象徴的な場面として、シュルマンは次の場面をこう取り上げる。

ブルックリンの黒人街に住むムーキー（スパイク・リー）は、イタリア系のサル一家が営むピザ屋で働いている。複雑な人種問題を抱えるアメリカの一面が会話にも表われている／『ドゥ・ザ・ライト・シング』

「黒人を忌み嫌うビトに対して、ムーキーが言い返す場面が印象的です。ムーキーはビトに問います。『好きなスポーツ選手は?』『マジック・ジョンソン』『好きな俳優は?』『エディ・マーフィ』『好きな歌手は?』『ブルース・スプリングスティーン』『そうじゃない、プリンスだろ?』……そう、これらは皆黒人です。『黒人たちに憧れているんだ』と指摘されたビトは言います。『彼らは〈本当は〉黒人じゃない。黒人を超えた黒人だ』

この会話には、白人アメリカ人の他人種に対する態度と矛盾があぶり出されているのです」

映画は突然の暴力で幕を閉じる。うだるような暑さに街の人々の緊張は高まり、ついに小競り合いが大きな破壊へとつながってしまうのだ。スパイク・リーの映画はどこかコミカルで淡々としながらも、人種間の問題の複雑さを鮮やかに描き出している。

とはいえ、80年代は映画界に次々と黒人スターが誕生した。『ビバリーヒルズ・コップ』[23]で人気を博したエディ・マーフィや、『天使にラブソングを…』[24]で人気が爆発したウーピー・ゴールドバーグ。アパルトヘイト問題を描いた『遠い夜明け』[25]で注目されたデンゼル・

※21　**『シーズ・ガッタ・ハヴ・イット』**（SHE'S GOTTA HAVE IT）　1985年　監督：スパイク・リー　出演：トレイシー・カミラ・ジョンズ、トニー・レッドモンド・ヒックス、スパイク・リー　▼ブルックリンに住む、アーティストのノーラ・ダーリング。彼女は、3人の恋人と付き合っていた。束縛を嫌い、自由な生活を楽しんでいるノーラに、ある日、恋人の1人がこの恋愛ゲームへの結論を迫ってきた。

※22　**『ドゥ・ザ・ライト・シング』**（Do The Right Thing）　1989年　監督：スパイク・リー　出演：スパイク・リー、ダニー・アイエロ　▼ブルックリンの黒人街に住む若者ムーキーは、イタリア系のサル一家が営むピザ屋で配達の仕事をしている。ピザ屋で起きたあるトラブルの混乱のさなかに、ラジオ・ラヒームが警察に首を絞められ死んでしまった。それをきっかけに黒人たちは暴徒となってサルの店になだれこむ。

※23　**『ビバリーヒルズ・コップ』**（Beverly Hills Cop）　1984年　監督：マーティン・ブレスト　出演：エディ・マーフィ　▼デトロイト市警の刑事アクセルは捜査の腕はいいが問題児だ。ある時、ビバリーヒルズから出てきた幼馴染マイキーが訪ねてくるが、何者かに殺されてしまう。犯人を捜すため、アクセルはビバリーヒルズに乗り込む。

※24　**『天使にラブ・ソングを…』**（Sister Act）　1992年　監督：エミール・アルドリーノ　出演：ウーピー・ゴールドバーグ、マギー・スミス、ハーヴェイ・カイテル　▼ギャングのボス・ヴィンスの愛人だったデロリスは、彼の殺人現場を目撃してしまう。その場から逃げたデロリスは身の安全のため警察に駆け込む。警察は彼女を修道院に匿《かくま》い、デロリスはそこで聖歌隊の指導をすることになる。

ワシントンは、後の2001年に『トレーニングデイ』でアカデミー主演男優賞に輝いている。保守化が進む一方で、人々の意識には変化の兆しも現れていたのだ。

そして政治の世界でも89年、デイヴィッド・ディンキンズが、ニューヨークで初めての黒人市長として選ばれた。その年、冷戦の象徴でもあったベルリンの壁が崩壊した。

時代の潮流は確実に変わりつつあった。

ソ連の新しいリーダー、ゴルバチョフは、改革開放を意味するペレストロイカを推し進めた。彼と共に宥和《ゆうわ》への道筋を作ったのが、かつてソ連を「悪の帝国」と呼んではばからなかったレーガンだったのは歴史の皮肉だ。

80年代とはどのような時代だったのか。シュルマンとアンダーセンは次のようにまとめる。

「1980年代は冷戦でも勝利を得て70年代の低迷を乗り越えて好景気に入り、レーガンが体現したように世界や歴史におけるアメリカの役割に自信が持てました。ですが同時に水面下には批判的な声もありました。1980年代のアメリカ文化はこの2つの対立する声として理解する必要があります」（シュルマン）

「1980年代は全ての人が上り調子だったわけではありません。金持ちはうまくいっていましたが、多くのアメリカ人がそうでなくなりつつありました。

そして90年代までには困っている人々が増加し、高すぎる大学の学費など、アメリカン・ドリームの終焉と停滞が見えてきました。かつて50年代60年代70年代の中産階級の台

頭と共に起きた素晴らしいことは全てストップしてしまったことが、１９９０年代に明らかとなるのです」（アンダーセン）

※25 『**遠い夜明け**』（Cry Freedom）　１９８７年　監督：リチャード・アッテンボロー　出演：ケヴィン・クライン、デンゼル・ワシントン　▼１９７０年代、アパルトヘイト政策下の南アフリカに、スティーブン・ビコという活動家がいた。当初は白人憎悪を煽る人物と思っていた新聞記者のドナルド・ウッズは、ビコのことを知るに従い彼に共感していく。だが、ビコは逮捕され護送中に命を落とす。

第5章 喪失の90s

1 幻――『ゴースト　ニューヨークの幻』

治安の悪化と大都会の空虚

１９８９年12月、ブッシュ大統領とゴルバチョフ書記長がマルタ会談[1]に臨み、ついに40年あまり続いた冷戦の終結が宣言された。世界は新たな時代への期待に包まれ、世紀末の90年代が始まろうとしていた。

東西の壁が消え、世界が自由主義で結ばれる。それは希望に満ちたものであったはずだ。しかしこの頃、冷戦の〝勝者〟であるはずのアメリカの国内は不穏な空気に包まれていた。

ニューヨークでの年間の殺人事件の被害者数が過去最高に達したのは、１９９０年のことだった。１日に17件もの殺人が起きるほど、治安は悪化していた。

しかし、慢性的な財政難から警察官は削減された。失業者は街に溢れ、ホームレスや麻薬中毒者の急増が社会問題化していた。さらに、公共サービスも削られゴミの回収もままならない有様だった。

殺伐とした現実に直面する日々。大都市に暮らす人々は心に大きな空虚を抱えるようになっていた。

『心の旅』[2]（１９９１）で、ハリソン・フォード演じるやり手の弁護士ヘンリーは、冷酷で勝利至上主義のマインドの持ち主だ。その態度は家庭でも変わらず、夫婦関係は冷え切っている。ある時、ヘンリーは強盗に撃たれてしまう。彼は一命をとりとめたものの、記憶を失っていた。だが、家族は彼の性格が穏やかになっていることに気づく。

ハリソン・フォードが演じた、余裕のない男の姿は当時のアメリカ人の心のありようを

※１　**マルタ会談**　１９８９年12月、マルタ島で行なわれた米ソ首脳会談。ジョージ・H・W・ブッシュ大統領とゴルバチョフ書記長が共に冷戦の終結を宣言した。

※２　**『心の旅』**（Regarding Henry）　１９９１年　監督：マイク・ニコルズ　出演：ハリソン・フォード、アネット・ベニング　▼ヘンリーはやり手の弁護士だったが、ある夜、強盗に銃で撃たれてしまう。一命は取り留めたものの、体には麻痺が残り記憶障害となって家族も思い出せない。妻や娘は、事件前とは打って変わって穏やかになったヘンリーに驚く。

素直に映し出していたのかもしれない。

ところで、この頃公開された映画では、ニューヨークで暮らす主人公たちが日常の生活の中、いともたやすく銃弾に倒れてしまうシーンばかりだ。まるで、危険な現実の中で暮らす人々の不安を表しているかのようだった。

恋愛映画も例外ではない。

例えば『ゴースト　ニューヨークの幻』[3]（1990）において、映画の開始わずか20分で男性主人公が目の当たりにしたのは、自らの〝死〟だ。幽霊になった主人公が恋人のために奮闘する異色のラブストーリーだった。殺伐とした時代に、奇抜な設定と、まっすぐで純粋な愛の形がウケたのか、想像を越える大ヒットとなった。

湾岸戦争

歴史上アメリカに少なからぬ影響を与えてきた中東で、イラクがクウェートに侵攻する。アメリカ主導で多国籍軍が派遣され、91年にはついに湾岸戦争[4]に発展した。

イデオロギーの対立が消滅したはずの時代に、再び戦争が始まった。自由主義を標榜する「世界の警察」アメリカは、常に戦いから逃れられなくなっていた。

イラクに対する大規模な攻撃は世界中に中継されることとなり、人々は戦争を茶の間でリアルタイムで目撃する。まるでゲームのように標的を正確に捉える映像が流され続け、「テレビゲームウォー」や「ニンテンドーウォー」などと揶揄された。快適なリビングから眺めるディスプレイの中の〝殺人〟だ。当事者ではないと感じる人々にとっては、戦争と言うにはあまりにも手触りのない、画面に映った〝幻〟のような出来事だったのかもしれない。

湾岸戦争は多国籍軍の勝利に終わり、ブッシュ政権の支持率は当時歴代最高の90％近くにまで達した。冷戦終結後のアメリカは、一体、どこへ向かおうとしていたのか？

2　正義――『マルコムX』

ロサンゼルス暴動

１９９２年４月、突如、ロサンゼルスの街は炎に包まれた。暴徒化した人々が押し寄

※3　**『ゴースト　ニューヨークの幻』**(Ghost)　１９９０年　監督：ジェリー・ザッカー　出演：パトリック・スウェイジ、デミ・ムーア、ウーピー・ゴールドバーグ　▼ニューヨークの銀行員サムは、恋人の陶芸家モリーと幸せな生活を送っている。ある時、サムは銀行の取引に不正を見つけるが、その直後暴漢に襲われ殺されてしまう。しかし、モリーへの思いを残すサムは「ゴースト（幽霊）」としてこの世にとどまってしまう。

※4　**湾岸戦争**　１９９０年８月、イラクがクウェートに侵攻したことをきっかけに多国籍軍が結成され、翌91年１月から始まった戦争。アメリカ軍主体の空爆により２月末には終結したが、フセイン政権は存続した。

せ、車を破壊し、店を襲って商品を強奪していった。街は異人種間が争う無法地帯と化していた。ロサンゼルス暴動と呼ばれるこの事件は、アメリカ社会の理想と現実のギャップを白日の下に晒した瞬間だった。

この暴動のさなかに、現場からほど近いハリウッドの映画会社で『マルコムX』[5]（1992）の試写会が行なわれようとしていたのは皮肉な状況だった。この作品は、非暴力を説くキング牧師の公民権運動とは別の形で、黒人（アフロ・アメリカン）としてのアイデンティティ確立を説いたマルコムXの自伝映画だ。

黒人解放運動の指導者マルコムX（デンゼル・ワシントン）。映画の冒頭、ロドニー・キング事件の記録映像が引用される／『マルコムX』

ロサンゼルス暴動のきっかけは、前年の91年に起きたロドニー・キング事件だ。白人警察官たちが、無抵抗の黒人男性ロドニー・キングを執拗に殴り続け、重症を負わせた事件。映画『マルコムX』冒頭には、この事件の記録映像が引用されている。

監督のスパイク・リーは、暴動の中で行なわれた試写会の日のことを、こう回想する。

「外では混乱と修羅場のスイッチが押され、銃声、爆音、略奪、殺人など、ありとあらゆる無法行為が進行していた。LAの街が完全な無政府状態に陥ったことで、アメリカ人全員が、アメリカ社会の現実を、共和党のレーガンやブッシュや民主党のリベラルたちが長いこと否定し続けてきた現実を、見せつけられていた時だ。

アメリカでは正義ではなく、不正義がまかり通っているという現実だ」（スパイク・リー　ラルフ・ワイリー『メイキング　オブ　マルコムX』片岡理智訳　ビクター音楽産業）

ロドニー・キング事件は裁判の結果、暴行した警察官全員が無罪判決となった。収まらない黒人たちの悲しみ、そして怒りが暴動を呼んだ。

しかし、こうした黒人への暴力はこの時代に特有のことではないと、アンダーセンは次のように証言する。

「警察による非白人への暴力事件は、私が子どもだった頃から繰り返し起きていました。それは別にめずらしいことではなかったのです。大きな違いは、かつてはカメラがなかったことです。ロドニー・キングの件が公になったのは、近所の人がそれをビデオカメラで撮影していたからでした。同じことはずっと前から起きていたわけですが、ようやく表沙汰になったということだと思います」

※5　**『マルコムX』**（Malcolm X）　1992年　監督：スパイク・リー　出演：デンゼル・ワシントン、アンジェラ・バセット、デルロイ・リンドー　▼マルコム・リトルは刑務所で出会ったベインズから感化され、イスラムへの入信を決める。出所した彼は、イライジャ・ムハンマド師率いるネーション・オブ・イスラムの一員として布教活動に精を出す。マルコムXの自伝映画。

社会に深くはびこり続ける、人種への偏見と差別。90年代の現実と向き合うために、歴史から掘り起こされた伝説のヒーローに、光が当てられた。マルコムXは次のように演説で述べていた。

「私たちはムスリムの黒人だ。なぜならイスラム教を信じ、原理を実践してきたから。イスラム教は私たちを浄化し、改革し、回復させ、自分たちで問題を解決する刺激を与えた。白人に頼る代わりに」（マルコムX演説、1963年）

黒人の権利のため、行動することを訴え続けたマルコムX。映画が公開されると、黒人たちはまるで、自身の尊厳を守るお守りのようにマルコムXのイメージを身にまとった。自伝やグッズの売り上げが倍増し、一大ブームが巻き起こった。

多民族が共生する社会。それは、自由と民主主義の理念を根幹とする国の夢だ。もちろん多くの人々が、人種差別は悪だと頭では分かっていたはずだった。

しかし、90年代になっても現実が理想に追いつくことは簡単ではなかった。

『許されざる者』イーストウッドが抉《えぐ》り出す暴力の連鎖

『マルコムX』と同じ年に、ある白人監督もアメリカの隠された真実をあぶり出そうとしている。それがクリント・イーストウッド監督の『許されざる者』[6]（1992）。19世紀末を舞台に、葛藤を抱えながらも金のために人を殺す賞金稼ぎをイーストウッド自ら演じた西部劇だ。

街の保安官は、本来正義の象徴であるべき存在だが、サディスティックな暴力を繰り返す。実は演じたジーン・ハックマンも保安官が黒人の賞金稼ぎを拷問する場面を「私のロドニー・キングのシーン」と呼び、この役にあの事件を投影していたという。

イーストウッドは、暴力の描写についてインタビューでこう語っている。

「このことは言っておかないと。

近頃は、暴力行為を見せるために、アクション映画を作る人が大勢いる。私にはこの話をすることが重要に思えました。暴力は必ずしも美しく勇敢で魅力的なものではないという話を」（「Clint Eastwood: "Unforgiven"」ITN〔Independent Television News〕１９９２年9月18日）

作品の持つ意味をアンダーセンは次のように見る。

「この映画は、見た目は典型的な西部劇（ウエスタン）ですが、一方でその西部劇の歴史を覆し、否定するものでもあります。ジョン・フォード監督の『荒野の決闘』（１９４６）な

※6　『**許されざる者**』（Unforgiven）　１９９２年　監督：クリント・イーストウッド　出演：クリント・イーストウッド、モーガン・フリーマン、ジーン・ハックマン　▼19世紀末のアメリカ、殺し屋ウィリアム・マニーは足を洗っていたが、子どもを食べさせるためキッド、ネッドと共に賞金稼ぎの旅に出る。しかし、街の保安官リトル・ビルは彼らを許せず、ネッドを拷問で殺してしまう。マニーは復讐を誓うのだった。

どに代表されるように、銃の腕を頼りに開拓の地で独立し、悪を倒すヒーローを描いた西部劇は長年アメリカ人の心を摑んできました。

しかし、イーストウッドが描いたのは、そうした古き良きアメリカではありません。西部劇が描いたアメリカという国は、結局、暴力への愛着を持ち続けた人たちによる暴力の連鎖の歴史であったことを暴きだしました。

そして、これはクリント・イーストウッドという、政治的には保守的であり、国民の多くから愛されている白人のスーパーヒーローが、アメリカについての耳の痛い事実を語ったということが重要でした」

自らの国の暗部を振り返ることが、表現者たちの使命となる。それが90年代初頭のアメリカの空気だった。

ところで、死者60名以上、負傷者2400人以上にものぼったロサンゼルス暴動だが、その終息にあたっては、始まりと同じく、あのロドニー・キングが重要な役どころを果たすことになる。彼は会見でこう述べた。

「皆さん、僕が言いたいことは、……仲良くできないでしょうか？　お年寄りや子どもを怖がらせるのはやめてほしい。もうやめよう。やめなきゃ」

多民族国家は、儚《はかな》い夢なのか？　重い宿題は、21世紀へと持ち越された。

3 美徳──『フォレスト・ガンプ 一期一会』

「ヒトゲノム計画」と『ジュラシック・パーク』

ソ連は共産党保守派によるゴルバチョフ政権打倒のクーデターが起きるが失敗に終わり、その混乱の中91年12月25日、ゴルバチョフ大統領が辞任する。ソ連は崩壊。実質的に冷戦に勝利したアメリカもまた、新たな〝自分探し〟の旅に出始めていた。まず人々が夢中になったのはＩＴだ。

ウインドウズ95が爆発的なヒットとなり、次第にパソコンが「誰もが持つツール」へと変化していった。最新の機種やソフトが売り出されるたびに人々は熱狂した。

マイクロソフト創業者のビル・ゲイツが95年から実に13年間連続、長者番付1位になるなど、ＩＴ起業家たちの影響力は日に日に増していき、いつしか政治家や映画スター並みになってゆく。

90年代に急激な進歩を遂げたテクノロジーだったが、人々の好奇心が向かった先は、ＩＴだけにとどまらない。

１９９２年に大統領に当選したビル・クリントンは、冷戦終結で生まれた軍事費の削減分を、アメリカの新たな産業へと投入する。情報通信技術、宇宙開発、そしてもう一つの大きな柱が「ヒトゲノム計画」[7]だ。ＤＮＡや遺伝子の研究に15年で30億ドルの予算が組まれ、一大プロジェクトとなった。

計画は、人間を情報データの集積として解析、その可能性をテクノロジーの力でとことん追究する試みだ

自分たちはどこから来たのか？　生命とは何か？　そうした人々の高まる好奇心に応えるように、スピルバーグによる大作『ジュラシック・パーク』[8]（１９９３）が公開された。

ＤＮＡで恐竜のクローンを誕生させ、そうした恐竜たちの住むテーマパークが作られたら……。最新の科学技術が向かった先は、まるで神のような生命の操作だった。

リアルな恐竜の姿は、子どもに見せるには怖すぎるという批判が出たほどだ。子ども向け映画のようでありながら、13歳以下には鑑賞規制がかかった。

リアルを追求することは、スティーヴン・スピルバーグ監督が譲れない部分だった。次のコメントを残している。

「最高の恐竜映画にしたいなんて全然考えてないよ。でも、これまでで最も現実味のある恐竜映画にはどうしてもしたいね。観客にこう言わせたいな。『これは実際に起こり得る話だぞ』ってね。（中略）自分の描く恐竜は動物にしたいんだ。怪物（モンスター）とかクリーチャーとかの言葉でだって呼んでほしくない」（ドイ・ジェイ　ジョディ・ダンカン『メイキング・オブ・ジュラシック・パーク』常岡千恵子他訳　扶桑社）

本来なら高い倫理性が要求される科学技術でさえ、テーマパークをはじめとしたエンタ

ーテインメントとして消費してしまう、人々の無邪気な欲望。『ジュラシック・パーク』に秘められていたのは、そんな時代の空気への警鐘だった。

ちなみに、映画では、琥珀に閉じ込められた蚊の化石から恐竜のＤＮＡを抜き取り、クローンを作り出す。現実でも、琥珀から昆虫のＤＮＡを取り出す研究は、アメリカなどで既に進められていた。

さらに、世界各地で化石の発見が相次ぎ、恐竜ブームが起きる。人々の好奇心は科学技術を未知なる世界の探求へとつき動かしていった。

保守とリベラルの対立

90年代アメリカが追い求めた科学やテクノロジーへの無邪気とも言える信仰。テクノロジーは、軍事開発にも転用され、とどまることなく発展し続ける。テクノロジーが世界を

※7　**ヒトゲノム計画**　人間のゲノム（遺伝情報）の塩基配列を全て解析しようというプロジェクト。１９９０年にアメリカで開始され、各国の協力のもと２０００年に約90％が解読されたドラフト版、２００3年に99％が解読された完成版が公開された。
※8　**『ジュラシック・パーク』**（Jurassic Park）　１９９3年　監督：スティーヴン・スピルバーグ　出演：サム・ニール、リチャード・アッテンボロー　▼古生物学者のアラン・グラントと植物学者のエリー・サトラーはスポンサーであるジョン・ハモンドに「ジュラシック・パーク」に連れていかれる。驚いたことにそこには本物の恐竜が生きて暮らしているのだった。だが、あるトラブルで恐竜を囲っていたはずの柵が機能しなくなってしまう。

グローバル化の波へと飲み込んでいく。

世界が結ばれ、フラット化する時代、人々は、自らのアイデンティティの拠《よ》り所を求め始めた。

この国の原点にあるものとは何だったのか？

それを一人の男の生涯を通して語ろうとしたのが、『フォレスト・ガンプ　一期一会』[9]（1994）だった。知能指数が低く、脚の矯正器具なしには歩けない少年だったフォレストは、ある時自分の脚力に気づく。脚の速さを活かして、フォレストはフットボールのスター選手となって、アメリカの歴史を駆け抜けていく。

現実の大統領やスターとの、最新の技術が生み出す夢の共演。時空を超えた出会いに観客は心をわしづかみにされた。

その姿はアメリカという国を象徴したものだとアンダーセンは言う。

「戦後のアメリカ社会には様々な難局がありましたが、そうした中で無邪気に、ひたむきに生きるフォレスト・ガンプは、まさにアメリカの美徳と善良さの象徴であるのです。この偉大で純粋なアメリカ人の姿は、アメリカ人自身が自らの姿を投影したものでしょう。彼が知能的に問題を抱えていることは、そうしたアメリカ人の不完全さを表わしたものであり、良くも悪くも彼の姿はアメリカ人の幻想であるように思えます」

多くの国民が美徳と信じて疑わなかった、アメリカの純粋さ。

奇しくも映画が公開された94年は、国が守るべき倫理をめぐって世論が二分されていた。就任2年目に入ったクリントンは医療改革の失敗などで支持率が低迷、政治だけでなく社会全体のリベラルと保守の対立も激化していた。「銃規制」や「信仰」をめぐる問題、「同性愛」など、自分が生きていく上で何が正しく、何を善良なことと考えるか。80年代から続く信念をめぐる闘いが表面化したと言えるだろう。「人工妊娠中絶」の問題も争点の一つとなった。リベラルは中絶を女性の権利だと考え、一方保守派は、中絶を子どもの生きる権利の強奪だと主張した。それらの争いは「文化戦争」とも呼ばれた。

ベトナム戦争の英雄になったフォレストと、反戦運動をする初恋の相手ジェニー。監督のロバート・ゼメキスは2人のキャラクターをこのように考えていた。

「ジェニーという役が体現するのは、満たされぬ思いを抱えたアメリカの世代。当時、彼ら彼女らが救いを求め走ったのが、セックスとドラッグとロック。

一方、フォレストはいわゆる理想像だね。アメリカの明るく幸福な面の代弁者だ。ジェニーは彼とは正反対のキャラクター。2人は当時のカルチャーの光と陰を表す存在で、ロマンチックな魅力を放っている」（『フォレスト・ガンプ』DVDオーディオ・コメンタリー）

※9　**『フォレスト・ガンプ　一期一会』**（Forrest Gump）　1994年　監督：ロバート・ゼメキス　出演：トム・ハンクス、ロビン・ライト　▼フォレストは、知能指数が低く、脚の矯正器具なしには歩けない少年だった。いじめられてばかりいたフォレストだったが、ある時、驚異的な脚の速さを持っていることが判明する。その脚力により、大学のアメフトで全米代表に選ばれたことで彼の人生は劇的に変わっていく。

交わらない、それぞれの信念。2人の関係は、あるべき姿を求めて社会が二分されていた94年のアメリカそのものだった。

「善良で偉大なるアメリカ」を夢見て、迷走は続く。

クリントンは大統領選で軍における同性愛禁止の規則を撤廃すると約束し、同性愛者からの支持を集めていた。当時の軍は、同性愛者は入隊できず、入隊後に発覚すれば除隊を余儀なくされていたのだ。

フォレスト（トム・ハンクス）の初恋の相手ジェニー（ロビン・ライト）は、満たされぬ思いを抱えたアメリカの象徴／『フォレスト・ガンプ　一期一会』

しかしこの公約は、保守勢力からの反発で実現できなかった。代案として出されたのが、軍でのカミングアウトなどを禁止する「ドント・アスク・ドント・テル」規定[10]だった。同性愛者であるかどうかについては「聞くな、言うな」というところに留まった。もちろん、リベラル派は反発を強めた。

日に日にリベラル色を失っていく政策。レーガン時代に生まれた財政赤字への対策のための増税も影響し、クリントンは94年の中間選挙で惨敗する。

自由や平等を求めながらも、皮肉なことに硬直化していくアメリカ社会。物語の最後に描かれるジェニーの死は、リベラルの死の象徴だったのだろうか？

映画公開と同年、アメリカンフットボールのスター選手、O・J・シンプソンの元妻が殺害された。犯人として疑われたシンプソンは、車で逃走。その様子は生中継され、シンプソンの車を追いかける者まで多数現れた。ちょうど夕食どきのこと、テレビにくぎ付けになった人々から、ピザの注文が急増したという。人々の好奇の目が注がれる中、事件は格好のショーと化した。スキャンダルは「大衆社会の蜜の味」と言ってしまえばそれまでだが、人々の日常から、恥じらいや誇りが失われていく。

そして翌95年、湾岸戦争にも参加した優秀な元軍人が、オクラホマシティ連邦ビルを爆破し、死者１６８人にものぼるテロ事件を起こす。

犯人を凶行へと駆り立てたのは、アメリカ社会への失望だったのか？

自由の国を支えていたはずの、自らを律するモラルは消え、緊張の糸が、綻び始めていた。

トム・ハンクスは、映画公開からしばらくして、ホワイトハウスへと招かれている。「午後４時から翌朝10時まで18時間も滞在し、夜は映画をみて遅くまでおしゃべりし翌日

※10　**「ドント・アスク・ドント・テル」規定**　かつてアメリカ軍では同性愛者は入隊が禁じられていた。１９９４年にクリントン政権の下で、「軍当局が尋ねてもいけないし、兵士自身が公言してもいけない」という規定が定められた。この規定は２０１１年まで有効であった。

はベーコン・エッグの朝食を食べた。（中略）民主党に限らず、ブッシュでもレーガンでも、大統領になる人を僕は心から尊敬する。それがアメリカ市民の務めだと信じている」（「スクリーン」1995年2月　創刊48周年記念新春特大号）

「アメリカ市民の務め」とは何か？
人々はいつしかそれを見失ってしまったのか？

4　皮肉――『パルプ・フィクション』

グローバル化

1990年代、「グローバル化」というキーワードに乗って急速にアメリカ文化が世界へ浸透していった。パリ近郊にもディズニーランドがオープンしたのは、1992年のことだった。

この頃、ある映画が物議を醸すと同時に高い評価を得た。クエンティン・タランティーノ監督の『パルプ・フィクション』[11]（1994）だ。

殺し屋のヴィンセントとジュールスは車での会話を楽しんだ後、4人を殺す。血で汚れた服を着替えた後も2人のたわいもないおしゃべりは続く。描かれているのは、一見、下世話でとりとめもない世界だ。映画タイトルの意味は「安っぽい小説」。まさにタイトルそのものだが、実はこのおしゃべりにタランティーノの時代感覚が溢れている。映画の中盤、トラヴォルタ演じる殺し屋は射殺されるが、その出演シーンは最後まで続く。物語は行きつ戻りつを繰り返し、まっすぐには進まないのだ。

作品はアカデミー脚本賞、そしてカンヌ映画祭で最高賞のパルム・ドールを受賞した。審査委員長はクリント・イーストウッドだった。イーストウッドが作品名を読み上げた瞬間、会場からはブーイングのヤジが飛んだ。

この頃、多くのフランス人は急速に流れ込むアメリカの消費文化に好奇の目を向けながらも、複雑な思いを抱えていた。文化の浸食への反発もあった。そんな背景もあってイーストウッドが同じアメリカ人の作品の名を口にしたことにも、フランス国内で賛否が巻き起こったのだった。

しかし、カンヌの観客たちを戸惑わせたのはそうした背景だけが原因ではなかった。ブルース・シュルマンはこう指摘する。

※11 **『パルプ・フィクション』**（Pulp Fiction）１９９４年 監督：クエンティン・タランティーノ 出演：ジョン・トラヴォルタ、サミュエル・L・ジャクソン、ユマ・サーマン ▼ハンバーガーショップにいるパンプキンとハニー・バニーのカップルは強盗の計画を立てている。ギャングのヴィンセントはボスであるマーセルスの妻ミアの相手を頼まれるが、ミアは薬のオーバードーズを起こす。マーセルスの依頼で八百長をするはずだったボクサーのブッチはそれを裏切る。物語の最後、数々のドタバタ悲劇が重なり合っていく。

『パルプ・フィクション』では、一般的なストーリーの流れは徹底的に排除されています。物語はオムニバスになっていて、キャラクターたちは唐突に登場し、問題や対立を経て解決に至る道が断片的に提示されます。過去の出来事が現時点に影響を与えているということは、当時のハリウッドのストーリーテリングの技巧においても、時系列の中でフラッシュバックを組み込みながら進むという方法がありましたが、それとも異なります。タランティーノの物語表現は、ポスト・モダンのモザイクのようなもので、バラバラに割れたガラスを元に戻すかのような手法なのです」

タランティーノは、インタビューで次のように述べている。

「彼らも四六時中こわもてで仕事の話をしているわけじゃない。ミネラルウォーターは炭酸抜きのでなきゃ、とかそんな話だってするだろう。

僕らと同様、彼らもアメリカのポップカルチャーにどっぷり浸かっているんだし今僕らが他人とつながれるとしたら、消費社会の様々な商品を通してかもしれない、という状況に彼らも同じように生きているわけだから、彼らの言葉の中にそれが頻発することにリアリティがあるんだと思う」（「キネマ旬報」1994年9月下旬号）

消費社会は世界を市場として広がりつづけ、いつの間にか、人々の自由は、単なる消費の自由を意味するようになっていた。

もはや誰もが共有するカテゴリーは存在せず、世界はただ細分化されていくばかり。大きな物語は崩壊し、一人一人が自分の道を見つけなければならない時代の到来だった。

ジェネレーションX

90年代に社会に出ていった若者たちは、60年代中盤から70年代に生まれた世代だ。彼らの親たちはベトナム反戦運動やヒッピームーブメントにあけくれていたが、そんな熱狂が過ぎ去った時代を過ごした子どもたち。彼らは「ジェネレーションX」[12]と呼ばれた。

反抗すべき時代や権力も見当たらず、全てが終わっていたX世代に残されていたのはポップカルチャーだけだった。そんな「祭りの後」の空気を吸って育った彼ら彼女らの世代の感性を描き出した一本の映画が、94年に公開された『リアリティ・バイツ』[13]だ。

作品は若手人気俳優が共演、ウィノナ・ライダー演じるリレイナ、イーサン・ホーク演じるトロイら、大学の仲間たちの卒業後を描く。監督も同世代で当時29歳のベン・スティラーが務めた。描き出されているのは、「空っぽの世代」と言われた若者たちの社会からは

※12　**ジェネレーションX**　１９６０年代半ばから１９７０年代末くらいに生まれた世代を指す。X世代。ちなみに80年〜95年頃の生まれをジェネレーションY（ミレニアル世代）、95年－２０１０年頃の生まれをジェネレーションZと呼ぶ。

※13　**『リアリティ・バイツ』**（Reality Bites）　１９９４年　監督：ベン・スティラー　出演：ウィノナ・ライダー、イーサン・ホーク、ベン・スティラー　▼大学を総代として卒業したリレイナは、テレビ局で働き始めるがすぐにクビになってしまった。彼女は学生時代の友人であり、ＧＡＰに勤めるヴィッキーと暮らしているが、そこに哲学を学びながらも大学を中退したトロイが転がり込んでくる。X世代と呼ばれる若者たちの群像劇。

ぐれたようなやるせなさだ。

シュルマンは、この世代の特徴を次のように述べる。

「彼らが生きているのは、映像や歌などのポップカルチャーに媒介された世界です。自分自身の感情から切り離され、ポップカルチャーを通してそれに触れるという『経験の間接性』は、この世代の特徴の一つです。

そして、この時代には階級の区別は不明瞭なものになっていきます。裕福で学歴があれば幸せを感じられるという単純な時代ではなくなりました。

リレイナやトロイらは皆、高等教育を受けた人物であることが重要です。リレイナはただ働くのではなく、自分が思うようなクリエイティブな世界を目指しながら、それを実現できず悩みます。大学を中退し自由奔放な生活をしているように見えるトロイは、哲学書を読むようなインテリなのです。

私は彼らのような人たちを『情報化時代のプロフェッショナル』と呼んでいます。彼らは中流階級以上の出身で高学歴ですが、経済

反抗すべき時代や権力も見当たらない「ジェネレーションX」。彼らに残されていたのはポップカルチャーだけだったのか／『リアリティ・バイツ』

的に不確かな未来に直面し、もがいているのです」

彼らの親たちの多くは、新しい世界を夢見て、カウンターカルチャーに熱狂した60年代の若者たち。しかし、戦いの後に残されていたのは、変わらない現実と経済活動に血道を上げる心の貧しさだった。90年代の若者たちは、闘う前から、その虚しさに気づいてしまったのかもしれない。

そして現実は彼らに容赦なく嚙み付く。就職期の90年代は「リストラ」「ダウンサイジング」などの言葉が流行ったように、厳しい就職難の時代だった。親世代の離婚率が高く、シングル家庭で苦労して育った者も多かった。生まれてからずっと、ドラマの終わった後のような感覚で過ごし、夢も熱狂も経験しない巡り合わせのX世代。親世代が残したツケを払うのは自分たちなんだ、と感じるのも無理はなかった。

アンダーセンは自らの体験も振り返りながら言う。

「彼らにはアイロニカルな感覚があり『ああ私たちが世界を変えるんだ』というような感覚は薄いでしょう。もっと滑稽なことや破滅的なことへのセンスがあり、言ってみればもっと人生の悲惨さを感じているのです。

私がこの時代のバンドであるトーキング・ヘッズやニルヴァーナを好きな理由は、私が好きではない60年代後半の自己主張の音楽を否定している気がするから。代わりに音楽や歌詞に知的な複雑さがあったからです」

投げやりで破滅的なメロディに彩られた90年代。何かに熱くなることは、既に時代遅れだという雰囲気が漂っていた。しかし、そんな皮肉な感性は、大人たちが太刀打ちできない場所で創造性を発揮し始める。

それが、インターネットの世界だ。イーロン・マスク、ラリー・ペイジ、ジェリー・ヤン……。Xジェネレーションにはインターネットビジネスの創業者が多い。

1990年代半ばから勃興したインターネットの海に、彼らは大きな物語なき、終わりなき日常の新たなリアリティを求めたのか。

5 安息──『ミッション：インポッシブル』

ポスト冷戦時代のリアリズム

冷戦終結は危機を遠ざける一方で、新たな「危機」を引き寄せた。明確な敵があるうちは、対抗するための立場も信条も見えやすい。だが、その敵を見失った瞬間、国が進むべき道もまた見失われてしまうことになる。

それは、アメリカという大国のアイデンティティに大きな影響を及ぼしたと、シュルマンは言う。

「冷戦は、世界の終わりという恐怖を現実の可能性として植え付け、それを回避するコストとして世界中に死と破壊をもたらしました。そのことは、アメリカの外交政策だけでなく社会や文化、そしてそもそもアメリカとは何かというアイデンティティの形成に大きな影響を与えました。アメリカは資本主義、民主主義を守るリーダーであり、自由の守護者である。それに抵抗する者――共産主義者――は敵と見なしていいのだという感覚です。冷戦の終結は、そうした明確な敵を見失うということでもありました」

主人公イーサン・ハント（トム・クルーズ）はCIA工作員。イデオロギーの敵が消え、ハリウッドは「新たな想像の敵」を探し出した／『ミッション：インポッシブル』

そうした中で、ハリウッドは「新たな想像の敵」探しに活路を見出した。

例えば、『ミッション：インポッシブル』[14]（１９９６）で描かれたのは、ＣＩＡ工作員の物語。大衆に、一服の爽快感を与えるための、娯楽大作……そんな風に思われがちなスパイ映画の物

※14『ミッション：インポッシブル』（Mission: Impossible）１９９６年　監督：ブライアン・デ・パルマ　出演：トム・クルーズ、ジョン・ヴォイト　▼ＣＩＡの工作員であるイーサン・ハントのチームは、作戦遂行中に何者かによってリーダーのフェルプスらが殺されてしまう。生き残ったイーサンに裏切り者の嫌疑がかけられる。イーサンは潔白を証明しようと行動に出るのだった。

語設定にも、そんな時代の欲望が表われていた。

トム・クルーズ演じるＣＩＡの工作員イーサン・ハントは、ある任務の遂行中に何者かによってリーダーらを殺されてしまう。実はこの作戦は裏切り者をあぶり出すためのものであり、生き残ったイーサンに嫌疑がかけられる。イーサンは潔白を証明しようと、真の裏切り者を探す。敵の正体は、冷戦終結で仕事がなくなり将来を悲観した仲間だった。これが、ポスト・冷戦時代のリアリズムなのか。

「何のために戦うのか」が見えない。イデオロギーの敵が視界から消え、分かりやすい戦いの構図が見えなくなった時代、新たな敵は自らの心の内に生まれようとしていた。

ヒーローたちも、善悪二元論では動けなくなり、自らの「正義」を疑い、悩み始める。「ポスト」時代、社会の構図が大きく変わろうとしていた時代、人々は心の拠り所を求めてさまよっていた。

社会主義の失敗が明らかとなり、世界が自由主義で覆われることで、歴史は終わるのか？

それとも、文明の衝突か？

フランシス・フクヤマ[15]とサミュエル・ハンチントン[16]との見解の相違が世界中で話題になったのもこの頃だ。

共産主義の崩壊後、比較的静かで平穏な、安息の年月が訪れた。ジョージ・Ｗ・ブッシュ大統領はのちの２００５年の就任演説でそれを「サバティカル」と呼び振り返った。

突然訪れた、ひとときの「安息」。しかし同時に、アメリカという自由の国のアイデンティティは、実は共産主義という敵の存在に支えられていたことが明らかになった期間だったのかもしれない。

身構える敵を失った人々は、緊張から解かれ、エアポケットに入ったかのようだった。だが世界は止まらない。小春日和の超大国をよそに、新たな戦いの構図が準備されようとしていた。

とはいえ、当時はまだ、いわゆる「文明の衝突」が一日にして社会の空気を変えるテロという形をとることになるとは多くの人は思ってもいなかったことだろう。

※15　**フランシス・フクヤマ**（1952−）国際政治学者。1992年に出版した『歴史の終わり』において、民主主義と自由な資本主義経済が社会制度として最終的な勝利を収めるであろうことを主張し、安定した政治体制ができて歴史は「終わる」と予言した。

※16　**サミュエル・ハンチントン**（1927−2008）国際政治学者。96年に出版した『文明の衝突』において、冷戦後の世界ではイデオロギーに代わって文明間の対立が起こるだろうと説いた。西欧文明が優位に立つ現状に対して、将来はイスラムや儒教文明が力を持つと予測した。フランシス・フクヤマは教え子。

6　抵抗――『アメリカン・ビューティー』

中流階級の鬱屈

１９９5年、17歳の高校生が友人を射殺した罪で法廷に召喚された。

「ジャケットとスニーカーが欲しかった」

殺人の理由は、それだけだった。

冷戦が終結し、ゆるやかに景気は回復してゆく。一見おだやかな空気をまとっていた90年代。ＩＴ革命への期待などが覆い隠していたが、その裏で少しずつ格差は進み、貧困による犯罪も増えていた。

人々は安全な暮らしを守るべく、銃を手に取った。96年の調査によれば、アメリカの44%の家庭で、銃を1挺以上所持していると推定された。年間で６０００人の子どもたちが銃の学内持ち込みで退学になっていた。

この問題にクリントン大統領は銃規制ではなく、ある秘策で対抗する。学力向上と校内犯罪の減少を期待して、公立学校での制服の導入を推奨したのだ。元々、一部の私立校を除いて私服通学が基本だったこともあり、自由の侵害につながると、反対の声が上がる。だが賛否両論の末に、制服は多くの学校で取り入れられることになる。

大人たちの議論を尻目に、この頃、ティーンの間ではスクールファッションが流行している。カーディガンやチェック柄スカート、白ソックス。清楚な印象のスクールファッションを着こなした映画やドラマのヒロインたちが人気を博した。

制服という制度による知恵で覆い隠そうとした、格差、貧困の問題。子どもたちは、無邪気に楽しんだのか、それともその制約をシニカルに遊んでみせたのだろうか？

クリントンの宣言から2年後、制服ファッションの頂点を極めたようなミュージックビデオが世界を席巻する。「baby...one more time」（1998）のＭＶで16歳だったブリトニー・スピアーズはアニメを使ったコメディ風のビデオの企画に異を唱え、教室を舞台に制服で踊ることを自ら提案した。同世代のファンにとってよりリアルな世界観を作りたかったのだという。

表層の幸せに綻びが現れたアメリカ社会を独特の表現で描写したのが、サム・メンデス監督の『アメリカン・ビューティー』[17]（1999）だ。ケヴィン・スペイシーが演じた主人公レスターは広告代理店の社員で、妻も働いていて比較的余裕のある生活をしている。マイホームを持ち、表向きは満足いく中流家庭だが、裏では様々な軋轢と不満を抱えている。

※17　**『アメリカン・ビューティー』**（American Beauty）　1999年　監督：サム・メンデス　出演：ケヴィン・スペイシー、ミーナ・スヴァーリ　▼広告代理店に勤めるレスターの一家は表向き理想的な中流家庭だが、妻キャロリンとの関係は冷え切っている。ある日娘ジェーンのチアリーディングを見に行ったレスターは、その友人アンジェラに一目惚れしてしまう。彼女の気を引こうと体を鍛え始めるレスターだったが……。

そうした鬱屈は、高校生である娘の同級生への恋というねじれた形で表われる。タイトルの『アメリカン・ビューティー』はバラの品種の名前だが、「アメリカ社会の素晴らしさという皮肉でもある」とアンダーセンは指摘する。

7 錯覚──『マトリックス』

リアルとは何か──インターネット時代

爆発的に広まったインターネットは、現実とは別の空間、もう一つの世界を作り上げた。現実と虚構とが共存する日常が当たり前となり、次第に何かが見失われ始めていた。未知なるテクノロジーへの不安とインターネットの広大な情報の海に飲み込まれていく感覚が人々の間に広がっていく。

自分が生きていた世界が全て虚構だったことを知った、キアヌ・リーヴス演じる主人公ネオが、人類を解放するため、支配するＡＩ・エージェント・スミスに戦いを挑む。そんなストーリーで世界的なヒットとなったのが『マトリックス』[18]（１９９９）だ。

現実に目覚め戦うのか、夢を見続けるのか。現実を夢が侵食する時代に、リアルとは何かという問いが突き付けられる。そうした人々の感覚をシュルマンは次のように分析する。

「パソコンとネットは政治、経済、文化、そして社会生活や人間関係を一変させるものであることを、人々は感じました。だからこそ、その世界に積極的に飛び込む人もいれば、不安を覚える人もいたのです。

キアヌ演じる主人公のネオは、抵抗軍のリーダー、モーフィアスから青いカプセルを飲むか、赤いカプセルを飲むかの選択、すなわちマトリックスの世界に入るかどうかの決断を迫られます。赤いカプセルを飲んで、現実に目覚め、闘う覚悟はあるのか、と。それはまさにネット社会の入口にいる人々に向けられた問いだったのです」

作られた「現実」に埋没する世界
――『トゥルーマン・ショー』が見せる不安

今では当たり前だが、街に監視カメラが溢れ、人々がリアリティショーを楽しむようになったのもこの頃のことだった。そうした人々の姿を極限の形で描いたのが『トゥルーマン・ショー』[19]（１９９８）だ。

シーヘブン島で暮らす青年トゥルーマンは穏やかな日々を送っていたが、ある一つの綻びによって、自分が生まれた瞬間から人生を24時間・生放送されていたことに気づく。

※18　『マトリックス』（The Matrix）　１９９９年　監督：ウォシャウスキー兄弟（ラリー・ウォシャウスキー、アンディ・ウォシャウスキー）　出演：キアヌ・リーヴス、ローレンス・フィッシュバーン　▼ハッカーであるネオは、ある時謎のメッセージを受け取る。そのメッセージの発信者トリニティと会ったネオは、モーフィアスという男を紹介される。モーフィアスは「人間が通常見ているこの世界はコンピュータによって作られた仮想現実だ」と驚くべきことを言う。

しかし、誰かによって作られた「現実」の中に埋没しているのは、トゥルーマンばかりではないとアンダーセンは警告する。

「『トゥルーマン・ショー』は、私の言葉で言えば、『幻想・産業複合体[20]』による陰謀によって作り上げられた『現実』の中で生きている人の物語です。

この映画がヒットしたということは、その時点で私たちがこうした世界を受け入れる素地ができていたということなのです」

一人の人間の私生活が途切れることなく世界に配信される恐怖を、主演のジム・キャリーはこう語った。

「この映画のすごいところは、二つの対照的なものが見事にミックスされている点。

一つはトゥルーマン自身。みんなが持ちたいと思っている良き価値観そのもの。

もう一つは、トゥルーマンの存在をみんなが無自覚に娯楽として楽しんでいるというリアルな怖さ」（「スクリーン」１９９８年

生まれた瞬間から人生を24時間生放送で配信されているトゥルーマン（ジム・キャリー）。リアリティショーの極限の形だ／『トゥルーマン・ショー』

12月号）

「この映画で描かれているようなことが現実に起こりうるかと聞かれれば〝あり得ることだ〟と僕ははっきり言うだろうね。今、現実に起きている。はっきりと自覚できる形でなくても、確かに類似したことはあるし」（「キネマ旬報」1998年11月下旬号）

1990年代とは何だったのか
——文化は分断された

テクノロジーの進歩と共に、人々のプライバシーは監視され、晒され始めていく。

『トゥルーマン・ショー』が公開された年、前代未聞の不倫スキャンダルが持ち上がる。クリントン大統領がインターンだったモニカ・ルインスキーと性的関係を持っていたというのだ。大統領はテレビ演説で「私はあの女性と性的関係は持っていません。ルインスキーさんと」と主張した。

※19　**『トゥルーマン・ショー』**（The Truman Show）　1998年　監督：ピーター・ウィアー　出演：ジム・キャリー、ナターシャ・マケルホーン、エド・ハリス　▼シーヘブン島で暮らすトゥルーマンは、島の外に出たことがない。実は、彼はリアリティ番組『トゥルーマン・ショー』の主役であり、島も住人も全てがセットなのだ。そのことを知らないのは彼だけだった。不審な点を見つけた彼は、何とか島を抜け出そうとする。

※20　**「幻想・産業複合体」**　カート・アンダーセンによる造語。幻想（ファンタジー）と産業（商売）が密接に結びつき、アメリカ社会を動かしていく主体となっていることを指す。例えば、ハリウッドやディズニーランドなど。

全てをショーとして消費し、現実を虚構という商品に変える。90年代、大衆の好奇の目はいつの間にかいびつに歪んでいった。

『トゥルーマン・ショー』の最後で、主人公はスタジオから脱出する。これまで彼の人生を、娯楽として消費し続けてきた視聴者は歓喜する。錯覚のような日常。しかし、膨張を続ける歪んだ欲望が噴出する時、現実は容赦ない。

『トゥルーマン・ショー』公開の翌99年、現実と夢の見境がなくなったかのような痛ましい事件が起きる。コロンバイン高校で学生が同級生ら13名を射殺し、全米を震え上がらせた。世界に敵なしとなったはずの冷戦後のアメリカ。しかし代わりに、自らの心の内側に、新たな敵が芽生えつつあったのか？　次第にコントロールを失っていく超大国の不安は、過去のものではないとシュルマン、アンダーセンの2人は口を揃える。

「アメリカの歴史で1990年代はいつ終わったのか？　と問う時、それにはっきりと答えることは難しいと感じています。2001年9月11日に終わったと明言した時も以前ありましたが、今では本当に90年代は終わったのか確信が揺らいでいます。

経済の世界同時不況の影響の大きさや暮らしに浸透したスマートフォン、ソーシャルメディアなどが人々の生活にいかに深く結びついているか。その文化的、経済的、社会的な影響は9・11のエポックよりももっと長く切れ目のない波かもしれないのです」（シュルマン）

「90年代以降現在にいたるまでは『誰もが揃って見るもの』がどんどん少なくなってきた時代です。いわば文化は分断されたのです。100万人が好きなものと100万人が好きなものとに分断されたのです。全員に受け入れられるものは急速に減っていく一方です。皆が同じものを見て同じことを考える。今となっては懐かしい時代の話ですね。90年代とは私にとって文化的に本当に新しいことが起きた最後の時代でした」（アンダーセン）

ＩＴが経済を牽引した90年代、ネットが世界をつなぐ万能感に人々は夢を見た。グローバル化は世界をつなげ、イデオロギー対立の影は薄まり、より良くするだろう。だが、地球上を市場とデジタルの網の目が覆うかのような大量消費社会がもたらした豊かさによって、世界は本当に良くなったのだろうか。

90年代の人々の心を象徴するようなシーンが、20世紀最後の年に公開された映画『キャスト・アウェイ』[21]（２０００）にある。

荷物を少しでも早く届ける１秒を争う競争の中にいたシステムエンジニアを乗せた飛行機が、太平洋で墜落。無人島に辿り着いた彼が、帰還するまでの４年間の物語だ。

※21　**『キャスト・アウェイ』**（Cast Away）　２０００年　監督：ロバート・ゼメキス　出演：トム・ハンクス、ヘレン・ハント　▼運送業界で働くチャック・ノーランドは、出張のために乗った飛行機が何らかの原因で大破し、墜落。無人島へ流れ着く。目覚めた彼は途方に暮れるが、次第に生活力を身につけ、バレーボールの「ウィルソン」を話し相手に何とか暮らしていく。４年が経ったある日、チャックはいかだを作って島から脱出することを試みる。

無人島で必死に生き延びる彼は、一緒に島に流れついたバレーボールにウィルソンという名前をつけ、心の友とする。バレーボールにひたすら話かけることで心の平衡を保つ男の姿を見ているうちに観客たちは、複雑な感慨に囚われる。私たちと彼は、一体どこが違うのだろう？

『フォレスト・ガンプ』から4年。再びタッグを組んだトム・ハンクスとロバート・ゼメキスは、主人公の運命に90年代を総括するような問いを背負わせた。

日々の慌ただしい流れに身を任せているうちに、私たちは、何かを失ってしまったのではないか？　一人、空虚な自己満足の言葉を、誰かれ構わず、投げかけるようになってしまっていたのではないか。トム・ハンクスの姿に自分を重ね、アメリカという国が大事にしてきたものの喪失へと想いを馳せても、失った時は返ってはこない。

90年代アメリカは、綻びが出始めていた。

そんな時に冷戦が終息、歴史的な大きな物語に人々の目が奪われているうちに、国内で抱える不安、葛藤と向き合わずに済んでいたのかもしれない。それを覆い隠すかのようなＩＴブーム、グローバル化の急激な進展とその過程で喪失した、アメリカの美徳。

だが、新たな世紀を迎えてすぐ、大きな危機がアメリカを襲うことになる。

第3部

2000sから10s

「不信」から「分断」へ

イントロダクション

テロとの戦い

2000年代に入ったアメリカ、新たな世紀を迎えたお祭りムード、90年代から続いた好景気も相まっての「小春日和」のような空気が、ある日を境に一変する。「9・11同時多発テロ」。ニューヨークの世界貿易センターに、ハイジャックされた2機の飛行機が突入する衝撃的な映像が世界を駆け抜けた時から、隠されていた様々な想いが噴き出したかのような状況が生まれる。時の大統領、ジョージ・W・ブッシュは「戦争」と口にし、「テロとの戦い」に、国家的な意味を持たせた。

2001年10月、アメリカを中心とする多国籍軍がアフガニスタンに侵攻、2003年には、テロ組織アルカイダと関係していると断じて、サダム・フセイン政権のイラクとも戦争を始める。しかし、「自由と平和のための戦争」は空転、いたずらに長期化していく。当初の大義も多くの国民には、徐々に色あせて見えていく。

そして、2008年には「テロとの戦い」に疲れた人々に、庶民に住宅を提供する「夢のサブプライムローン」の破綻が追い打ちをかけた。リーマン・ショックだ。金融資産の運用が生活の支えとなっている多くのアメリカの市民にとって、株価の大幅な下落は生活を直撃する。1929年の世界恐慌とも比較されるような窮地の中、明けて2009年1月に、アメリカの建国以来歴史上初めて選出された黒人大統領として、バラク・オバマが就任した。人々が、変化を求めた結果だった。オバマは、難局の中、新たな政治を目指して奮闘する。それは、国への信頼が失われつつあった時代に、人々が託した選択だったが、相互「不信」が高まっていく時代にどこまで効力があったのか。その軋みから生まれた時代の気分もこの後検証していこう。

SNSが生み出す力

2010年代は、完全にアメリカ社会のインフラとなったIT、そしてSNSによる動きが加速化していく。アラブ世界でも、「アラブの春」(2010－12年)と呼ばれた動きがチュニジア、エジプトなどで連鎖した。前例のない大規模な反政府デモにはSNSを介しての動員が大きな力を果たしたが、2011年年末の「オキュパイ・ウォールストリート(ウォール街を占拠せよ)」も、その広がりはネット上のSNS、ユーチューブなどを介して拡散することでムーブメントが生まれた。行き過ぎた金融資本主義の象徴として、「弱肉強食」のウォール街的なあり方が糾弾され、1%の富裕層と99%の「私たち」という構図の「分断」が主張されたのだ。そのメッセージもまた、巨大な利益を独占するGAFAと称されるビッグテック企業のプラットフォームで広がっていったことは皮肉な事態だった。

このＳＮＳ社会の生み出す力という意味では、後にオバマに代わり２０１７年に大統領に就任することになるドナルド・トランプも、その大きな波に支えられていたことは間違いないだろう。「ポスト真実」時代の「フェイクニュース」という言葉が行き交う時代の幕開けだ。

こうしたデジタル革命による産業構造の変化の中で、オバマ政権はある程度リーマン・ショックからの回復を実現したものの、格差の是正には失敗する。目玉政策だった国民皆保険を目指すオバマケアも施行の過程でトラブルを招くなど、今一つ成果をあげられなかった。中産階級の崩壊、２０００年代から指摘され始めた、将来に展望が見えない人々の自暴自棄からのアルコール摂取による死など、いわゆる「絶望死」が工業地帯を中心に広がっていく。

オバマへの期待が大きかった分、その反動が出たというところが、率直な国民感情だろうか。トランプ大統領誕生の背景にあった力学は、戦後アメリカの大衆社会の辿った軌跡、社会の空気の小さな変化の積み重ねの果てにある。

進む分断

21世紀の大きな潮流をキーワードで総括するなら、やはり「グローバル化」だ。既に、80年代レーガン時代、アメリカの繁栄を再び取り戻すべく導入された「新自由主義」は90

年代、冷戦終結、独り世界の覇者となったかのような勢いを得て、世界へと広がっていったわけで、その潮流は一貫している。だが2000年以降のグローバル化には、単なる利潤を求める経済活動以上の大きな変化がある。ITがSNSを生み、デジタル経済の論理が世界を繋ぎ、社会のあり方を根底から変えてしまった観がある。「グローバル」経済、社会、文化は言うに及ばず、トランプが証明したように政治の領域までインターネットがインフラとなり、大衆の思いを動かすSNSが大きな影響力を持つようになったわけで、デジタルテクノロジー主導によるグローバル化は、まさに大衆の「欲望の系譜」のひとまずの到達点のような状況を示していると言っても過言ではないだろう。

そして同時にもう一つ、この間の多文化主義の潮流のうねり、逆流も大事なポイントだ。60年代からの黒人の市民権獲得運動以来、多様な人種、移民、先住民、女性、性的少数者への偏見、差別の撤廃へと、多少の揺り戻しはありながらも進んで来たと言えるアメリカ社会だったが、オバマというアフリカ系アメリカ人の大統領の誕生を一つのピークとして、その後、混乱の中にあるようだ。人種間の対立も再び燃え上がり、白人優越主義も戻って来たかのような空気もある。

グローバル化と、行きつ戻りつする多文化主義と、こうして2層の変化の同時進行が、一国全体には負荷が大きすぎたのか？　マグマの断層がねじれるように、分断が進む。「不信」から「分断」へ。技術は常にニュートラルなツールに過ぎないとは言われるものの、デジタルテクノロジーの浸透は社会を大きく変え、サブカルチャーのあり方まで変えた。社会の変化、それ以後の、欲望の形については、最終章で考察するとしよう。

第6章 不信の2000s

1 報復――『ブラックホーク・ダウン』

新たなミレニアムの幕開け

西暦2000年。20世紀最後の年であり、21世紀へのカウントダウンとなる新たなミレニアムの幕開けだ。西暦を下2桁で管理しているコンピュータが「00」となって1900年と2000年の区別がつかなくなり、世界中のコンピュータが誤作動するのではないかと囁かれていた「2000年（Y2K）問題」も杞憂に終わり、新時代の到来に人々は心を躍らせていた。

2月には、漫画『ピーナッツ』の作者チャールズ・M・シュルツが亡くなり、スヌーピーやウッドストックなどのキャラクターで半世紀にわたって愛された連載が終了する。人々は一つの時代の終わりを感じていた。

この年、人類は新たな試みを始める。地球周回軌道上に浮かぶ国際宇宙ステーション（ISS）での長期滞在だ。2000年10月31日に宇宙船ソユーズ[1]がISSにドッキングし、アメリカ人宇宙飛行士1名、ロシア人宇宙飛行士2名が約半年にわたる滞在を開始した。かつて火花を散らした米ソの宇宙開発競争の時代からは想像もつかない光景が、そこにあった。

2000年の年末には、中国からアメリカにおよそ30年ぶりにパンダがやって来た。まだ米中対立という言葉が影も形もない時代、世間を賑わすニュースにはどこかのどかさが漂っていた。

そして、21世紀。年が明けた2001年1月には、民主党のビル・クリントンに代わって、共和党のジョージ・W・ブッシュが第43代大統領に就任する。90年代に湾岸戦争に踏み切ったジョージ・H・W・ブッシュ大統領の息子だ。

選挙戦は拮抗し、最終的には連邦最高裁の判決の末、クリントン政権で副大統領だった

※1　**ソユーズ宇宙船**　ソ連・ロシアの有人宇宙船の名称。1960年代から現在に至るまで使用されており、最新はソユーズMS宇宙船。

アル・ゴアを破って就任したブッシュ大統領。新たなリーダーを迎えた国民の選択は、のちの時代の空気に、大きなうねりをもたらすこととなる。

2001年9月11日

2001年9月11日。すがすがしい秋の朝を迎えていたニューヨークで、目を疑うような光景が突如として人々の前に広がった。

午前8時46分、アメリカン航空11便がマンハッタンの中心地にそびえ立つワールドトレードセンターのノースタワーに突入。さらに午前9時3分、今度はユナイテッド航空175便がサウスタワーに衝突し、アメリカの金融街を代表する高さ400メートルのツインタワーはほどなく崩れ落ち、瓦礫と化した。

アメリカ同時多発テロの発生。

ニューヨークは阿鼻叫喚《あびきょうかん》に包まれた。この世のものとは思えない光景の中、ある人は泣き叫び、ある人はただ呆然とするしかなかった。ビルの中にいた人や救助に向かった消防士や警察を含め、最終的に2700名を超える死者が出た。世界中が、ニュースから流れるその映像を信じられない思いで眺めた。

20世紀の終わりまでに唯一無二の超大国となったこの国のこんな姿を、誰が想像し得ただろうか？　人々は、言い知れぬ恐怖と悲しみに飲み込まれていった。

テロ事件を受けて、ブッシュ大統領は国民に向けて次のように強く訴えた。

「本日、私たちの仲間、生活様式、まさに自由が、凄惨なテロ行為に晒されました。私たちは、テロリストと、テロリストを匿《かくま》う者を区別しません。アメリカと同盟国は、世界の平和と安全を欲する人々と手をつなぎ、テロリストに対する戦争に勝利するために共に立ち向かいます」

大統領は、テロとの戦いを「戦争」と表現した。それまでの常識では、戦争は国家と国家が行なうものであり、そこには曲がりなりにも国際法の枷《かせ》があった。だが、テロリストは国ではない。終わりの見えぬ21世紀の新たな戦争が幕を開けた瞬間だった。大統領がこの言葉を持ち出した時、側近ですら背筋が寒くなったという。

断固としてテロと戦う強い姿勢を見せたブッシュ大統領だが、実はこの会見は事件発生から12時間も経ってから行なわれたものだった。事件直後、訪問先にいた大統領は側近の判断で専用機エアフォースワンに乗り込み、目的地を定めず限界の高度まで上昇、以後一日中空の上にいたのだ。真珠湾以来とも評されたアメリカ国土への攻撃に、政府も混乱を極め、まさに「地に足が着いていなかった」のかもしれない。

だが、アメリカの人々は大統領の戦う姿勢を熱烈に歓迎した。テロ以前に40％を切っていた支持率は、皮肉なことに急上昇し、空前の90％に達した。国民は「ＵＳＡ！　ＵＳＡ！」と叫び、「アメリカの自由と平和を守れ」という言葉は合言葉となり、こだました。

世論を追い風に、ブッシュ政権は翌月、テロの首謀者が潜伏中と見られるアフガニスタンを空爆する。その首謀者とは、イスラム過激派組織アルカイダを率いるウサマ・ビン・ラディンだった。やられたら、やり返せ。人々はアメリカの意地と誇りを戦争へと振り向けていく。こうして、のどかだった2000年代の始まりはみるみるうちにその姿を変えていった。

新たな敵を発見したアメリカ
――ジョセフ・ヒースの証言

2000年代――21世紀の最初の10年間は、アメリカ人にとってどのような時代だったのでしょうか？　この時代に最も重要な出来事が、2001年9月に起きた同時多発テロであることは間違いありません。そして、アメリカはこの事件に「過剰反応」をし、それがその後の10年間の全てを決定づけることとなりました。アフガニスタンへの侵攻やイラクの占領は、アメリカの政治の中心であり続けました。

思い出すべきはそれ以前、すなわち冷戦時代において、アメリカという国は共産主義との戦いによって定義されていたということです。アメリカ人の意識の中で、共産主義との戦いがどれほど大きなものであったかは想像に難くありません。

例えば、高速道路の建設や科学への資金提供など、アメリカで行なわれた大規模な公共事業は全て、ソ連との競争や共産主義との戦いによって正当化されてきました。それらの多くは、実際には共産主義との戦いにはあまり関係がありませんでしたが、集団的なプロジェクトにおいてアメリカ人を団結させる手段となりました。

１９８９年にベルリンの壁が崩壊し、91年にソ連が崩壊したことで冷戦は終わりました。アメリカはそれからの約10年間、明確な目的意識を持てずに荒野をさまよっていました。「私たちは何をすればいいのか？」という感覚が社会に存在していたのです。

９・11が発生し、テロとの戦いが宣言された時、多くのアメリカ人はようやく共産主義にとって代わる新たな敵を発見したのです。

当時から、「国ではなく、テロやイデオロギーに対して宣戦布告するのは良くない考えだ」という声は多くありました。それは、テロという戦術やイデオロギーそのものを「打ち負かす」ことはできないからです。それをしようとすれば、永遠に戦争が続くことになってしまいます。しかし、対テロ戦争は確実にアメリカ人の心を捉えました。そして国家もまたアメリカ社会を団結させるための方法としてそれを使ったのだと言えるでしょう。

世界の多くの国は、アメリカはテロを戦争行為として扱うのではなく、犯罪として対処すべきだと主張しました。例えばイギリスは長年ＩＲＡ（アイルランド共和軍）のテロに対処してきました。80年代にはロンドンの繁華街での爆破テロ事件などが起きています。だからといって、イギリスはそれへの対応を「戦争」とは言っていません。私の母国カナダもベトナムの時と同様、イラク侵攻への不参加を表明しました。

国際社会は、アルカイダを戦争の相手だと名指しすることで、むしろその地位を高めることになってしまうと危惧しましたが、アメリカはそのような声に耳を傾けませんでした。なぜなら、アメリカはどこかで新たな敵、脅威となる敵を持ちたいと考えていたからです。国民共通の敵を持つことは政権にとって社会的結束力を高める良い方法だからです。

というのも、アメリカという国においては個人の自由や個性が非常に重んじられる半面、人々をまとめ一致団結させるということが非常に難しいのです。

このことは、COVID－19への対応を見てもよく分かります。アメリカではマスクをしたり、外出自粛をしたりというような自由を制限されることに異常なほどの反発を見せます。

ドナルド・トランプは莫大な資金を投入して、異例のスピードでワクチン開発にこぎつけました。それでも多くの人が、ワクチンを打つということに抵抗を示しました。これは他の国から見たら不思議なことだと思います。

しかし、どんな国や社会であっても、集団的なプロジェクトに人々を動員するような力がなければ、時の政権は大きな成果を上げることができません。アメリカの政権は、常にその方法を見つけるのに苦労してきました。その中で「外敵」は、人々に結束力をもたらす非常に良い方法です。だからこそ、アメリカは必死になって外敵を探してきたのだと言えます。

「怒りの感情」で団結した時代
――アリソン・ウィルモアの証言

2000年代は、楽観的なムードで始まりました。Y2Kへの懸念もありましたが、結果的には大したことではありませんでした。少なくとも最初の1年は、新しいミレニアムが始まるという感覚と、明るい未来が約束されたような期待感があったと思います。

ですが、9月11日の同時多発テロは、その後の10年の国民的ムードを決定づけることになります。この出来事はアメリカ人の精神的トラウマになったのと同時に、国民の連帯感を促進し、どうにかして悲しみを乗り越えようと国は強く団結しました。

そして、その感情は戦争に向けられることになります。イラク戦争、アフガニスタン戦争、その後のテロとの戦いなど、アメリカは立て続けに戦争を行ないました。その中には倫理的に非常に大きな問題のある戦いも少なくありませんでした。

イラク戦争は、多くのアメリカ人にとって9・11の復讐としての戦いでした。しかし、歴史が証明しているように、その2つの出来事には明確な関連性の証拠は見つかりませんでした。それでも、アメリカ人はその怒りをどこかにぶつけずにはいられなかったのです。

2001年からの10年間はアメリカという国が「怒りの感情」によって形成された時代でした。怒りに我を忘れた人の行動は理性的ではありません。同様に、この時代のアメリカの行動も矛盾したうんざりするような出来事の連続でした。

戦争讃美か、それとも反対か

やるか、やられるか……そんな空気がアメリカ社会を覆い、人々の間でにわかに戦争の機運が高まっていた矢先、ある映像派の奇才の新作が公開され、物議をかもした。

それが、リドリー・スコット監督の『ブラックホーク・ダウン』[2]（２００１）だ。リドリー・スコットはＳＦ映画の名作『ブレードランナー』で知られる。

描かれたのは、１９９３年のソマリア。

アフリカ大陸の東に位置し、「アフリカの角」とも呼ばれるソマリアでは、かねてより民族間の争いがあった。60年代に社会主義政権として実権を握ったバーレ大統領の勢力に対して、反政府勢力である統一ソマリ会議（ＵＳＣ）が80年代後半に台頭。各勢力の争いにより内戦が激化していた。アメリカ軍は内戦に介入したものの状況は悪化し、ソマリアの人々の間に反米感情が高まっていた。特殊部隊を投入した作戦において、民兵の激しい抵抗を受け、軍用ヘリ「ブラックホーク」２機と多くの兵を失ってしまう。映画はこの「モガディシュの戦い」の実話を描いたものだ。

墜落したヘリに取り残されたアメリカ兵に、ソマリアの民兵が襲いかかる。襲いかかってくる様がアメリカ兵の視点で映し出される。

観る者は思わずアメリカ兵たちに同情し、押し寄せるソマリアの民兵に対して怖れや、憎しみの感情が呼び起こされてしまうだろう。

何とか民兵から逃れた兵士たちだが、戦場にはまだ遺体や捕虜が残されている。再び出撃に備える兵士の一人が映画の終盤で次のように言う。

「クソ……故郷に帰るとみんなが俺に聞く。『フート　なぜ戦うんだ？』『どうし

ソマリアの内戦に干渉するアメリカ。特殊部隊を投入するもソマリア民兵の激しい抵抗を受けた「モガディシュの戦い」の実話を映画化／『ブラックホーク・ダウン』

て？』『戦争中毒なのか？』と。俺は何も答えない。連中には分からないからさ。なぜ俺たちが戦うか。俺たちは仲間のために戦うんだ」

「仲間のために戦う」……それだけだ。この言葉は「仲間」を失った多くのアメリカ人の心に響いた。ただ、同時多発テロとは無関係の内容にもかかわらず、公開当初から愛国心を過剰に煽るプロパガンダ映画だという批判も上がっていた。その批判に対して監督のリドリー・スコットは次のように反論した。

「（原作は）一流のジャーナリストによる正確な描写だ。私がしたのは事実に固執することだ

※２　『**ブラックホーク・ダウン**』（Black Hawk Down）　２００１年　監督：リドリー・スコット　出演：ジョシュ・ハートネット、ユアン・マクレガー　▼ソマリア内戦においてアメリカ軍は特殊部隊を投入し、アイディード将軍派の側近を捕える単独作戦を実行する。だが、民兵の激しい抵抗を受け、軍用ヘリ「ブラックホーク」２機と多くの兵を失い、作戦は失敗に終わる。この「モガディシュの戦い」の実話を描いた作品。

け。その結果、反戦かつ戦争支持の映画となった」（「Black Hawk Down premiere」ITN［Independent Television News］２００２年1月17日）

あくまで中立な視点だと主張する監督。一方、プロデューサーのジェリー・ブラッカイマーは少し違う考えを持っていた。プロデューサーは、自分がこの映画に込めた思いを、赤裸々に語った。

「身近な人、愛する人、そういう人たちが戦地へ行った。勇気を持って戦うことの意味、危険と分かっていても戦うことの必要性を、アメリカ国民は学んだ。映画をみて泣いた女性は多かったです」（「キネマ旬報」２００２年4月上旬号）

実は、このブラッカイマーはハリウッドきっての共和党支持者として知られ、〝ワシントンのスポークスマン〟ともささやかれる人物だ。『トップガン』『アルマゲドン』といったアクション大作を数多く手がけ、軍や政府機関から多大な協力を得てきた過去を持つ。

ハリウッドの映画産業をめぐっては、リベラルと保守がそれぞれの主張をＰＲすべく熾烈な攻防を繰り広げていた。『反逆の神話』を書いたジョセフ・ヒースによれば、リベラルがハリウッドを乗っ取った結果、アメリカの文化産業は伝統的にリベラルに寄っていったという。

しかし、近年その状況に変化が見られるようになった。保守派はリベラルにハリウッドを取られたことを後悔し、積極的に文化へと打って出ようとしている。ドナルド・トランプのアドバイザーの一人であるスティーブン・バノンは、保守派はワシントンだけでなく、むしろハリウッドを支配すべきだったと指摘しているという。

カウンターカルチャーとリベラル
――ジョセフ・ヒースの証言

私（と共著者であるアンドルー・ポター）が著書『反逆の神話』の中で主張した中心的なことの一つは、１９６０年代に若者やヒッピーなどの間でカウンターカルチャー運動が展開された結果、社会構造の基礎は実は文化であるという考えが生まれたということです。

マルクスが分析したように、政治や法律などの上部構造は経済という下部構造によって規定されていると考えられていましたが、それらは「粉飾決算」のようなものでした。全ての基盤、基礎となるものは文化だったのです。政治を改革していく上で最も重要なのは、カルチュラル・ポリティクス、すなわち文化を変革することなのです。

私たちは、事実上リベラルは多くの点で政治を放棄し、代わりに文化政治や文化戦争を行なうことを選んだと批判しました。のちに保守派が言うように「保守派はワシントンを、リベラルはハリウッドを支配した」わけです。

しかし、私たちはリベラルにとってこの戦略は間違っていたと考えます。文化をコントロールするよりも、国家をコントロールすること、政治的な力を持つことのほうが重要なのです。

興味深いのは、この10年間、アメリカの右派の多くの人々が、まったく逆の主張をしていることです。ドナルド・トランプのアドバイザーの一人であるスティーブン・バノンは、保守派はまさに間違った選択をしたと言っています。ワシントンを支配するのではなく、むしろハリウッドを支配すべきだったのだと。

私たちが主張してきたこととは、ある意味で正反対のことを言っているのです。

ハリウッドやアメリカの文化産業が、伝統的にかなりリベラルであったことは間違いありません。今世紀に入ってから、１９６０年代以降にベビーブーマー世代が中核を担うことで、その傾向と存在感はますます強くなっています。

無自覚にプロパガンダを垂れ流すアメリカ

ジョセフ・ヒースは言う。こうしたハリウッドの発信力は、時にプロパガンダとなって世界中に影響を及ぼす、と。ヒースの言葉を次に挙げる。

「世界中の人々をいらだたせるのは、アメリカ人が、自分がプロパガンダを作っていると気づかずに見事なプロパガンダを作り出せるということです。自覚的に行なっているわけではないんです。

例えば、中国政府のプロパガンダはいつもプロパガンダであることが明白で、そのための専門機関を持っています。一方アメリカは、無自覚にアメリカ的な生活様式のプロパガンダを発信し続けているのです」

無自覚で純粋な思いが、時にプロパガンダとなる。それもまたアメリカという国の皮肉な特徴であるかもしれない。

24時間に起こる出来事をリアルタイムで同時多元的に見せる斬新な演出で世界的なヒットとなったテレビドラマ『24』[3]も、テロとの戦いを予言するかのような内容で話題となった。ちなみに、この大ヒットドラマも9・11前から制作が開始されていた。

映画やドラマが大衆の欲望を飲み込むのか？

それとも、大衆が映画に飲み込まれたのか？

アメリカのサブカルチャーの光と影は、インターネットでの配信（ビデオ・オン・デマンド）が当たり前となった現在、ますます色を濃くしつつある。


アメリカを代表する映画評論家の一人、ジョナサン・ローゼンバウムは自身が体験した2000年代の空気について、次のように述べる。

「私は戸数が9つしかないアパートに住んでいますが、そのうちのある住人が建物の正面に大きなアメリカ国旗を掲げました。『9月11日を忘れない』と書かれていたので、私は

※3 『24 -TWENTY FOUR-』（24）　2001～04年／Season 1　放送局：Fox　出演：キーファー・サザーランド、エリシャ・カスバート　▼大統領予備選挙当日、初の黒人大統領への期待が高まるパーマー議員が24時間以内に暗殺されるとの情報がCTU（テロ対策ユニット）に入る。捜査官ジャック・バウアーは、内通者の捜索を命じられる。1話1時間、24話で24時間をリアルタイムで描く斬新な手法で人気を博したドラマシリーズ。

『アメリカ国旗を掲げると外国人の犠牲者を忘れることになる』と言いました。彼は一言も私と議論することなく立ち去りました。『これはアメリカの悲劇だ。冒瀆するな』と言わんばかりでした」

日々、高まってゆく愛国心。それがブッシュ政権の背中を押し、イラク戦争が幕を開けることとなる。しかし、人々が愛国という名の高揚感に包まれていたのは、ほんのいっときのことだった。

『ブラックホーク・ダウン』でプロパガンダ論争に巻き込まれたリドリー・スコットは、9・11の7カ月前に公開されたもう一つの大作の監督を務めている。90年代に大ヒットしたサイコスリラー『羊たちの沈黙』の続編『ハンニバル』[4]（2001）だ。

アンソニー・ホプキンスが、奇妙な悪魔的な魅力を持つ天才猟奇的殺人鬼ハンニバル・レクターを演じる。FBI捜査官クラリス・スターリングはその引力に引き込まれていく。

実は、この映画にはある人物が登場していた。その人物の名は、ウサマ・ビン・ラディン。FBIに指名手配されたハンニバル・レクターと並び、同じく指名手配者としてビン・ラディンの顔はスクリーンいっぱいに映し出されていた。彼は、名優アンソニー・ホプキンスとはからずも「共演」していたわけだ。

テロの首謀者であるビン・ラディンを倒すため、報復をするためなら攻撃は厭わない。多くのアメリカ国民は、彼が逃げ込んだアフガニスタンへの空爆に賛成した。かの国では内戦が続いていたにもかかわらず、だ。

さらに、２００３年にはイラクのサダム・フセイン政権が大量破壊兵器を保有しており、アルカイダと関係しているとしてイラク戦争を開始した。武力で制圧するも占領政策はうまくいかず、大義名分であった大量破壊兵器の証拠も見つからなかった。

国際社会では次第に反発の声が上がり始める。

フランスのドビルパン外相は「イラクの安定を取り戻すのは長く非常に困難なものとなるはずです。軍事介入によってイラクは多大な損害を被ったのです」と述べ、軍事攻撃への反対を表明した。複数の国がそれに追随した。

その対立は、なぜかアメリカのファストフード界に新メニューを生むことになる。いわゆるフライドポテトは、アメリカでは「フレンチフライ」と呼ばれる。戦争に協力しないフランスへの反感から、フレンチはやめて「フリーダムフライ」と呼ぼう。そんな動きが出て、アメリカ議会のカフェテリアのメニューからも、「フレンチフライ」の姿が消えた。

「自由と平和のための戦争」。当初は、多くの人がその言葉を信じていた。

だが、イラクにあるとされた大量破壊兵器は一向に見つからなかった。人々の心に、あ

※４　**『ハンニバル』**（Hannibal）　２００１年　監督：リドリー・スコット　出演：アンソニー・ホプキンス、ジュリアン・ムーア、ゲイリー・オールドマン　▼『羊たちの沈黙』の続編。前作の「バッファロー・ビル事件」に乗じて脱獄したハンニバル・レクターはアメリカを脱出、いまはイタリアのフィレンツェにいる。その正体に気づいた現地の刑事パッツィは、賞金狙いで非公式に彼を捕えようとする。

る問いがちらつき始めたのはこの頃かもしれない。
「私たちは一体、何のために戦っているのだろうか？」

2　疑心――『ボーン・アイデンティティー』

人々の迷いを象徴するヒーロー

猜疑心は、一度生まれると、とめどなく広がるものだ。２０００年代、そんな人々の心の迷いを象徴するような新たなヒーローが現れる。それが、『ボーン・アイデンティティー』[5]（２００２）に始まる一連のボーンシリーズだ。

マット・デイモン演じるＣＩＡ工作員ジェイソン・ボーンは、極秘任務の途中で記憶をなくしてしまう。気を失って海中を漂っていたところをスペインの漁船に引き上げられた彼の背中には撃たれた跡があり、尻にはスイスの貸金庫の番号が記載されたカプセルが埋め込まれていた。貸金庫を開けると、そこには複数の偽名が記載されたパスポートと銃、莫大な現金があった。

自分がなぜここにいるのか、そもそも自分が何者だったのかも分からない。彼は自らがいたＣＩＡに追われる身となり、その逃避行の中で自分の過去を探ろうともがく。

「僕は誰だ？」と問うボーンに、かつての上司は答える。「米国政府が３０００万ドルかけて育て上げた人間兵器だ」と。国家は多額の資金をかけて「人間殺人兵器」を育てる計画を実行し、ボーンはその「兵器」の一人だったのだ。そして、国家は用済みの兵器は平気で消そうとする。描かれたのは、権力の闇に孤独に立ち向かう個人の姿だ。

この映画が映し出す時代の空気について、アリソン・ウィルモアはこう述べる。

裏切られ、利用されたヒーローへの共感
――アリソン・ウィルモアの証言

ジェイソン・ボーンは、スパイ映画の代表作である『００７』シリーズの主人公であるジェームズ・ボンドと対になるような存在です。名前の響きも似ていますよね。ジェームズ・ボンドは非常にきらびやかで洗練されたキャラクターであると同時に、彼なりに非常に愛国心の強い人物でもあります。一方のジェイソン・ボーンは常に逃亡しています。絶望を象徴する人物であり、彼を追いかけているのは彼が所属していた政府機関なのです。

※5　『**ボーン・アイデンティティー**』（The Bourne Identity）　２００2年　監督：ダグ・リーマン　出演：マット・デイモン、フランカ・ポテンテ　▼ある時、スペインの漁船の乗組員がマルセイユ沖で海に漂う男を発見する。彼は背中に撃たれた跡があり、自分が何者であるかの記憶を失っていた。彼――ジェイソン・ボーンは、自らの来歴に関する手がかりを辿ろうとするが、何者かに命を狙われていることに気づく。

また、彼は暴力行為を行なう人物ですが、その暴力行為にはほとんどの場合、後悔や痛みが伴っています。特に1作目では、彼がやりたくもないのに、暴力や人殺しを強いられていることが強調されています。

彼がこのような失くした記憶を辿る旅に出るきっかけとなったのは、組織の命令に背いて、暗殺に応じるのを拒否したことでした。

ボーンのシリーズ全体が、彼がかつて忠誠を誓ったけれども実際には信頼することができない政府に対する不信感によって形成されていると思います。

ボーンを追跡するＣＩＡの工作員たちは、政府が公式には容認していない人間兵器のプログラムを遂行しようとしています。ボーンによってそれらが公になることがあれば、自分たちの身が危ない。だから、彼を始末しようとしているのですが、そのことは逆にこの時代の雰囲気を表わす描写となっています。

アメリカという国は、国民が知らないうちに、あるいは理解しないうちにいつのまにか海外で暴力を振るっていた。そして最終的な目標がどこなのか、誰も分かっていなかった。そのことに対する国民の戸惑いと幻滅です。

このシリーズ、特にポール・グリーングラスが監督した2作目と3作目では、手持ちカメラによる動きの多い映像表現が用いられています。激しくブレる映像を見た観客の中には車酔いのような感覚を覚える人が出る可能性もあるでしょう。この演出は、ボーンというキャラクターの内面的な感情を反映しているかのようです。組織の秩序や道徳など信じていたものが引きはがされ、確実なものはないというような。

その意味で、ジェイソン・ボーンはこの時代を映し出すアクション・ヒーローでした。彼は自分が信頼していた組織に裏切られ、利用されたと感じています。まさに兵器として、道具として扱われただけだった、と。

おそらく、当時の国民もまた自分たちの悲しみや熱狂が戦争に利用されたのではないかと感じ、国家に対する反発を覚え始めていた。それがボーンに共感した理由かもしれません。

アメリカという国への不信感のようなものは、映画においてしばしば見られたものです。その多くはベトナム戦争に遡《さかのぼ》ることができ、ランボーが退役軍人として蔑《ないがし》ろにされていたことなどが思い出されます。

間違いだと分かった時、どう行動すべきか

何が正義で、何が悪なのか混沌として分からない。そんな感覚を映像によって表現した新感覚スパイ映画がボーンシリーズだった。

見やすく整理された映像ではなく、素早いカット割りと目まぐるしく揺れるドキュメンタリー風の演出。観客の「視界の限界」に迫る映像は、混沌に生きる人々の感覚に訴えた。必死に目を凝らさないと、情報のカオスに溺れてしまいそうな時代の到来を実感させたのだ。

シリーズ2作目の『ボーン・スプレマシー』[6]が公開された2004年、CIA主導の調

査団はイラクに大量破壊兵器は確認できなかったと結論づける。戦争の大義名分は霧のように消えてしまい、ただ犠牲と傷跡と混乱だけが残った。そして、混沌の中から重い問いが浮かびあがる。正しいと信じていたことが間違いだと気づいた時、どうすべきか？

ボーンは失われた記憶の断片を必死につなぎ合わせ、ロシアのあるホテルにたどり着く。彼は、かつて自分がこの場所で大物政治家とその妻を殺害したことを思い出す。『ボーン・スプレマシー』のラストにおいて、彼は政治家の娘のもとを訪ね、謝罪する。

「君の両親は悪くない。俺が殺した。俺が……。任務だった。初めてだった。すまない」

謝ったところで人の命は戻ってこない。どうにもならないことはボーン自身も分かっているだろう。それでも、自らが何者であるのかを示す来歴を奪われた苦しみを知る彼は、同じように両親を奪ってしまった娘に対して、何かをせずにいられなかったのかもしれない。

3作目となる『ボーン・アルティメイタム』[7]では、ＣＩＡの一部が暴走し、さらなる「作戦」を遂行しようとしていることがマスコミに漏れてしまう。ＣＩＡはボーンがその情報源であると勘違いして、再び彼の命を狙う。だが、ＣＩＡの指揮官パメラ・ランディはボーンが情報源ではないことを突き止める。隠れた真実があることを知ったパメラは、ボーンの来歴に関係する情報を彼に知らせる。自分が危害を加えた者に謝罪する暗殺者。組織の闇を知った責任者の選択。これらの登場人物たちの行動に、アメリカの人々は何を感じたのだろうか。

傷つけられた同胞の仇《かたき》を取るため、アメリカを守るために起こした行動は果たして「正義」だったのか。アメリカという国は今何をするべきか。国民の良心は揺れていた。

※6『**ボーン・スプレマシー**』（The Bourne Supremacy）　２００４年　監督：ポール・グリーングラス　出演：マット・デイモン、ジョアン・アレン　▼「ジェイソン・ボーン」シリーズの第2作。恋人のマリーとインドで過ごしていたジェイソンの命を何者かが狙う。マリーを殺されたジェイソンは、仇をとるためナポリに向かうが、そこで拘束されてしまう。ベルリンで起きたＣＩＡ諜報員殺害の現場に、ジェイソンの指紋が残されていたのだった。

※7『**ボーン・アルティメイタム**』（The Bourne Ultimatum）　２００７年　監督：ポール・グリーングラス　出演：マット・デイモン、ジョアン・アレン、デヴィッド・ストラザーン　▼シリーズ3作目。ロシアでＣＩＡの追手から逃れたジェイソン・ボーンは、自身についての記事を書いたイギリスの「ガーディアン」紙の記者サイモン・ロスにコンタクトを取る。ロスは「殺人兵器」としてのボーンを作り上げたトレッドストーン作戦に続く「ブラックブライアー作戦」の存在を伝えるが、その矢先にノア・ヴォーゼン率いるＣＩＡに射殺されてしまう。

3 崩壊――『ミリオンダラー・ベイビー』

バラバラになったアメリカの家庭

2000年代は、デジタル技術の大衆化が進んだ時代でもあった。コンピュータは小型化、高速化し、あらゆるものに搭載されるようになる。

ホンダの人型ロボット「アシモ」。人間のように二足歩行する姿は話題となった。他にも、体重をかけて傾けるだけで走り出す電動立ち乗り二輪車「セグウェイ」や、ロボット掃除機「ルンバ」など、ひと昔前ならSFの世界でしか見られなかった光景が日常となり、「自動化の夢」を人々は無邪気に楽しむようになる。

もちろん、それらの技術はまず産業界で利用された。自動車工場ではロボットが自動で組み立て作業をするようになった。ネット書店から始まりあらゆる商品を扱うようになったアマゾンの倉庫では、商品のピックアップが機械で自動的に行なわれ、人間はそれを拾い上げるだけになった。「人の手が掛からない」ということは、すなわち労働者がいらなくなることでもある。ハイテクと自動化は恩恵だけでなく、多くの労働者にとって、これまでにない技能や過酷な競争を強いられる状況が生まれる。

テクノロジーは利便性をもたらす一方で、生き残りを賭けた熾烈な戦いも生んだのだ。

貧困家庭出身のマギー（ヒラリー・スワンク）はダン（クリント・イーストウッド）のボクシングジムに入門。ついに100万ドルの賞金がかかったタイトル戦の権利を手に入れるが……／『ミリオンダラー・ベイビー』

その結果、今日につながる格差社会の拡大の端緒がこの時代に見られるようになった。ＩＴ企業を起こして成功し巨額の富を得る者が現れる一方で、地方の産業は廃れ、そこで働くブルーカラーの人々は新たな仕事を探さざるを得なくなる。

高い給与など望むべくもなく、広い国土を仕事を求めてさまよう労働者たち。いつしか家庭はバラバラになり、孤立を深めていく。

そうした貧困家庭の出身の女性を主人公に、ボクシングで一攫千金を狙う姿を描いたのがクリント・イーストウッド監督の『ミリオンダラー・ベイビー』[8]（２００４）だ。

※8　『ミリオンダラー・ベイビー』（Million Dollar Baby）　２００４年　監督：クリント・イーストウッド　出演：クリント・イーストウッド、ヒラリー・スワンク、モーガン・フリーマン　▼小さなボクシングジムを経営するフランキー・ダンのもとを、マギーという女性が入門したいと訪れる。マギーはボクサーとしての才能を発揮、ついに１００万ドルの賞金がかかったタイトル戦の権利を手に入れる。だが、試合中の敵の反則行為により、マギーは脊椎を損傷し、全身不随となってしまう。

小さなボクシングジムを経営するフランキー・ダンは優秀な指導者だが、ボクサーの安全を守ろうとするあまり、タイトル獲得の機会を逃したと感じる教え子たちは皆離れていってしまう。そんなフランキーのもとを、マギーという女性が入門したいと訪れる。マギーはボクサーとしての才能を発揮し、ついに100万ドルの賞金がかかったタイトル戦の権利を手に入れる。だが、相手の反則行為により彼女は脊椎を損傷し、全身不随となってしまう。マギーは絶望し、苦しみを終わらせてほしい、自らを殺してほしいとフランキーに請う。それを頼めるのは、いつしか父と娘のような関係となった彼だけだった。

安楽死を題材にしたと見られがちだが、一方でスクリーンに映し出されるのは、貧困の果てに分断された家族の姿だ。ボクシングを始めたことで自分の価値を示そうとするマギーに対して、母と妹の家族は冷たい視線を送る。早く男を見つけて結婚でもしろ、と母は言い放つ。

だが、マギーが寝たきりとなりファイトマネーが入ったと知るや、彼女らはマギーの病室を訪れる。見舞いに来たのではない。お金を奪い取りにやってきたのだ。母と娘は体の動かないマギーの口にペンを加えさせ、なかば無理やりに財産分与のサインをさせる。

娘は家族に愛を求めたが、家族は娘に金を求めた。冷え切った家族関係は、この頃、そして今のアメリカでも決して珍しいことではないと、ジョナサン・ローゼンバウムは言う。

じつは誰もが孤立している
――ジョナサン・ローゼンバウムの証言

私がこの映画で感動したのは、人はそれぞれ自分なりの道徳観を作れるのだということ、そして人は成長して自分なりの家族を作れるのだということです。つまり、自分が生まれる家族は選べませんが、どんな家族を作るのかは決めることができるという考え方です。

貧困に追い詰められた女性がボクシングというスポーツに出会って努力する中で、トレーナーとなった老人と心を通わせ、親子のような関係を築きます。事故で体が動かなくなった彼女は絶望し安楽死することを、その「父」に頼む。

そこに見られるパラドックスは非常に複雑で心をかき乱すと同時に、感動的でもあります。

この作品で映し出される家庭は、今も続くアメリカの生活様式です。根無し草のようにあちこち移り住む生き方です。長い歴史を持つ文化に見られるような安定性を欠いており、日本に見られるような歴史感覚や帰属意識のようなものがアメリカにはないのです。

偉大な美術評論家ハロルド・ローゼンバーグがアメリカという国について言ったとおり、「誰もが交じり合おうとしているけれども、じつは誰もが孤立している」のではないでしょうか。『ミリオンダラー・ベイビー』はそうした考え方をよく表わしていると思います。「自分の運命は自分で切り開かなければならない。たとえ死が待っていようと」というように。その悲劇的な状況を感動的に描いているのです。

クリント・イーストウッドは一般的に保守派の監督だと見なされます。ただ、彼は単純に保守を擁護するのではなく、そこには常に批判的な視点が込められていて、そこが彼の映画の面白さにつながっていると思います。

例えば、イーストウッドは2006年に公開した『父親たちの星条旗』[9]と『硫黄島からの手紙』[10]において、第二次世界大戦を扱いました。この2つの映画には、彼なりの解釈で日本側の視点を取り入れる試みをしています。これは、この時期に中東地域でアメリカが行なっていた戦争に対する、一種の抗議表明だったのでしょう。

絶望死の時代

この時代、社会から取り残された人々は決して少なくなかった。

2000年代以降、白人ブルーカラーの労働者たち、特に中年の死亡率が急増したことをデータは物語っている。アルコールの過剰摂取、麻薬中毒、そして自殺などが死因の多くを占め、将来への希望を失った死。2015年にノーベル経済学賞を受賞したアンガス・ディートン博士はそれを「絶望死(Death of Dispair)」と名づけた。低学歴の労働者階級ほど寿命が短いという衝撃的な事実があるという。

かつて隆盛を誇ったアメリカの鉄鋼・石炭・自動車工業。そして、それを支えた中西部の工業地帯は、産業構造の変化と共に衰退した。ドナルド・トランプの支持層の多くがいたということで話題となった「ラストベルト」という言葉の通り、まさに錆びついた地帯となっていた。アメリカの産業の中心を担っていた人々の誇りは急速に失われ、中産階級と呼ばれた人々の生活は崩壊していった。社会の底辺へと滑り落ちてゆく恐怖に、精神的にも蝕まれていったのだ。

すさんだ空気が広がる中、追い打ちをかけるようにさらなる不運が彼らを見舞う。２００５年8月末、アメリカ南東部を襲った大型ハリケーン・カトリーナ。低地に住む低所得者層が街に取り残され、死者数千人とも１８００人超ともいわれる被災を出した。救援活動の初動の遅れは、ブッシュ政権が災害対策予算をカットしていたためだとの批判の声が上がった。

誰も、助けてはくれない。見捨てられたような不安を多くの人が感じる中、そうした人々の問いに答えるような作品がこの頃、公開されている。それが『コラテラル』[11]（２００4）だ。

仕立てのいいスーツを身に纏ったトム・クルーズ演じる殺し屋ヴィンセントと、たまた

※9　**『父親たちの星条旗』**（Flags of Our Fathers）　２００6年　監督：クリント・イーストウッド　出演：ライアン・フィリップ、ジェシー・ブラッドフォード、アダム・ビーチ　▼１９４5年2月、アメリカ軍は激戦と呼ばれた硫黄島の戦いに勝利し、摺鉢山の山頂に星条旗を立てた。その生き残りである3人の兵士はヒーローとなったが、本人たちは固く口を閉ざしていた。その一人であるドク・ブラッドリーが倒れたのを機に、息子ジェームズは父の戦友を訪ねる。

※10　**『硫黄島からの手紙』**（Letters from Iwo Jima）　２００6年　監督：クリント・イーストウッド　出演：渡辺謙、二宮和也、伊原剛志　▼１９４４年6月、新たに師団長に任じられた栗林忠道中将が硫黄島にやってくる。彼は地下に坑道を掘り、最後の一兵となるまでゲリラ戦で抵抗することを指示する。そこへ圧倒的な軍事力を誇るアメリカ軍が上陸し、日本軍は劣勢になっていく。

ま彼を乗せてしまったジェイミー・フォックス演じるうだつの上がらないタクシードライバーのマックス。彼は無理やり、殺しの片棒を担がされるはめになる。何度も逃げようとするが、ヴィンセントの仕事に巻き込まれていくマックス。気が気ではない善良なドライバーに殺し屋はとりとめもなく話しかける。

「ロスの地下鉄で男が死に、そのまま6時間死人だと気づかれなかった。何人もが隣に座って気づかなかったんだ」

物語の終盤で、ヴィンセントの最後の標的が、以前タクシーに乗せ好意を持った女性検事アニーであることをマックスは知る。彼はアニーを助けようとヴィンセントに立ち向かう。虐げられた弱い者が、いつまでも弱いとは限らない。強さを誇る者にも、ある日突然、そこから転落する時がやってくる。

ヴィンセントを倒し、アニーを救ったマックス。地下鉄の座席に座ったまま息絶えたヴィンセントに、乗客たちはいつ気づくだろうか。誰も自

「地下鉄で男が死に、そのまま6時間死人だと気づかれなかった」——殺し屋のヴィンセント(トム・クルーズ)の最期は時代の不安感を表わした／『コラテラル』

分の死に気づいてくれない。そのことは他人事《ひとごと》ではない。この時代のアメリカには、どこか常に危うい崩壊への雰囲気が漂っていた。

4　中和――『ブロークバック・マウンテン』

同性婚をめぐる対立

２０００年代のアメリカでは、同性婚をめぐる社会の分裂も噴き出し始めていた。性別に縛られない愛の形が社会的に受け入れられるようになり、２００４年にマサチューセッツ州がアメリカ史上初めて同性婚を法的に認め、いくつもの州がそのあとを追った。

しかし、この時代の流れに保守派の人々は猛反発した。キリスト教右派勢力や保守層は、同性婚によって、伝統的な結婚観や家族観が崩壊しかねないことに危機感を募らせたのだ。彼らは集会などで同性婚への反対を盛んにアピールした。

折しも、２００４年は大統領選の年だった。ブッシュ大統領は同性婚に反対することで保守層の支持を集め、再選を果たす。

※11 『**コラテラル**』(Collateral)　２００４年　監督：マイケル・マン　出演：トム・クルーズ、ジェイミー・フォックス　▼タクシー運転手のマックスは、ある夜ヴィンセントという男を乗せることになる。実は彼は殺し屋だった。彼の標的である検事のアニーを助けようとマックスはヴィンセントに立ち向かう。

アメリカを揺るがした論争は、伝統的な異性同士の結婚を守るという保守派の勝利で決着したかに見えた。だが、実際にはその後も同性婚を認める社会の潮流は強まっていった。その理由をジョセフ・ヒースは次のように語る。

「保守派は『同性婚』をめぐる論争に思いがけず負けてしまったのです。政治的には自分たちの思い通りにできるパワーを手にしていましたが、文化的には支持を失ってしまったのです。それは『ブロークバック・マウンテン』[12]（2005）のようなリベラルな映画が一つのきっかけでした」

『ブロークバック・マウンテン』は、台湾出身の監督アン・リーの作品だ。

1960年代、ワイオミング州ブロークバック・マウンテンの牧場で、季節労働者として働くイニスとジャックは出会う。次第に心を許した2人は、いつしか愛し合うようになる。だが、時代と土地柄はそうした関係を許さない。イニスは少年時代に見た、同性愛者がリンチで殺された事件が忘れられないのだ。

本心を隠したまま互いに妻子を持った2人は、20年にわたって付かず離れずの関係を続け、誰にも言えない愛を紡いでいく。だが、ある時イニスがジャックへ出した手紙は「受取人死亡」で差し戻されてくる。2人の愛はそうして終わりを迎えたのだった。

ヒースによれば、この映画は重要な意味を持っていた。

政治的に重要な映画『ブロークバック・マウンテン』——ジョセフ・ヒースの証言

まず、『ブロークバック・マウンテン』がなぜ政治的に重要な映画なのか、ということから始めましょう。

この映画が公開された当時、アメリカの同性婚に関する議論は保守派の反対意見が優勢になると考えられていました。その理由は、アメリカの国民がいまだに非常に宗教的だからです。１９９０年代まで、80〜90％のアメリカ人が同性愛は罪であり、不道徳であると考えていたのです。

しかし、私たちが知っているように、その後多くの人が同性愛に対して寛容な態度を取るようになり、法律的にも同性婚が認められるようになりました。そこには、『ブロークバック・マウンテン』をはじめとする映画の力があります。ハリウッドを乗っ取ったリベラルが、巨大な権力を手にしたのです。

この映画は、力強く感動的であり、ヒットして多くの観客が見ました。実際に多くの異

※12　『ブロークバック・マウンテン』(Brokeback Mountain)　２００5年　監督：アン・リー　出演：ヒース・レジャー、ジェイク・ジレンホール　▼１９６0年代、ワイオミング州ブロークバック・マウンテンの牧場で、季節労働者として働くイニスとジャック。いつしか愛し合うようになった2人だが、思いを残したまま別れる。その後、共に女性と結婚したが、再び定期的に会うようになる。それから20年間、付かず離れずの関係を続けていた2人だったが……。

性愛者（若者だけでなく年配者も）が、同性愛を許容しようと寛容な態度を取るきっかけとなりました。

実は、『ブロークバック・マウンテン』はゲイのコミュニティではそれほど人気がありませんでした。監督のアン・リーが異性愛者であり、この映画の表現においては多くの面で異性愛者の感性が反映されていると感じます。ただ、だからこそ平均的なアメリカ郊外の人々にアピールする力を持っていたのだとも言えます。

2人は恋に落ちるが、時代と土地柄はその関係を認めなかった／『ブロークバック・マウンテン』

映画では、同性愛に対する社会の不寛容が2人の男の人生をいかに破壊したかが描かれます。2人は出会い恋に落ちますが、その素晴らしい愛は社会から受け入れられません。時代遅れの社会的な慣習が2人の人生だけでなく、妻子など彼らに関係する人たちの人生を台無しにしてしまいます。

それならば、古い社会通念を変えるべきだ——そう主張する映画でした。その主張は、異性愛者のアメリカ人の心にも強く響くものでした。それはリベラルな価値観のプロパガンダと言っても過言ではありません。

アン・リーが台湾人であるというのも面白いとこ

ろです。彼は台湾時代に『恋人たちの食卓』（１９９４）という映画を撮っていて、それは儒教の美徳である「孝」という価値観に対する批判でもありました。台湾では、（姉妹の中で）一番最後まで嫁に行き遅れた娘は結婚せずに、独身のままで親の面倒を見なければならないという、実に特殊な慣習があり、彼は映画の中でそれを批判的に取り上げました。時代遅れの社会的慣習が人々の人生に大きな影響を及ぼしているという点で、２つの映画は共通しています。

ハリウッドがアン・リーのような外国人監督を招き入れ、「アメリカ映画」の制作へと取り込む能力は、意図しているかどうかを問わず、アメリカ文化の持つパワーの一部であると思うのです。

また、あの映画が保守派を動揺させたのには、美学的な側面があります。

アン・リーはカウボーイを主人公に選びました。カウボーイは、伝統的にアメリカの「男らしさ」のシンボルです。その一方で、彼は西部の荒野を社会的慣習からの解放として描いてもいるのです。主人公の２人は、社会の中では同性愛に対する不寛容という抑圧を受けます。そこから逃れられるのは、ブロークバック・マウンテンの自然しかありません。だから彼らは一緒にキャンプや釣りに出かけるのです。ワイオミングというアメリカの大自然を、山脈や美しく開けた土地や景色などによって、社会的な慣習や抑圧からの解放、つまりリベラルな価値観と一致するように再解釈しているのです。

そのことは保守派の人たちを憤慨させました。なぜなら、ワイオミング州の風景、牧場、カウボーイなどは、保守派が伝統的に自分たちのものだと感じていたものだからです。その象徴を、彼はリベラルな主張として完全に変容させてしまった。だからこそ、この映画は破壊的なまでのインパクトを与えたのです。

アメリカの保守派は、同性婚の議論に勝てると思っていたのに、結局はその議論に負けました。そして、保守派の解釈では、彼らが論破されたのは、水面下で文化が変化したからでした。保守派が近年になって文化戦争を激化させている理由の一つは、リベラル派にハリウッドを支配させたのは間違いだったと考え始めているからなのです。

映画を通して同性婚の論争に勝利したリベラル

西部開拓時代、荒野を切り開いたカウボーイはアメリカ人にとって野性的で、勇敢な男性の象徴だ。だからこそ、西部劇はあれだけアメリカ人の心を摑んだのだ。『ブロークバック・マウンテン』の舞台となった西部の山岳地帯は、そんな彼らの心のふるさとも言うべき場所でもある。

つまり本来なら、最も保守的な異性愛者の男たちが暮らす世界を、監督のアン・リーはあえてこの映画の背景に選んだ。

そして、まったく異なる愛の形をそこに持ち込み、保守的な価値観を持つ人々がそのギャップに耐えられるかを試すかのような作品に仕立ててみせた。

まるで水と油を中和させるかのような、舞台装置の演出について、アン・リー監督は次のように語っている。

「他者に対して寛容であること、あるいは自分の未知の領域に関してもオープンでいられるか否か。そして内なる〝恥〟の部分とどう向き合うか。

この映画で動揺してしまうのは別に悪いことだとは思わないけど、でもイニスとジャックの情熱を受けとめられる正直さと勇気は持ってほしい」（「キネマ旬報」2006年3月下旬号）

保守派からの強い反発も予想されたが、蓋を開けてみれば上映禁止になったのはユタ州の映画館、たった1館のみだった。

作り手たち――すなわちリベラルの作戦がひとまず成功したということだろうか？

正しさは、保守派の偏見を突き崩し、彼らを黙らせたのだろうか。

対立はひとまず妥協を見た。だが、アメリカの寛容をめぐる議論はここから複雑さを増していくことになる。

5　自省――『ジャーヘッド』

戦闘シーンのない戦争映画

悲しみと怒りから冷めやらぬアメリカ。数々の戦争を始めたものの、なかなか敵へはたどり着かない。気づけば、戦争、家族、愛の形をめぐって自らの歩みを見つめ直さねばならなくなっていた。

そうした中で、観る者に内省を迫る異色の戦争映画が生まれた。湾岸戦争の体験記をもとにした映画『ジャーヘッド』[13]（2005）。監督は『アメリカン・ビューティー』などで知られるサム・メンデスだ。

1990年のイラクのクウェート侵攻によって始まった湾岸戦争。アンソニー・スオフォードは厳しい海兵隊の訓練を受け、無事入隊。サウジアラビアに派遣されることになる。

実戦で腕を発揮できると血気盛んに乗り込んだアンソニーら海兵隊員を待っていたのは、退屈な日々だった。政府の外交交渉のもと、攻撃命令が下りないのだ。

戦争映画ならではの人間性を損なうほどの過酷な戦いや陰惨な犠牲が描かれているのかと思いきや、戦闘シーンはほとんど出てこない。

隊員は灼熱の砂漠で訓練を繰り返し、糞尿を処理したり、捕まえたサソリを戦わせたり、アメリカに残してきた彼女の浮気に気をもんだりする毎日を過ごしている。

有り余る士気を持て余しながら殺し合う瞬間をひたすら待つ、ある意味で戦闘以上に異様な体験。退屈さに耐えられなくなる戦場が、そこにはあった。

湾岸戦争のため派遣されたアンソニー（ジェイク・ジレンホール）ら海兵隊員を待っていたのは、灼熱の砂漠で、訓練や糞尿処理をする退屈な日々だった／『ジャーヘッド』

そして、いざ始まれば爆撃機の攻撃により戦争は一瞬にして終わってしまう。兵士たちはイラクが燃やした油田を処理し、死体を発見するだけで、せっかく得た狙撃の機会も戦闘機の爆撃にとって代わられる。そして、第一次湾岸戦争はあっけなく終幕を迎えた。

戦闘に参加できなかったトラウマを描く　――ジョセフ・ヒースの証言

『ジャーヘッド』は、湾岸戦争が舞台であることを明記しなければなりません。湾岸戦争は、今ではほとんど忘れ去られています。なぜなら、イラク戦争（第二次湾岸戦争）[14]が、あれほど長期にわたる占領となり、アメリカ人の多くの命が失われる結果となったのに対して、湾岸戦争は非常に短い期間で終わった限定的な戦争だったからです。ですから、『ジャーヘッド』を理解するためには、湾岸戦争がどのようなものであったかを思い起こす必要があります。

もう一つ重要な点は、この映画が回顧録をベースにしていることでしょう。つまり、戦

※13　**『ジャーヘッド』**（Jarhead）　２００５年　監督：サム・メンデス　出演：ジェイク・ジレンホール、ピーター・サースガード、ジェイミー・フォックス　▼アンソニー・スオフォードは厳しい海兵隊の訓練を受け入隊。湾岸戦争のためサウジアラビアに派遣されることになる。使命感に燃えるアンソニー。だが、実戦で腕を発揮できると血気盛んに乗り込んだアンソニーら海兵隊員を待っていたのは退屈な日々だった。

※14　**イラク戦争（第二次湾岸戦争）**　２００３年3月、アメリカのジョージ・W・ブッシュ大統領は、イラクが大量破壊兵器を所持しているとして、フセイン政権打倒のための戦争を開始、5月に終結した。12月にフセイン大統領を拘束。しかし、その後の調査で大量破壊兵器保有の証拠は見つからなかった。

争に参加した兵士の視点を映し出しているということです。湾岸戦争の際、アメリカ政府が最も重視したのはベトナムの失敗を絶対に繰り返さないということでした。ベトナム戦争は単に敗北に終わったというだけでなく、アメリカ人にとって災厄であり、軍に対する評価が失墜した出来事でした。一番の問題は、明確な目標を定めないまま戦争に突入してしまったことでした。だからこそ、いつ終わりにするかを定めることができず、アメリカの若者たちを無尽蔵に戦地に送り込むことになりました。

この「ベトナムを繰り返してはならない」という思いが、湾岸戦争の進め方に強い影響を与えました。この戦争はベトナム戦争後、アメリカにとって初めての大規模な軍事行動であり、そこではベトナム・シンドロームを一掃することが目的の一つですらありました。だからこそ、湾岸戦争においては、地上軍の投入は最低限に抑えられ、極めて短期間で終わりました。

この映画で描かれているのは、基本的に、砂漠に送られた兵士たちが何カ月も座りっぱなしだった、すなわち無為に時を過ごしていたということです。戦闘らしい戦闘もせず、国に帰ることになりました。

これが若い世代の兵士とベトナム世代の帰還兵との大きな違いです。

映画の中で、海兵隊員たちが『地獄の黙示録』を見て士気を上げようとする場面があります。あるいは妻から届いた『ディア・ハンター』を見ようとします（実際には別のものが映っていたが）。彼らは明らかにベトナムの体験と自分たちの体験を結び付けようとしていますが、興味深いのはどちらも反戦映画だということです。

『ディア・ハンター』は、戦地から戻った若者たちが社会に復帰することの難しさを描いた映画でした。一般的には、それは過酷な戦闘体験が理由だったと思われています。一方、『ジャーヘッド』の若者たちは戦闘に参加せずにアメリカに帰ってきます。しかし、彼らもまた大きな失望を抱え「僕らはいまもまだあの砂漠にいる」と感じているのです。

つまり、戦争体験を際立たせるものは、激しい戦闘という行為だけではなかったということです。敵を撃つためにつらい訓練を経て砂漠でずっと待っていたのに、結局そのチャンスは訪れませんでした。それでも、それは一人の若者を変えてしまうのに十分な経験だったのです。

これまでの人生から引き離され、軍隊という組織の中でのつらい経験を経て固い絆が生まれる。そのような強い人間関係を築く機会は、人生の中でそうあるものではありません。その結果、軍隊生活以外の人生が不毛なものに見えてしまう。そうした強烈な体験であることが、この映画にはよく表現されています。

また、いくら自由や正義のためといった崇高な理由を付けたとしても、兵士たちの動機の中心には「誰かを殺す」という体験への純粋な欲求が強くあるということも、本作は示しました。

多くの戦争映画は、人を殺すことのトラウマに焦点を当てます。しかし、この映画はむしろ、戦争で誰も殺せなかったことへの後悔という皮肉を描きました。人を殺す機会を与えられなかったというトラウマに焦点を当てた戦争映画は、非常に珍しいと思います。そこには軍隊がどのようなものであるかということに対する現場の正直な視点があります。アンチクライマックスとしての戦争体験を描いた。そこに『ジャーヘッド』の特殊性とリアリティがあるのです。

しかし、そのような状況はイラク戦争（第二次湾岸戦争）では失われていきます。この戦争で、アメリカはあれほど恐れていたベトナム戦争と同じことをしてしまいました。イラクの占領は長期化し、多くの兵隊の命が失われていきました。

ベトナム戦争を題材とした映画の多くには、分かりやすく反戦の意図が込められていました。それに対して、イラク戦争後に作られた映画はもっと複雑で、単純に反戦を叫ぶものばかりではありませんでした。

その理由はいろいろあるでしょうが、一つ言えるのは、アメリカという国には軍隊での経験を持つ若者が非常に多くいるということです。彼らの一部は過酷な戦闘を経験しますが、また他の一部は『ジャーヘッド』の海兵隊員たちのように、戦闘らしい戦闘をしないまま帰国します。

オンラインのシューティングゲームをしていると、時折、軍隊経験のあるプレーヤーに遭遇します。本当に銃を撃っていた人間が、ゲームでも銃を撃ちたくなる。そのことに私はいつも驚かされます。

アメリカの軍隊は他国に比べて平均年齢が非常に若いと言います。私の母国カナダの兵士たちは、戦地でアメリカ人部隊に出会うのが少し恐ろしいと思うそうです。アメリカ軍の部隊は20代の若者たちばかりで、規律に乏しいように感じるからです。

戦地から帰ったそうした若者たちに向けて、アメリカ文化は発達してきました。それがアメリカ文化の特色の一つと言えます。

退屈で虚しい戦争

「今までにない戦争映画を撮る」と意気込んだ監督による作品は、戦争の新たなリアリティを切り取った。敵を殺してやるというカラ元気と怖れがないまぜになった虚しい感情に若者たちはとらわれた。

サム・メンデスは次のように述べている。

「〝戦争映画を観に行く〟となると、やっぱりみんな期待するよね、戦闘シーンのスリルを。でもこれは〝戦闘映画〟ではなく〝戦争についての映画〟で、戦闘を捏造することはできない。（笑）残念ながら戦闘シーンで映画をこれ以上面白くすることはできないんだよ。

（中略）

ただ、僕にとって最高の戦争映画は、戦争の虚しさを語ったものなんだ。その点、あの第一次湾岸戦争ほど虚しい戦争はなかったと思うし」（「キネマ旬報」２００６年3月上旬号）

タイトルとなった「ジャーヘッド」とは魔法瓶のこと。海兵隊員の刈り上げ頭に形が似ていること、中身が空っぽであることから、海兵隊員は比喩的にこう呼ばれるそうだ。

満たされぬ思いを抱えたまま、じりじりと時だけが過ぎてゆく。遠い戦地で戦っている仲間を思うと不安と言えば不安。退屈と言えば退屈。

そんな空虚な思いも、戦況の悪化で吹き飛んでゆくことになる。

イギリス人監督たちが見たアメリカの戦争

2005年、第2期ブッシュ政権が始まった。1期目との大きな違いは、戦争に対して厳しい視線を向けるようになった世論の変化だ。

イラク戦争は長期化し、膨大な戦費が費やされ、ニュースでは若いアメリカ兵の死が日々報道されていた。

また前年にはアブグレイブ刑務所において、アメリカ兵によるイラク人捕虜の虐待が発覚した。人道的に許しがたいその行為はアメリカの威信を損ない、世論は反戦へと傾いていった。この頃行なわれたある調査では、「イラク開戦は誤りであった」と回答した人の数は、半数にのぼっている。そして2006年12月、イラクのフセイン大統領がついに処刑[15]された。だが、それによって何かが終わったわけではなかった。

戦争の始まりにあったものが何だったのか。それは、悪意だったのか、善意だったのか、もはや思い出せない。あるいは思い出したくない――当時のアメリカ国民の気持ちを代弁すればこうなるだろうか。反戦運動は高まり、議会へと乱入した人々もいた。反省すべきだという声、反省は必要ないという声が入り乱れ、アメリカの人々の心は振り子のように激しく揺れ動いた。

そんな声を遮るかのように、２００６年にはテロリストに立ち向かう勇敢な人々を描いた『ユナイテッド93』[16]が公開された。

同時多発テロでハイジャックされた４機のうち、１機だけが目標に到達せずに墜落した。それがユナイテッド航空93便だ。失敗に終わったのは、乗客たちがテロリストに抵抗したためだと考えられている。

ニューアーク空港発サンフランシスコ行きのユナイテッド航空93便には、アルカイダのテロリスト４人が乗り込んでいた。彼らは操縦士と客室乗務員を殺害して、２人が操縦室に入り込み、標的である国会議事堂へと向かう。自分たちが助かる見込みのないことを悟った乗客たちは、協力してハイジャック犯から操縦室を取り戻すべく行動に出る。描かれたのは、猛然と反撃に転じる乗客たちと追い詰められるテロリストの姿。テロは未遂に終

※15　**フセイン大統領処刑**　２００３年12月13日、イラク中部ダウルの地下穴に潜伏していたフセイン大統領が拘束された。２００６年11月に裁判で人道に対する罪を言い渡され、同年12月30日に絞首刑が執行された。

※16　**『ユナイテッド93』**（United 93）　２００６年　監督：ポール・グリーングラス　出演：Ｊ・Ｊ・ジョンソン、ゲイリー・コモック　▼２００１年９月11日８時42分、ニューアーク空港発サンフランシスコ行きのユナイテッド航空93便が飛び立つ。その飛行機には、アルカイダのテロリスト４人が乗り込んでいた。彼らはハイジャックを決行、標的である国会議事堂へと向かう。乗客たちは、協力してハイジャック犯から操縦室を取り戻すべく行動に出るのだった。

わったが、ハイジャック犯を含む乗員乗客44人は全員死亡した。

『ボーン・スプレマシー』を手掛けたのち、この映画のメガホンをとったポール・グリーングラス監督は、制作にあたって感じたことを次のように述べる。

「映画の中で鮮明にあの事件のことを思い出すのはつらいことだ。乗客の家族はこの映画をとても誇りに思ってくれ、初期の頃から支えてくれました。だから複雑な心境です」

（「2007 Annual Los Angeles Film Critics Association Awards（２００７年ロサンゼルス映画批評家協会賞でのインタビュー）」WireImage House　２００７年1月14日）


様々な映画監督たちがテロと戦争の意味に向き合い、自分なりの答えを映像で探した２０００年代。

『ジャーヘッド』のサム・メンデス、『ユナイテッド93』のポール・グリーングラス、『ブラックホーク・ダウン』のリドリー・スコット。彼らが3人ともイギリス出身であるという点も興味深い。外からやってきた他者の眼差しが描きだすアメリカに、人々は共感を覚えたのか。それとも違和感を覚えたのだろうか。

6　悪夢——『ノーカントリー』

アメリカン・ドリームの値段

「熱狂」と「内省」の時を経て、アメリカは、一時の小春日和を取り戻す。「安心」できる居場所を求める人々の中には、低所得者向けのサブプライムローンを利用し、マイホームを手に入れる者も多かった。ローンで買った住宅が値上がりすれば売却して、さらに大きな家に移る。多くの人々の夢に、アメリカの金融市場は開かれていたはずだった。

だが、事態は暗転する。

サブプライムローンはそもそも信用が低い人に向けたローン商品であり、当然回収のリスクは高い。だが、2000年代前半のアメリカ住宅価格の上昇を背景に、これらの債権が証券化されたものに実態以上の格付けが与えられていた。

そして、その証券は高度な金融技術とグローバルな金融ネットワークを通して世界中にばらまかれていたのだ。ひとたび住宅価格が下落に転じれば、全てが逆回転することになる。もはや、焦げ付いた債権がどこにあるのか分からない。金融界はパニックになった。

2008年9月15日。その日は突然やってきた。

その起源は1850年にまで遡る名門投資銀行リーマン・ブラザーズが破綻した。[17] サブプライムローンの焦げ付きに端を発した不安の連鎖は、アメリカ大手金融機関が次々に破綻する大事件へと発展。金融危機となって瞬く間に世界に波及した。

多くの人々が職を失った。内定が決まっていた会社が潰れ、大学を卒業したばかりで路頭に迷う若者も現れた。ウォール街の強者《つわもの》とされた者たちも、生き残りをかけた生存競争を余儀なくされた。

人々は失敗に懲りて、堅実な生活へと戻っただろうか。いや、一度見た夢を多くの人は忘れられない。投資、正確に言えば投機の対象は株や証券でなくても構わないのだ。

人々が夢を託す時代の次なる商品は何か？　この頃マーケットを賑わしていたのは、例えば、アルパカだ。アルパカウールの流行をきっかけに、手軽で儲かる投資だという噂が広まりアルパカオークションに人々が殺到した。

次々に新手の商品が開発されていく資本主義の欲望は止まらない。経営難に陥ったニューヨークの博物館は苦し紛れの奇策に出る。所蔵するニューヨークのパノラマ立体地図の所有権を、区画単位で売り出したのだ。価格は、アパート一つ50ドル、有名観光名所は1万ドルだった。

欲しい者がいれば、何でも売れる。売れると思われれば、何でも値が上がる。

アメリカの自由は、もはや、商品化の自由を意味するようになったのか？

もはやアメリカを理解できない。『ノーカントリー』が映し出す不気味さ

価値観の変化は決定的なものだった。だが、古い世代の人間にとっては、こうした価値

観はまるで別の国のものであるかのように映っただろう。

コーエン兄弟による『ノーカントリー』[18]（２００７）は、そんな理解できない価値観の不気味さを映し出したかのようだ。

80年代初頭のテキサス州、ベトナム帰還兵のモスは麻薬取引に絡む銃撃戦の現場に居合わせ、そこで偶然大金を手にする。ギャングたちはモスを捕まえ金を取り戻すため、殺し屋アントン・シガーを雇う。シガーは、コイントスの結果によってターゲットの生殺与奪を決めるというような独自の論理で、次々と人の命を奪っていく。手にする武器は拳銃ではなく、キャトルガンと呼ばれる家畜を気絶させるための銃で、ボンベからホースが伸びた巨大な物だ。シガーを演じた俳優ハビエル・バルデムの風貌も手伝って、その意味の分からなさはただただ不気味としか言いようがない。

事件を追うトミー・リー・ジョーンズ演じる保安官のベルは、この殺人者の論理をどうしても理解できない。運に見放された者はただ死にゆくべきという論理を。この新たな価

※17　**リーマン・ブラザーズ破綻（リーマン・ショック）**　低所得者向けの住宅ローン（サブプライムローン）の不良債権化により、投資銀行リーマン・ブラザーズは約６０００億ドルの負債を抱え破綻。それをきっかけに世界的な金融危機が発生した。

※18　**『ノーカントリー』**（No Country for Old Men）　２００７年　監督：コーエン兄弟（ジョエル・コーエン、イーサン・コーエン）　出演：トミー・リー・ジョーンズ、ハビエル・バルデム、ジョシュ・ブローリン　▼モスは麻薬取引に絡む銃撃戦の現場に居合わせ、そこで大金を発見、持ち去ってしまう。ギャングたちはモスを捕まえるため、殺し屋アントン・シガーを雇う。彼はコイントスによって生殺与奪を決めるような人物だ。事件を捜査する保安官のトムもまたモスの行方を探すが……。

値観の出現に、「もはやこの国の暴力は誰にも止められず、理解できないものとなった」と、保安官ベルは引退を決意する。ある意味、この冷酷無比なルールの前では経済力など関係なく、弱者も強者も平等だとも言えるのかもしれない。

物語の終盤で怪我を負ったシガーは、通りかかった少年に着ていたシャツをくれるよう頼む。少年は親切心でシャツを渡すが、彼は律儀にお金を払う。弱肉強食の関係も、カネを通して絶えず揺れ動く。人はその掟に準じるのみだとすれば、それははたして公平な世界なのだろうか？　殺し屋を怪演したハビエル・バルデムは監督のコーエン兄弟についてこう語る。

「彼らは常に、どんなことに対しても、滑稽な面を見ようとする。悲劇的なシーンであっても、それをただ悲しいと描くのではなく、人間が持っている滑稽な面も含めて悲劇を見ようとするんだ。（中略）この映画で描かれる暴力と恐怖も、善し悪しにかかわらず、人間の力を超えた運命と宿命として描かれていると思うよ」（映画.com　2008年3月7日）

原題『No Country for Old Men』を訳せば、「老

殺し屋のアントン・シガー（ハビエル・バルデム）はコイントスで相手の生き死にを決めていく／『ノーカントリー』

いた者たちのための国はない」となる。この国は、もはや安住の地ではない。昔ながらの伝統や弱い者を守ってくれる国は、既に失われどこにもないのだ。

時代を超えた「この国の暴力性」を描く
——アリソン・ウィルモアの証言

この映画は西部テキサスを舞台にしています。その風景は西部劇、つまりアメリカの歴史的な神話に欠かせないイメージを呼び起こします。

映画の内容は、犯罪と逃亡そして銃撃戦の連続です。失敗した麻薬取引がらみの大金を主人公が衝動的に盗み、麻薬カルテルがそれを追うために殺し屋アントン・シガーを雇いますが、シガーが暴走したため、カルテルもまた彼を追いかけます。そして、その事件自体を捜査する老いた保安官も登場します。

クライムスリラーのようにも見えますが、ハビエル・バルデム演じるシガーは超自然的な存在感を持つ人物であり、それによってこの映画はその時代だけを語っているというよりは、時代を超えた深みを持つものとなっています。

シガーの使う武器は、牛を気絶させるためのもので、いわゆる通常の殺し屋が持つものではありません。また、彼は標的を前にしてコインフリップを行ない、相手に表か裏かを選ばせます。彼は全てを運命に任せているところがあり、それが物語を不気味で神話的なものと感じさせるのだと思います。

物語は一つのクライマックスを迎えるのではなく、散逸的に終わります。

トミー・リー・ジョーンズ演じる老保安官は、かつてアメリカはこんな暴力的な国ではなかったと言い、引退を考えますが、そんな彼に対して叔父は言います。この国に暴力は昔からあった。すなわち、それが私たちの本質だと。

連続殺人犯に魅了されやすいアメリカ人の国民性
——ジョナサン・ローゼンバウムの証言

『ノーカントリー』の舞台は現在ではなく過去ですが、私はそう感じませんでした。この映画は連続殺人鬼の話であり、アブグレイブ刑務所などで行なわれていた拷問や屈辱的な行為に似た場面が出てくるからです。そのため、時代設定に関係なく、中東で行なわれていることに対する感情が呼び起こされました。

私は、アメリカは連続殺人犯に魅了されやすい国民性を持っていると感じています。その傾向が最も高まるのは、国が戦争をして他国を侵略している時です。

この映画に登場するアントン・シガー、そして『羊たちの沈黙』に登場するハンニバル・レクターについても言えることですが、殺人犯が偶像視されており、そこに私は懸念を覚えます。平気で人を殺すことがどこか滑稽な、あるいは天才的なものだという奇妙な置き換えが行なわれているかのようです。

そこに彼らの罪悪感は描かれません。むしろ血に飢え、罪のない人々であっても殺したいという願望に応えるかのようです。残念ながら、これはアメリカの文化の一部だと言えます。アメリカ映画には、現実に存在するよりも多くの連続殺人鬼が登場します。

この傾向は、アルフレッド・ヒッチコック監督の『サイコ』（１９６０）まで遡ることができるでしょう。主人公は殺される女性ジャネット・リーではなく、殺すアンソニー・パーキンスであることは明らかです。一方、オーストリア出身のフリッツ・ラング監督の『Ｍ』（１９３１）は異なります。この映画は連続少女殺人事件のストーリーですが、殺人犯は同情こそされ、共感はされません。『Ｍ』には成熟した道徳観があるのです。

このことをレビューで書いたら、たくさんの反発やヘイトメールが来ました。彼らは自分の好きな映画を傷つけられ、暴力性がアメリカ人の特質だとしたことに腹を立てたのでしょう。

しかし、映画は昔からこうしたアメリカ人の国民性に大きな影響を及ぼしてきたというのが私の見解です。『スター・ウォーズ』は無血の大虐殺という概念を育てた映画だと思っています。ビデオゲームのように敵を攻撃する。まさに遠隔で行なう現在の戦争のようです。こうした映画の数々は、アメリカ文化だけでなく、アメリカ人の思考回路にさえも影響を及ぼしたのではないでしょうか。

日本のサブカルチャーの影響と『クローバーフィールド／HAKAISHA』

戦争、金融危機、そして倫理の崩壊。次々と変化に見まわれるアメリカ社会。サブカルチャーの世界は、そんな状況も貪欲に取り込んでいく。

実は、サブカルチャーの世界で先端を行っていたのは他ならぬ日本だ。漫画やアニメ、フィギュア、コスプレなど日本発のサブカルチャーが、この頃アメリカ社会に広く浸透していった。「オタク」という言葉は、そのまま英語に移植され国際語となった。

日本のサブカルチャーの受容は、ハリウッドでも例外ではなかった。

金融危機が本格化した2008年に『クローバー・フィールド／HAKAISHA』[19]が公開された。日本への転勤が決まったロブの祝賀パーティーが開かれ、親友のハッドら大勢が集まっていた時、突然大きな音がして皆が外に出ると、ニューヨークの街が炎に包まれている。目の前には、自由の女神の「首」が吹き飛ばされて転がっている。

パニックとなった人々は逃げ惑うが、そこで目にしたのは得体の知れない怪物の姿だった。怪物本体からは無数のクモのような生物が吐き出され、人を襲ってくる。

映画は、ロブへのメッセージ動画の撮影を頼まれたハッドが一部始終をビデオに記録したものという、疑似ドキュメンタリーの体裁となっている。

日本人ならば、映画を観た瞬間にすぐに気づくだろう。これは『ゴジラ』だと。

そもそもゴジラは、1954年にビキニ環礁で行なわれたアメリカの水爆実験が着想のもとになっている。この実験では日本の漁船第五福竜丸が被爆した。

一方、『クローバーフィールド』の怪物が想起させるものは何か？　映画の中に明確な示唆はないものの、公開時期からみて多くのアメリカ人が9・11を思い出したのは間違いないだろう。

9・11のイメージをエンターテインメントに
――アリソン・ウィルモアの証言

『クローバーフィールド／HAKAISHA』は、明らかに怪獣映画の影響を受けています。ハリウッドは怪獣映画を直接的にリメイクしたり、直接的ではない形で借用したりしてきました。

この映画では巨大なモンスターがニューヨークを襲います。しかし、当初主人公たちは何が起こっているか分かりません。何かが明らかにおかしい。そこへ自由の女神の一部が瓦礫となって降ってきます。モンスターの影は見えるけれど、攻撃の様子や敵の狙いは分からないのです。人々は逃げ惑い、群衆はパニックになっています。

映画は、地上から見た、すなわち主人公たちの視線で撮影されています。キャストには当時有名だった人はほとんどおらず、普通のどこにでもいる20代の若者であることが大事でした。彼らが災害に見舞われている様子を自分で撮影した映像だという設定です。

これは、9・11の映像との比較をせずにはいられません。9・11の映像とはまったく異

※19　『**クローバーフィールド／HAKAISHA**』(Cloverfield)　2008年　監督：マット・リーヴス　出演：マイケル・スタール＝デヴィッド、マイク・ヴォーゲル、オデット・ユーストマン　▼日本への転勤が決まったロブの祝賀パーティーの最中、大きな音がして皆が外に出ると、ニューヨークの街が炎に包まれ、自由の女神の「首」が吹き飛ばされてきたのだった。パニックに包まれた彼らは橋を渡って逃げようとするが、そこで目にしたのは得体の知れない怪物の姿だった。

なりますが、それを目撃した時の一つのイメージなのです。『クローバーフィールド』は、私たちの記憶の中に刻み込まれた9・11のイメージをエンターテインメントとして利用した初めてのメジャーな作品だったと思います。

災害の映像は難しいものです。あまりにも現実的な感覚は生々しい傷のようなもので、触れてはいけないからです。実際、9・11直後の数年間はツインタワー崩壊の映像などはアメリカ人にとってそのようなものでした。

しかし、一方でそれらの映像は今の私たちにとって暮らしの一部であり、それをスクリーンに反映しないではいられないものでもあります。

だから、実際の災害の感覚を呼び起こすための間接的な方法が出てきました。『クローバーフィールド／HAKAISHA』はその最初の一つです。この映画が成功した理由の一つは、必ずしも現実の悲劇を直接描かなくても、それに似た共通の感覚を人々に引き起こすことができたという点にあると思います。

得体の知れない敵の姿を描くには

映画のプロデューサーを務めたJ・J・エイブラムスは、この作品の狙いについて次のように語っている。

「この映画の目的は得体の知れない何かが攻撃をしてくる様を、できるだけリアルに描くことだ。確かに、現代社会は大きな不安を抱え、人々は何か恐怖を感じながら暮らしている。映画というファンタジーを通じて、その恐怖を体感すれば、その恐怖はカタルシスになると思う」（映画ナビ　2008年4月）

実はこの映画の誕生のきっかけは、J・J・エイブラムスが東京のキャラクターショップでゴジラのぬいぐるみを発見したことだったという。日本では怪獣が文化として根付いていることに感銘を受け、アメリカでも国民的怪獣映画を作ろうと思い立ったと言われる。次々襲いかかる悪夢すらも「娯楽」に変換して楽しむこと。恐怖をカタルシスへと変えるエンターテインメントの力は大きいものだ。

アメリカに影響を与えた日本の怪獣が元々、原爆の放射能によって誕生したイマジネーションだったことを思えば、じつに皮肉な巡り合わせがそこにある。

7　新生――『ウォッチメン』

政治的なヒーローの姿

2008年12月14日、ブッシュ大統領はイラクを電撃訪問した。イラクのマーリキー首相と共に会見に臨むが、そこで思わぬ災難が降りかかる。

会見を取材していたイラク人記者の一人が「どうしてあんな戦争を起こしたんだ！」と

核の事故で超能力を持ったDr.マンハッタンは、ソ連への核の切り札とされていた／『ウォッチメン』

いう罵声と共に、大統領に向かって靴を投げつけたのだ。イスラム世界では、他人から靴を投げつけられるのは最大級の侮辱とされる。

2回にわたって投げられた靴をフットワークよくかわした大統領は、「サイズ10（28センチ）の靴だったよ」と余裕を見せたが、支持はむしろ記者に集まった。

靴のメーカーはトルコのバイダン社のものとされ、同社はすぐさま記者への支持を表明し、「バイバイ・ブッシュ」と商標登録した。その靴には37万足もの注文が殺到したという。

靴をよけるアメリカ大統領の姿は、世界中の人々の心を捉えたようで、各地でパロディイベントが開かれたり、ゲームソフトが制作されたりと盛り上がりを見せた。

あらゆる出来事が、カリカチュアとして消費されていった、2000年代末。深刻なアメリカの歴史を自虐と笑いで総括してみせる、アメリカンコミックの映画版が登場する。それが『ウォッチメン』[20]（2009）だ。

舞台は、70年代から80年代のアメリカ。もし、スーパーヒーローが社会に実在し、政府に雇われ、暗躍していたら……と仮定した物語だ。「ウォッチメン」はスーパーヒーローのグループ名。コメディアン、ロールシャッハ、シルク・スペクターII世、ナイトオウルII世、オジマンディアス、そしてDr.マンハッタンの６人からなる。

アメリカ政府は、かつてヒーローたちをベトナム戦争に送るなどして、その能力を政治的に利用していた。だが、今はヒーローの活動を禁止しており、彼らはそれぞれの生活を送っている。核の事故で超能力を持ったDr.マンハッタンだけは、対ソ連の切り札として引き続き政治にかかわっていた。

１９８５年、コメディアンが何者かに殺害される事件が起こり、ロールシャッハは事件の真相を調べ始める。一方、Dr.マンハッタンは政治に利用される地球での生活に疲れていた。恋人のシルク・スペクターII世を連れて火星にテレポーテーションするが、彼女の求めで再び地球に戻る。だが、それによって地球各地で「核爆発」が起こってしまうことになる。

※20　**『ウォッチメン』**（Watchmen）　２００９年　監督：ザック・スナイダー　出演：マリン・アッカーマン、ビリー・クラダップ、マシュー・グッド、パトリック・ウィルソン、ジャッキー・アール・ヘイリー、ジェフリー・ディーン・モーガン　▼かつてアメリカではスーパーヒーローのグループ「ウォッチメン」が活躍していたが、今は政府がヒーローの活動を禁止している。ただ一人、核の事故で超能力を持ったDr.マンハッタンだけは、対ソ連の切り札として政府に利用されている。ある時、ウォッチメンの一人コメディアンが何者かに殺害され、同僚のロールシャッハは事件を調べ始める。

権力は「力」を欲する。力を持つ者をどうコントロールするか。日頃は自由を求める人々もまた、危機に晒されると、危ういと知りながら強い権力者を求めてしまう。それは、歴史上繰り返されてきた悲劇であり喜劇だ。

実際、アメリカでは、9・11同時多発テロ直後の2001年10月に政府の権限を大幅に拡大させる、いわゆる「愛国者法[21]」を成立させた。強力な武力に対する大統領の権限が急速に強まったのが2000年代だった。

「権力者を監視するのは誰なのか」
——ジョセフ・ヒースの証言

『ウォッチメン』の原作は、1986年から87年にかけてDCコミックスから発売されました。ロナルド・レーガンが大統領だった頃のことで、この漫画はレーガン時代への応答として描かれています。

私は『ウォッチメン』を1980年代の政治の産物として見たいと思います。

作品は時代の産物です。例えば、スーパーマンは50年代のものであり、スパイダーマンは60年代後半のものです。それらと『ウォッチメン』は何が違うのか。それは、かつてのコミック作品は常に政治的に中立だったということです。スーパーマンを何らかの政治的立場を表わすものとして考える人はいないでしょう。

バットマンについても、私が幼い頃のテレビシリーズにおいては、軽いノリの作品として制作され、決して政治的なものではありませんでした。スーパーマンやかつてのバットマンなどのヒーローは単に敵と戦うだけであって、決して自警団として社会正義を守る人たちではありませんでした。それが70年代から80年代にかけて変化していきます。特に80年代になるとアメリカでは犯罪が社会問題化するようになりました。犯罪に関心を持つこと、犯罪者を叩きのめすことは、主に保守派の人々にとって政治的な関心事となったのです。それは自警団のようなものにつながるファシズム的な行為でした。

その背景には、犯罪の増加は警察が仕事をしていないからだという見方がありました。だからこそ、自分たちの手で正義を行使しなければいけないわけです。すると、バットマンもまた自警団的に正義を行使するヒーローであると再解釈されるようになりました。『ウォッチメン』はそれを利用しました。この作品が重要なのは、スーパーヒーローは決して政治的に中立ではないということです。彼らが力を持てば、それは政治的な力となり右翼的なパワーの源泉となるのです。

実は『ウォッチメン』シリーズでは、〝スーパーヒーロー〟の中で実際にスーパーパワーを持っているのは一人だけです。それがDr.マンハッタンです。

Dr.マンハッタンが最初にしたことは、米軍の一員としてベトナム戦争に参加し、その超能力でアメリカの勝利を決定づけることでした。これは、ヒーローは常にアメリカ政府のプロパガンダに利用されてきたということを示唆しています。

※21　**愛国者法**　２００１年9月の同時多発テロ事件を受けて２００１年10月に定められたテロ対策法の通称。出入国管理の厳格化や捜査機関の権限拡大などの内容を含む。

しかし、誰もそれを真剣に受けて止めてはいませんでした。『ウォッチメン』が提示したのは、「もしスーパーヒーローが自国の味方についたら?」という問いです。

スーパーマンのスローガンは「真実、正義、アメリカン・ウェイ」(注:現在は「真実、正義、より良い明日」となっている)でした。このスローガンを聞いても、誰もそれを政治的なものだとは思っていませんでした。

ですが、アメリカン・ウェイを守ろうとするスーパーマンが、ソ連との冷戦に直面したらどうするでしょうか。彼はアメリカ軍と一緒にソ連と戦うでしょう。

『ウォッチメン』という映画の中では、Dr.マンハッタンの存在によって米ソ冷戦は劇的にエスカレートしています。彼の存在により、映画の中ではウォーターゲート事件で失脚するはずのニクソンが続投しており、アメリカは右翼の独裁国家のようになっているのです。

このようにスーパーヒーローを政治的な存在として考えるのを定着させたのは『ウォッチメン』です(『X-men』にも少し出てきていますが)。それは革命的なものであり、その影響は、近年のバットマンシリーズの再解釈の仕方にもはっきりと表われています。

ところで、『ウォッチメン』のタイトルはプラトンにちなんだものだ、ということに言及しておきたいと思います。ウォッチメンというのは、ガーディアン(守護者)という言葉の別の訳し方なのです。

プラトンは『国家』において、理想的な都市は堕落することのない一流の守護者によって統治されると言いました。そこで問題とされたのは、国の支配者=守護者を誰が守り、誰が監視するのかということです。権力者を監視するのは誰なのか、ということは西洋の政治哲学における最も古い問いの一つです。

『ウォッチメン』は、政治化されたスーパーヒーローの姿を通して、現代にその問いを投げかけているのだと思います。

オバマとSNSという希望

強い信念とパワーは諸刃の剣だ。Dr.マンハッタンの能力が地球上に核爆発を引き起こしたように、悪と戦うアメリカのスーパーヒーローは、危うく自滅に追い込まれる。

2000年代、実際のアメリカは、その危機をどのように回避したのだろう？

現れたのは、アメリカ初の黒人大統領バラク・オバマ。「Yes We Can!」のフレーズと共に新しい時代の訪れを予感させた。

アメリカが再び夢を求め、挑戦と変化が始まる。

イラン核合意の実現やキューバとの国交回復、気候変動抑制に関する多国間協定の実現など、帝国主義的と批判された2000年代アメリカの方針は転換されていった。

だが、その一見大きな変化も、社会に巣食う本質的な問題の解決には到らなかった。むしろこの間、人々の身近で静かに進んでいたある変化のほうが大きかったのかもしれない。それがスマートフォンやSNSの急速な普及だ。フェイスブック（現メタ）やツイッターなど今や誰もが知る巨大SNS企業が、ゼロ年代後半に次々と誕生した。

オバマ大統領が選挙で勝利した要因も、SNSを利用した〝草の根戦略〟だと言われている。この頃の人々が求めていたのは、アメリカの力を誇示する強力なリーダーではなく、自分の声に耳を傾け調和を重視するリーダー像だったのかもしれない。

社会に居場所をなくし、自らの存在を認めてほしいと願う人々の声のつぶやきがネットに溢れ始め、つながる。SNSは理想的なテクノロジーのように思われた。

SNSは世界のフラット化を加速する。誰もが文章や歌などを発表し、テレビや雑誌などのオールドメディアを通さなくても多くの人に届けることができる。

そんな時代、アメリカン・ドリームの叶え方もまた変化する。オバマ大統領が選挙戦に勝利した2008年、広大なネットの海から一人の少年が発掘された。当時13歳だったジャスティン・ビーバーの母親は動画投稿サイトに息子の歌唱動画を投稿。偶然、動画を見たレコード会社役員はその歌唱力の高さに驚き、すぐに契約を持ちかけたのだった。

誰もが自らの声を発信できるツールはほどなくして、中東、北アフリカなどで民主主義革命の立役者となるほど社会や人々の生活を劇的に変えていった。

不信の時代

同時多発テロのショックで幕を開けた2000年代。アメリカという国は悲しみと怒りで一つにまとまった。だが、それは世界に対する不信を根付かせることにもなった。

最後に3人の識者それぞれの見解を聞こう。この時代はどのようなものだったのか。

「9・11の同時多発テロは、2000年代の国民的なムードを決定づけました。アメリカ人のトラウマになるような経験だったと思います。この出来事によって国が一時的に団結し連帯を感じ、悲しみを乗り越えようとしました。その感情が戦争へと向かわせました。それ以降は感情まかせの10年間です。怒りに支配されたアメリカ人も少なくありません。イラク戦争は9・11テロへの復讐だと思っていた人々もいました。2つの出来事の関連性をきちんと説明できないままにただ感情的に結び付けたのです。矛盾と幻滅の時代でした」（ウィルモア）

「個人の自由や個性を重んじるアメリカは、集団的なプロジェクトに人々を参加させることがとても困難な国です。世界の国々の中でもアメリカは異例の存在で……国民の多くがあらゆる階層で協力することが苦手です。

社会が偉大な成果を上げるためには、集団的なプロジェクトに人々を動員する能力が不可欠です。アメリカはその方法を見つけるのに苦労しているのです。

そのため外敵が重要な役割を果たします。アメリカが必死になって外敵を探すのは、他の多くの国のように社会的な結束力が国内に欠けているからです」（ヒース）

「（9・11は）悲惨で恐ろしい出来事でしたが、アメリカが世界の一部になるチャンスにも思えました。この種の悲劇は世界の他の場所では起きていましたが、アメリカではまだ起きていなかったので、これでようやくアメリカも世界の一部になったと受け入れざるを得なくなるはずでした。でもそうはいきませんでした。アメリカはますます孤立してしまったのです。『これは他の国では起きたことのない最悪の出来事だ』と世界を拒絶してしまった

のです」（ローゼンバウム）

2010年、人気ドラマ『24』もファイナルシーズンを迎えた。2001年の放送開始から10年にわたって、社会情勢をいち早く取り入れ続けてきた作品だ。

シーズン1では、なんと黒人大統領の誕生を予言。IT社会の到来に伴って主人公ジャック・バウアー以上に忙しそうになっていくクロエをはじめとする情報分析官たちの姿。2006年に北朝鮮が地下核実験を実施した翌年には、小型核爆弾テロ事件がアメリカを襲った（シーズン6）。2008年にヒラリー・クリントンが大統領選に出馬すると、翌年には女性大統領のキャラクターが登場した（シーズン7）。

テロとの戦い、家族の喪失の危機、政府への不信。ジャック・バウアーの10年は、まさにアメリカのゼロ年代の姿を映し出した鏡だった。

90年代に、古き良き時代の「美徳」を喪失したアメリカは、2000年代、むき出しの憎悪へと駆り立てられる。その時、デジタルテクノロジーの発達は、皮肉なことに人々の疑心暗鬼を拡大、増幅させる役割も果たしてしまう。

現実が虚構を追い、虚構が現実を追いかけるうちに不信の念は高まる。疑いと不安が自分自身と自らの国に向けられていく。

アメリカ国民の心の揺れは、次の10年に国民の間の亀裂となって表われたのだった。

第7章 分断の10s

2010年代とは何だったのか

自己破壊の10年
——ジョセフ・ヒースの証言

2010年代とは何だったのか。距離が近ければ近いほど歴史を記述するのは難しいことですが、強いて言えば、私はそれを「自己破壊の10年」と呼びます。

2010年代のアメリカは、全てのことが非常にうまく回っていました。

経済イノベーションの中心でしたし、バラク・オバマが当選して政治にも期待が持てた。それにもかかわらず、アメリカ人は多くのことが、言わば全てがうまくいっていないと信じ込んでいました。

アメリカでは二極化が進み、自己破壊の傾向が強まりました。この傾向もまた映画などの表現に表われています。

その意味で、この時期はアメリカの歴史において少し変わった期間だと言えるでしょう。そして、ドナルド・トランプが大統領に当選したことは、究極的な意味での自己破壊を示しています。選挙の結果を聞いた時、私はそれが中国政府、あるいは民主主義を批判したい他の独裁国家のプロパガンダによるクーデターだと思ったほどです。

アメリカ人がドナルド・トランプを当選させた事実というのは、自由にリーダーを選ぶことのできる民主主義の意義に対する一般的な反論になるでしょう。

中国政府は昔、民主主義への反論としてジョージ・W・ブッシュの当選を挙げていました。あれほどバカな人は、中国共産党では権力者になれるわけがないと。ドナルド・トランプが当選したあと、振り返ってみればジョージ・W・ブッシュは叡智の時代、平穏の時代として見られるようになりました。

私が『反逆の神話』を書いた時には予想できなかったことで、この10年間に起きたことは、アメリカ社会において反体制文化が実際左翼から右翼へ移ったことです。

あの本で主張した論点の1つは、反体制文化は本来政治的な反逆の形とは関係がなかったということです。逆に言えば、反体制文化の論点は政治的にできあがったものではない。

例えば、主流の機関が概ね保守的であれば、それに逆らうのは左翼に見えます。一方、主流の機関が概ねリベラルな場合、それに対して逆らうことは右翼に見えるというだけなのです。

オルタナ右翼（アメリカの伝統的な保守思想とは異なる新たな右派勢力）の台頭やポリコレ（政治的公正）の発展の中で、アメリカで起きているのは、ルールを設けたいのはますますリベラルたちということです。

例えば、発言の規範の強化。使う用語やその文脈にものすごく気を使ったり、自分にとって好ましいジェンダー代名詞を表記しないといけない。こういった要求をして日常生活を支配するルールをより多く作りたがるのは、リベラルたち、あるいは左翼の進歩主義者です。

若者はルールに逆らいたがるものですし、それは誰もが経験するフェーズです。だから、彼らは彼らに強要された、最も押し付けがましいルールのシステムに見えたものに対して抗《あらが》うのです。そのようにしてますます、アメリカの青少年の反逆は右翼の側へ移行するという形になっています。

自分のことを「ナチス」になぞらえたり、人種差別的なことをしたり、オンラインで人をけなしたりするのが、今時の反逆の方法となっているのです。

しかし、それを必ずしも近い将来の独裁運動を示すものとして捉えるのではなく、反体制文化として認識するのが重要です。その多くは、左翼政治やヒッピーな反体制文化、パンクなどの形をとっていた反逆の衝動と全く一緒のものなのです。

リベラルの多くはそれを誤解しています。彼らはいまだに反体制文化は絶対に左翼だと思っているからです。

そのために、ネットでひどい不快な人種差別のあらゆる用語を使っている若者を見て、「信じられない。彼らは極右だ」と言うのですが、彼らは右翼ではなくて、大人に強要されたものにただ反逆しているだけだということを理解しなければなりません。

今、大人たちは子どもたちに白人の持つ特権を告白させたり、平等と多様性のセミナーに参加させたりしています。だから、それらを全て拒否することによって反逆する。

そして、日常生活がますます組織化され、厳格に管理されるにつれ、反逆の衝動はネット上に現れることになります。学校での発言がトラブルにつながるようになったため、言いたいことが言えず、それを帰ってからネットの世界にぶちまけるのです。

こうして反体制文化の衝動のはけ口が完全にオンラインのコミュニティになったというのが、2つ目の大きな現象です。

かつての反体制文化は、レコード店やコンサートホールなど、それが現れる物理的な場所がありました。一方今は、社会的に逸脱したものはまずネットに向かいます。そして、ネットで生まれた極端な現象が、ある段階を超えると突然現実の世界に溢れてくる。だから、年配者は困惑するわけです。

表面的な右翼か左翼かということにとらわれず、同じ反逆的な文化的衝動によるものだとして起きている現象を捉えることが大事なのです。

分断の10年
——カート・アンダーセンの証言

この10年間、アメリカは明らかに危機的状況にあったと思います。よく指摘される今日のアメリカにおける分断と二極化ですが、重要なのは、政治的のみならず文化的にも分断が進んでいるということです。

もちろん政策に関する意見の不一致はありますが、それは常にあるものです。昨今の分断と二極化は確実に1960年代以来、もしかしたら1860年代以来、最も深刻で最も文化的なものです。同じアメリカ人であるにもかかわらず、向こう側の人々と自分は異なる国に住んでいると感じている人々がいるのです。

ただ、これはドナルド・トランプの当選がその原因となったのではありません。分裂の気運は何年も何十年も前から醸成されつつあり、このことは私の著書『ファンタジーランド：狂気と幻想のアメリカ500年史』にも書きました。

同じ10年間に起きたことで、それほど注目されていないけれども私が重要な出来事だと考えているのは、2011年の「オキュパイ・ウォールストリート（ウォール街を占拠せよ）」運動です。ニューヨークのみならず全国でデモがありました。それまでとは異なる不満と抗議の噴出であり、重要な局面でした。なぜなら、あれは60年代と70年代以降見られなかった、アメリカにおける一種の左派の復活の始まりでもあったからです。

そして、ソーシャルメディアは10年以上前から存在していましたが、この10年間でフェイスブックやツイッター、ユーチューブが明らかに桁違いに成長して、重要なものになったと思います。そしてアメリカ社会や文化、政治、その他全てのものの性質に大きな影響を及ぼし始めました。

トランプが当選した2016年の選挙では、「ニューヨーク・タイムズ」がウェブサイトに統計的にはじいた当選確率のメーターを載せていました。選挙の数日前には、ドナルド・トランプが勝利する確率は30％でした。5％の日もあり、その統計メーターによれば彼が勝てる確率は非常に小さかった。

ですが、それが「彼は勝てない」ということを意味するとは、私は思っていませんでした。私は統計学というものを知っていましたから。統計で勝率16％ならばほとんどの人が「彼は勝てない」と言いますが、これに対して私は「いいや。6分の1の確率で勝てるんだ」と言っていました。「ロシアン・ルーレットをしたら、引き金を引くたびに死ぬ確率が6分の1なのと同じだ」だと。

そして結果的に、そのとおりになりました。私たちは死んではいませんが、稀に起きる最悪なことが起きてしまいました。

とはいえ私も本当に勝つとは思っていなかったのです。私とアメリカ中が、世論調査の結果を見て「勝つことはない」と信じ込んでいたのです。ですから、あの結果には仰天しましたし衝撃でした。「どういうことだ？」と思いましたよ。選挙からしばらくの間は希望を保とうとして、「恐らく彼も当選したのだから、これからは普通になるだろう」と思っていました。

ですが彼は最後まで普通にはなりませんでした。私は、彼が大統領候補に指名される前に本を書き始めていました。そこへ彼が現れたのです。私の主張を具現化するものとして……。ですから、リアルタイムで自分が正しかったことが証明されて、少し驚くと共に不思議な気分でした。


ポップカルチャーやカウンターカルチャーについて言えば、60年代後半にとてつもない爆発的変化と新たな感性が生まれました。その多くが重要な文化となり、もはやカウンターカルチャーではなく主要な文化になったのです。

それらは大きな文化に吸収され、数百万のヒッピーや急進主義者だけでなく数億人のアメリカ人に受け入れられました。

そして、音楽とポップカルチャーに関して言えば、そうしたカウンターカルチャーは完璧に産業化されていきました。1980年代初頭にはMTVが現れましたが、あれはカウンターカルチャーを徹底的に恒久的で巨大な産業にしたものです。

申し上げたいのは、60年代後半の変化と出来事を考えると当時があまりに巨大なビッグバン的時代だったこともあり、その後の若者世代が60年代のように、それまでとは違うことをするのは難しくなったということです。

次の世代がベビーブーマーにうんざりしたのも不思議ではありません。なぜならあの時代があまりに支配的な時代だったからです。

ですから、その後に起きたことはほとんど繰り返しと再利用です。ご存じのとおり、ローリング・ストーンズは今でもツアーを行なっていますし、皆がビートルズのドキュメンタリーを話題にしています。あの時代の文化が今でも存在しているのです。

新しい音楽やポップカルチャーさえ、いろいろな意味で、60年代と70年代に考案された文化から派生したものでした。ですから、「新しいものは何もなかった」とは言いたくありませんが、文化が変化するペースが驚くほど遅くなったと言わざるを得ません。

変わったのは些細な事柄です。より多くの若者がタトゥーを彫り、ピアスを開け始めました。「ママ、パパ、見て。私はママたちとは違う」とね。あの時代の後に、若者がそれまでの世代の若者よりも大きく変化するのは、難しかったのだと思います。

反逆的な若者から生まれたカウンターカルチャーとして、当時に匹敵するものはこれまで出てきていません。出てくる可能性はあります。出てきたら嬉しい。でも出てきていない。

同時にあの当時、60年代と70年代のポップカルチャーは非常に政治色が強かった。ロックバンド、彼らが発表する楽曲の数々、映画、それらは新たな世界の見方を主張していました。しかし、今日そうした動きは非常に個人的で内省的なものになりました。

商業資本主義が故意にカウンターカルチャーの脅威を骨抜きにして根絶したと言いたくはありません。ですが事実上、それが起きたことなのです。

1　希望——『ソーシャル・ネットワーク』

SNSが見せた変革の可能性

2009年、アメリカは新たな一歩を踏み出した。建国以来初となる、アフリカ系アメリカ人、バラク・オバマが大統領に就任したのだ。ケニア人の父と、白人の母を持ち、インドネシアやハワイで育ったオバマは、まさにこの国の多様性の象徴だった。

誰もが平等に、自由に生きることができる国、だったはずのアメリカ。オバマは就任式で「Change country! YES WE CAN!（国を変えよう。私たちにはできる！）」と呼びかけた。2010年代の幕開け、再びアメリカの未来は希望に輝いて見えた。

自由と民主主義をさらに広く、社会に行き渡らせることが可能かもしれない。テクノロジーの進化はそんな期待も膨らませた。90年代末にインターネットを通して人々が通じ合うSNSは、スマートフォンの誕生によって急速に浸透し、その領域を拡大していった。

2010年、フェイスブックはアクセス数でグーグルを抜き、多くの人がツイッターでつぶやくようになった。その年、画像投稿に特化したインスタグラムも登場した。

ジョナサン・ローゼンバウムは、2010年代初頭に感じたSNSの可能性をこう語る。

「これが理論的には、全世界を一つにするだろうと思いました。世界的な運動がありえると思えたのです。あらゆる種類のことがインターネットを通じて行なわれる国際的な運動になりえると」

この、いかにもアメリカ的に聞こえる楽観的な理想論に導かれるかのように、時代は動きだす。ＳＮＳが世界各地の自由を求める動きを現実に後押しするシーンが生まれたのだ。

２０１０年から11年にかけてアラブ世界で起きた民主化運動、アラブの春。チュニジアで起きたジャスミン革命を皮切りに、エジプト、リビアなどで、ＳＮＳを介した抗議行動が広がっていった。人々は抗議やデモの様子をスマホで撮影し、ＳＮＳにアップし拡散した。それを見た市民たちは共感し、次々と運動へ加わった。

アメリカ企業の生み出したテクノロジーが人々の夢を叶える。

政治的にも、技術的にも、世界の進むべき道が、指し示されたかに思われた。

人と人を結んだ結果としての皮肉

２０１０年に公開された『ソーシャル・ネットワーク』[1]（２０１０）は、フェイスブックの創設者マーク・ザッカーバーグをモデルとする作品だ。ハーバード大学2年生のザッカーバーグが、後に世界を席巻することとなるＳＮＳを生み出すまでの物語。だが、映画の内容は単なるサクセスストーリーではない。

そもそも、フェイスブックは「人々」のために作られたわけではなかった。ザッカーバーグは、彼女に振られた腹いせに、大学のサイトをハッキングして「女の子の比較サイト」を作成。大学のサーバーを落とすほどのアクセスを集める。

その噂を聞いた同じ大学のウィンクルボス兄弟たちは、自分たちのＳＮＳのプログラミングをザッカーバーグに依頼する。このサイトにヒントを得た彼は、親友のエドゥアルド・サベリンと共に「ザ・フェイスブック」を立ち上げる。自分たちのアイデアが盗まれたと憤ったウィンクルボス兄弟はザッカーバーグを訴える。

一方、「ナップスター」で知られる有名起業家ショーン・パーカーと知り合ったザッカーバーグは、彼のアドバイスのもと巨額の投資を獲得する。だが、サベリンを経営から外したことで彼との亀裂は決定的となり、ザッカーバーグは彼からも訴えられることになる。

人と人とを結ぶはずのＳＮＳを世に出すことで、友人と裁判で争うことになる主人公の姿を描く、皮肉な物語だ。

ちなみに作品を見たザッカーバーグは、「衣装だけは実際に僕が着ていたものと同じだ

※１　**『ソーシャル・ネットワーク』**（The Social Network）　２０１０年　監督：デヴィッド・フィンチャー　出演：ジェシー・アイゼンバーグ、アンドリュー・ガーフィールド、アーミー・ハマー、ジョシュ・ペンス　▼ハーバード大学2年生のマーク・ザッカーバーグは、彼女に振られた腹いせに「女の子の比較サイト」を作成。大学のサーバーを落とすほどのアクセスを集める。その後、彼は親友のエドゥアルド・サベリンと共に「ザ・フェイスブック」を立ち上げるが、会社の拡大と同時に友人との軋轢が生まれていく。

った」と感想を述べている。脚本家アーロン・ソーキンは、取材した事実をベースに架空のキャラクターやエピソードを織り交ぜ物語を生み出した。彼は次のように言う。

「私が惹かれたのはそれこそ何千年も語り継がれてきた友情、裏切り、権力、階級、嫉妬……そういった古典的なストーリーに必要な要素が、この『ソーシャル・ネットワーク』にはすべて入っていたということ。こういったストーリーがこの21世紀の現代的な舞台で繰り広げられていたことに興味を持ったんだ」（映画.com　２０１１年1月11日）

デジタルテクノロジーの時代の物語に描かれたのは、太古の昔から変わることのない人々の欲望の形だ。

ＳＮＳの影を描く
――ジョナサン・ローゼンバウムの証言

インターネットは映画の世界に大きな影響を与えました。登場人物は簡単にメールやＳＮＳでやりとりするようになり、ストーリーの作り方も変化しました。

私自身、シカゴに住んでいるというよりもインターネットに住んでいるといったほうが正しいくらい、その世界にどっぷりと浸かり恩恵を受けています。ただ、インターネットには多様な面があり、グローバリズムと同様に単に良いか悪いかを判断できるものではありません。

脚本家アーロン・ソーキンによるこの映画のストーリーは、全てが事実に基づいているわけではありません。

映画では、ザッカーバーグが、ガールフレンドとの関係も維持できない人として描写されています。しかし実際は、フェイスブックを作った時のガールフレンドと今でも一緒に暮らしています。ただし、事実かどうかということがこの映画のポイントではありません。

重要なのは、ソーシャルメディアによって世界中で悪が増幅されていることです。政治的に言えば左派よりも右派のほうがその恩恵を受けています。左派は多くの面で極めて古風で考え方はむしろ「保守的」だからです。

ソーシャルメディアは理論的には世界を一つにするものです。ですがそうはなっていません。それは、良いことも悪いことも強調し、増幅してしまう資本主義の仕組みの問題だと思います。結局、インターネットは以前からあった問題をある意味で大きくしているだけなのかもしれません。

フェイスブックストーリーの第1章
――カート・アンダーセンの証言

この映画が公開された当時は、まだソーシャルメディアに対して世の中は好意的でした。ザッカーバーグもフェイスブックも軽蔑されてはいませんでした。

フェイスブックによってかつての友達とつながることができる。お互いの子どもの状況を見たり、話したりすることができる、と人々は素朴に喜んでいました。つまり、あれがフェイスブックストーリーの第1章だったんですね。

しかし、それから5年、6年、7年と経ち、私たちはより暗い第2章を見ることになるのです。

しかし、2016年の大統領選でのフェイスブックの危険な役割が明らかになり、確実に状況は一変しました。フェイスブックが嘘やプロパガンダ、デマを拡散しうると分かったのです。

そして私も含めて人々が、今ではデジタル技術の仕組みを以前よりもきちんと分かるようになりました。ソーシャルメディアのビジネスモデルの基本は、できるだけ私たちに画面を見つめさせ、そこに広告を貼り付けることなのです。彼らはあらゆる技術を駆使してそのビジネスモデルに徹し、それによってどんな代償を払うことになってもいいと決めたようです。

ソーシャルメディアは、今日では重要な情報ポータルであり、それは水道や電気などのインフラに匹敵するものです。そこで流された情報が人々の頭に入り込むということを考えれば、より大きな影響があると言えるかもしれません。

かつてザッカーバーグが大統領に立候補するかもしれないという話があったことを思い出しました。彼は全米各地を回り、自分が大統領になることを人々が望んでいるか確かめていました。ほんの5年ほど前のことですが、今ではそれがいかに馬鹿げたことか分かるでしょう。

とはいえ、彼は強大な権力を持っています。19世紀にジョン・D・ロックフェラーとスタンダード・オイル社の横暴に誰もが怒りを覚えましたが、それに太刀打ちすることは誰もできませんでした。私は今、そのことを思い起こしています。

1％が99％の富を占有することへの不満

あるメディアが力を持つことで増幅される、裏切り、嫉妬、階層間の軋轢。『ソーシャル・ネットワーク』は、ＳＮＳ誕生の影に、そんな人間の性《さが》を見ていた。映画は、裁判を経て人とのつながりを失った主人公が、それと引き換えに若くして巨万の富を得たことを伝え、幕を閉じる。

翌２０１１年、そうしたＳＮＳによる社会運動が、アメリカ国内でも巻き起きる。

「ウォールストリートを占拠せよ！（Occupy Wall Street!）」

ＳＮＳの呼びかけに応え、若者たちが、世界の金融センターを目指して集まった。

背景にあったのは、２０１０年代初頭のアメリカ社会に露呈した、かつてないほどの経済格差だ。２００８年に発生したリーマン・ショックは10年代のアメリカ経済にも、依然、大きな影響を及ぼしていた。失業率は高止まり、非正規雇用者が増加した。特に深刻な打撃を受けたのは、若者たちだ。16歳から24歳の収入は、２００９年から11年にかけ２％近くダウンした。

ビッグテック、情報技術産業の存在が、大きく取り上げられ始めるのもこの頃だ。ビッグデータを占有した巨大プラットフォーマー企業は、驚くべき利益を上げていた。

２０１１年の長者番付には、ビル・ゲイツやザッカーバーグなど、ＩＴ企業のＣＥＯが顔を揃え、デジタル資本主義[2]の富の占有ぶりも明らかとなる。彼らにとって金融危機など、どこ吹く風であった。リーマン・ショックの原因を作った金融機関には公的資金が投入され、相変わらず高額な所得を手にする経営陣たちの姿に、多くの人々が理不尽を感じていた。

２０１１年、上位１％の超富裕層の平均収入は１５００万ドル以上。アメリカの収入中央値のおよそ23倍だ。人々が訴えたのは、不公平の解消、格差の是正だった。１％の超富裕層に対し、「WE ARE 99%」を合言葉にしたこの運動は、瞬く間に全米に広がる。参加者たちは、このムーブメントのドキュメンタリーを自ら製作し動画投稿サイトにアップした。ＳＮＳによって拡散される新しい運動の形がアメリカでも広がっていった。

アンダーセンはこの動きを次のように評価する。

「今ではあまり注目されていませんが、オキュパイ・ウォールストリートはある種の重要な節目となる出来事だったと思います。60年代や70年代以降には見られなかった、アメリカの左派の本当の意味での再活性化の始まりだったのです。フェイスブックやツイッター、ユーチューブが急激に成長し、アメリカの社会や文化、政治の本質に影響を与えるようになったのが、２０１０年代なのです」

社会の富がビッグテックに集中する中、それに対する抗議運動もまた同じテクノロジー上で広まるという、皮肉な時代の幕開け。

オバマ大統領は「この運動は、最大の金融危機を体験したアメリカ国民の気持ちを反映しているとと思う」と共感を示した。しかし、運動に参加し、ドキュメンタリーを制作した一人、ブライアン・チャンはこう語っている。

「オバマになって期待したけど今それが裏切られた気持ちになってる。メディアで見る国内政治談義はワシントンの政治をそのまま閉じ込めた窓のない反響室みたいな感じで、それに共鳴しない残りのアメリカの人達の声はどこに響かせればいいのか」（映画.com　2011年11月3日）

期待の高さゆえの、失望。希望が陰りを見せ始めていた。

2　放蕩――『ウルフ・オブ・ウォールストリート』

欲望がもはや常識となった時代

オキュパイ・ウォールストリートの2年後。そのウォールストリートを舞台にした映画が公開される。マーティン・スコセッシ監督の『ウルフ・オブ・ウォールストリート』[3]（2

※2　**デジタル資本主義**　デジタル技術による情報を価値の源泉として資本主義を発展させていくという考え方。商業資本主義、産業資本主義に続く、資本主義の新たな段階だというのだが、さて、その本質と実態は？

013)。80年代後半に実在した株式ブローカー、ジョーダン・ベルフォートをモデルにした物語だ。

ベルフォートは証券会社に入社するも、ブラックマンデーのあおりを受けて失業してしまう。転職した会社は、1株6セントの「クズ株」を売る会社だったが、ベルフォートは持ち前の口先を活かし「クズにクズ株を売って」儲けていく。ひょんなことで知り合った家具屋のドニーと独立し、顧客のターゲットを富裕層に変更して、巧みな戦略でクズ株を売りつけ急成長。「フォーブス」誌に「ウォール街のウルフ」として取り上げられる。

80年代後半に実在した、株式ブローカー、ジョーダン・ベルフォートの回想録を映画化。彼のやりたい放題の生活スタイルは80年代の欲望だ／『ウルフ・オブ・ウォールストリート』

ベルフォートは、たった一つのルールに従って生きる。それは「欲望を生む」という資本主義の本質だ。ベルフォートは麻薬の売人を集め、彼らに「おれにこのペンを売ってみろ」とけしかける。需要は作るもの。彼らを株のセールスマンに仕立て上げ、違法な株取引で莫大な富を築いていく。欲望にまみれた、破天荒な人生が描かれる。

ベルフォートの回想録の映画化権を獲得し

たのは、製作・主演を務めるレオナルド・ディカプリオ。彼はベルフォートの人生に、当時の状況に通じる問題を見たという。

「僕は『華麗なるギャツビー』[4]『アビエイター』[5]『J・エドガー』[6]といった作品でそれぞれの時代のアメリカを象徴するようなキャラクターを演じたわけだけれどギャツビーたちと

※3『**ウルフ・オブ・ウォールストリート**』(The Wolf of Wall Street)　2013年　監督：マーティン・スコセッシ　出演：レオナルド・ディカプリオ、ジョナ・ヒル、マシュー・マコノヒー　▼ジョーダン・ベルフォートは、金持ちになる野望を抱き証券会社に入社するも、ブラックマンデーのあおりを受けて失業してしまう。転職した会社は、1株6セントの「クズ株」を売る会社だったが、ベルフォートは持ち前の口先を活かし儲けていく。独立した彼は「フォーブス」誌に「ウォール街のウルフ」として取り上げられるまでになるが……。

※4『**華麗なるギャツビー**』(The Great Gatsby)　2013年　監督：バズ・ラーマン　出演：レオナルド・ディカプリオ、トビー・マグワイア、キャリー・マリガン　▼作家を諦め証券マンとなったニックは、ニューヨーク郊外の一軒家に引っ越す。隣に住むのは、毎晩豪華なパーティーを開催しているというギャツビーという男だった。ギャツビーからパーティーに招待されたニックは従妹のデイジーと参加する。

※5『**アビエイター**』(The Aviator)　2004年　監督：マーティン・スコセッシ　出演：レオナルド・ディカプリオ、ケイト・ブランシェット　▼事業家ハワード・ヒューズの伝記映画。ハワードは若くして父の莫大な遺産を受け継ぐ。それを元手に映画製作で成功し、夢であった飛行機製作や航空会社の経営へと事業を拡大する。順風満帆に思える人生だったが、彼は母譲りの潔癖症を患っており、精神の病は悪化していく。

※6『**J・エドガー**』(J. Edgar)　2011年　監督：クリント・イーストウッド　出演：レオナルド・ディカプリオ、ナオミ・ワッツ　▼FBI初代長官ジョン・エドガー・フーバーの伝記映画。若くして司法省捜査局の局長代行となったエドガーは権力者の秘密情報を管理する計画を立てていた。それによって時の権力者にも影響力を及ぼすようになったフーバーだが、時代は変わりつつあった。

ジョーダンが何よりも異なるのはジョーダンには何のバックストーリーもないということなんだ。あるのは、『ただ金を稼ぎたい』という思いだけで、その理由が描かれることはない。現代社会の問題を体現したキャラクターだと思う」（シネマトゥデイ　2014年1月29日）

ジョセフ・ヒースは、作品に描かれた富裕層のある種の「開き直り」を指摘する。思い出されるのは、ゴードン・ゲッコーだ。ゲッコーとは、87年の映画『ウォール街』でマイケル・ダグラスが演じた役のこと。インサイダー取引などの違法な手段を駆使し富を築くことに徹した非情な投資家であり、ダークヒーローである。映画のセリフにおいても、ベルフォートはゲッコーになぞらえられている。

『ウォール街』でゲッコーは「強欲は善だ」と言い放つ。それは、人々の偽善を挑発する、露悪的な態度の表明でもあった。

だが、それから26年の月日が経ち、空気は変わった。2010年代、もはや自虐の意味もなくなり、後ろめたさもない。ただ、のっぺりとした欲望だけが残ったかのようだった。

87年の『ウォール街』は啓蒙的だった
――ジョセフ・ヒースの証言

『ウルフ・オブ・ウォールストリート』は決して好きな映画ではないものの、オリヴァー・ストーン監督の『ウォール街』との比較があるからこそ面白いと言えます。

『ウルフ・オブ・ウォールストリート』は、『ウォール街』とそのキャラクターであるゴードン・ゲッコーについて言及しています。

87年の『ウォール街』は、明らかに啓蒙的な映画でした。『ウォール街』の道徳観の中心にあるのは、「本物の仕事」と「本物じゃない仕事」の対比です。実際に何かを作るブルーカラーの仕事と、お金を回すだけで儲かる仕事。後者が道徳的に危ういのだと訴えます。息子はウォール街に出て大儲けをしますが、本物の仕事をしていないと父は認めません。映画の道徳観の中心にあるのは、彼が自分自身の過ちに気づき、ブルーカラーで本物の仕事をしている父親と再び連絡を取るようになったことです。つまり、アメリカの伝統的な価値観を再確認したのです。

2013年の『ウルフ・オブ・ウォールストリート』は、アメリカでいう「悪いけど、まったく悪いと思っていないよ（Sorry Not Sorry）」の古典的な例です。女性への屈辱的な扱いや、薬物使用など、映画でした様々な「悪いこと」を楽しむような内容になっている。その行動に対しては何も反省していないのです。

『ウルフ・オブ・ウォールストリート』は回想録をもとにしていますが、あれは明らかにご都合主義の回想です。映画の中で主人公が睡眠薬を飲んで車に乗るシーンがあるのですが、当初事故を起こさずに家に帰れたと思っていたのが妄想で、翌朝車を見てみると大破していたわけです。これは、映画の語り手がまったく信用できないことを観客に示しています。

ただ、あの映画の好きになれないところは、観客にこれから見せる主人公の「悪いこと」を楽しむ許可を与えてしまっているように思えるところです。暴力映画が存在するのは、どこかで人間が暴力という残酷な行為を楽しむという矛盾した目的があるのです。文明が進歩して自分で暴力を振るうことはなくなった代わりに、映画館で暴力を楽しむわけです。映画は悪役を憎らしく見せることで、その許可を観客に与えるという矛盾が含まれています。

『ウルフ・オブ・ウォールストリート』もそれと似ています。キャラクターを非難するふりをすることによって、女性への屈辱的な扱いや、ストリートの人々のひどい扱い、薬物使用など、映画でした様々な「悪いこと」を楽しむ許可を与えてしまっているのです。

金融危機と景気後退の理由を人々は感じ取った
——カート・アンダーセンの証言

『ウルフ・オブ・ウォールストリート』のベルフォートはダークでクレイジーな感じと、ワイルドでイカレた世界に魅力的な部分があるのでしょう。アンチヒーロー的なキャラクターです。ディカプリオが演じたこの男は、人々からカネを騙し取ってドラッグばかりやっていて、やりたい放題の生活を送っています。あれは１９８０年代から現れた生活スタイルで、それ以降、アメリカにおける生活スタイルの一つになっていると言えます。

映画に描かれた生活スタイルは刺激的で、そこにはノスタルジーを感じさせるものがありました。若者にとってインターネットが現れるよりも前の頃のことは、大人と違ってはるか昔のことなのです。

そして、『ウルフ・オブ・ウォールストリート』で彼がやったことを見て、人々はこれが金融危機が起きた原因なのかと感じたのです。この映画や『マネー・ショート』[7]（２０１５）といった映画は、金融危機と景気後退の理由を人々に説明する役割を果たしました。

アメリカでは伝統的に富裕層への無批判な賛美が見られます。その中でも特に１９８０年から２０１０年くらいの間は、極端な形の新たな金ぴか時代（１８６５年の南北戦争終結から１８９３年恐慌までの28年間、アメリカにおいて資本主義が急速に発展をとげた拝金主義の時代）だったのだと思います。

ですが、こうしたベルフォートのような姿を見たことで徐々に変わってきました。富裕層に対する批判的な見方が強まっていますが、やはり富に対するあこがれはなくなりません。

取り残されたＨＩＶ患者を描く『ダラス・バイヤーズクラブ』

『ウルフ・オブ・ウォールストリート』と同じ２０１３年に公開された『ダラス・バイヤーズクラブ』[8]。これも、80年代に実在した人物をモデルにした作品だ。『ウルフ・オブ・ウ

※7　**『マネー・ショート　華麗なる大逆転』**（The Big Short）　２０１５年　監督：アダム・マッケイ　出演：クリスチャン・ベール、スティーヴ・カレル、ライアン・ゴズリング、ブラッド・ピット　▼２０００年代初頭、投資家のマイケルは高格付けを得ている不動産債権の多くに、低所得者向け（サブプライム）不動産ローンが含まれており、数年以内にそれが破綻することを見抜く。彼は時を同じくして同様のことに気づいた3人と共にある計画を遂行する。

ォールストリート』が富裕層の株式ブローカーなのに対し、この作品の主人公、ロン・ウッドルーフはトレーラーハウスに暮らすブルーカラーだ。

ロンはＨＩＶに感染し、余命30日という宣告を受ける。80年代はまだエイズに対する有効な治療法が定まっておらず、同性愛者の間で広まる病気だという誤った偏見も根強かった。治療薬は臨床試験中で保険も適応されない。海外からやっと手に入れた薬には副作用の危険もあった。そんな中、彼は生き残るために、まずメキシコに渡り、無免許の医師から別の治療薬を処方してもらった。30年前の状況をもとにした作品だが、実はここで描かれていることは、２０１０年代の現実と重なっていた。

公開された２０１３年。大統領が国民に対して謝罪するという、異例の出来事が起きている。オバマが謝罪したのは、医療福祉制度にまつわるトラブルについてだった。

２０１０年に成立した「オバマケア」は、低所得者への補助で国民の健康保険加入率を抜本的に向上させることを狙った、目玉となる夢の福祉政策だった。だが施行に先駆け、数千人が保険会社から既に契約中の保険の解約を迫られる事態が発生、オバマが謝罪へと追い込まれたのだ。

そもそも、オバマケアが出された背景には、１９８０年代の政策があった。かつて「小さな政府」の名のもとに行なわれた、福祉制度の大幅な縮小により、80年代半ばには、既に３５００万人以上の国民が無保険者となる事態が生じていた。

映画で描かれているのも、そんな過酷な時代に起きた出来事だ。

だが、その状況の中でも、主人公のロンは、国に頼ろうとはしない。医薬品を管理下に置く政府機関を向こうに回し、安く、副作用の少ない未承認の治療薬を海外から密輸入する。そして法の目を掻い潜り、それを決して裕福ではない患者たちに売る「バイヤーズクラブ」を立ち上げた。国が守ってくれないのならば、自分たちでやるしかない。

ＨＩＶはほぼ制圧できたが
――カート・アンダーセンの証言

『ダラス・バイヤーズクラブ』は実在の人物をもとにした物語を、面白く感動できる映画へと仕立てました。当時から30年を経て、ＨＩＶは治療可能でコントロールできる慢性疾患となっていました。私たちはそれをある意味過去のこととして見ることができたのです。

一方、『ウルフ・オブ・ウォールストリート』で描かれたような、ウォール街や金融業界のクレイジーな生活スタイルは今も続いています。

ですから、これらの映画は「私たちがある時どこから来て、今日どこにいるのか」に関

※8　**『ダラス・バイヤーズクラブ』**（Dallas Buyers Club）　２０１３年　監督：ジャン＝マルク・ヴァレ　出演：マシュー・マコノヒー、ジェニファー・ガーナー、ジャレッド・レト　▼１９８５年、ダラスに住むカウボーイのロン・ウッドルーフはエイズであることが判明、余命30日を宣告される。ロンはメキシコに渡り、ＨＩＶに効果のある薬が国外にあることを知る。彼は会員制の国内未認可薬を頒布する組織「ダラス・バイヤーズクラブ」を立ち上げる。

※9　**オバマケア**　オバマ大統領が推進した医療保険制度改革のこと。アメリカでは低所得者層の無保険者が多かったため、オバマは国民皆保険を目指し２０１０年に法案を成立させた。だが、反発も大きく大幅な修正を余儀なくされた。

する2つの異なる教訓を表現していました。私たちはＨＩＶをほぼ制圧しました。ですが、資本主義による富の偏在の状況や問題はほとんど克服できていません。

１９８０年代のレーガン時代には「お金が全てだ」という考えが現実を支配していました。「カネを持っているなら生活スタイルとして見せびらかせ」という考え方が歓迎され、堂々と声高に叫ばれるようになったのです。一方で同時に起きていたのは、後にラストベルトと呼ばれることになる中西部の工業地帯の空洞化です。日本など海外の産業に敗れてアメリカの工業は弱体化し、それらの地域の町とそこに住む労働者は取り残されました。ですが、町が寂れて生活が困るような、負け犬たちのことは考えないでおこう、という空気だったのです。

カウボーイとして自由に生きる国民たち

ただし、ロンの姿は単に国に助けてもらえないのではなく、国に自分の人生を左右されたくないという「自由」を体現したものでもある。このダラス・バイヤーズクラブには次のようなルールがある。

「会費が４００ドルで薬は無料。自己責任で薬を飲む。死んでもこっちは責任を取らない」

リスクは自分で負う。それは、自由、自立を信条とする、アメリカの伝統に忠実に生きようとする、南部のカウボーイの姿とも言えた。実際、ロンはロデオを行なうカウボーイでもある。

社会にダメージを与えた80年代の福祉削減。それは、戦後まもなく多くの国民がこの国の原点と信じた、「保守」の価値観から生まれていた。

そして２０１０年代。人々は、今度は「リベラル」というまったく異なる価値観を望んだつもりが、再び失望を味わう。オバマケアをめぐる混乱で、世論調査でも国民の過半数が大統領を信頼できないと答える結果となった。チェンジを訴えた大統領の声はかき消され、代わって「自由」という呪文のような言葉が、再び人々の心を捉え始めていた。

3　変質――『ワイルド・スピード EURO MISSION』

ハリウッドのグローバリズム

80年代末から90年代にかけ、冷戦の終結と共に到来したグローバリゼーションの時代。規制緩和によって各国の市場がつながり、技術革新がさらにそれを加速させていた。ハリウッドにも、その波は押し寄せる。

２００１年に１作目が公開され、10年代にはスピンオフを含め５本が公開されるほどの人気シリーズになった「ワイルド・スピード」シリーズ。ストリートレースで腕を鳴らす猛者たちの姿を描き、その改造車も含めて話題となった。その人気の背景にあったのが、急速に進んだグローバリズムだ。シリーズ7作目『SKY MISSION』の興行収入のうち76%はアメリカ以外の国での収入となった。

映画評論家アリソン・ウィルモアは、この映画の世界的な成功を支えたしたたかな戦略を指摘する。

「長い間、ハリウッドのエグゼクティブの間で、映画が国際的に公開される場合、白人以外の主演俳優を起用すると、興行的に失敗するということが常識とされてきました。しかし、海外での『ワイルド・スピード』の成功が、人々が多様な俳優に興味を持ち、よりオープンになっていることを証明したのです。そしてシリーズが進むにつれ、様々な背景を持つ俳優が追加されていったのです」

シリーズを通して描かれるのは、多様な人種で構成されたチームの活躍だ。アフリカ系、韓国系、中南米系アメリカ人やイスラエル人など、様々なバックグラウンドを持つ俳優がキャスティングされている。

シリーズ3作目から6作目までの監督を務め、世界的ヒットの立役者となったジャスティン・リンも台湾系アメリカ人だ。彼は次のように述べている。

「僕は政治的な主張から人種の多様性を見せようとしているのではなくて、現実に僕の住む世界が多様性に満ちているからなんだ。自分の映画には自分が住む世界を反映させたい。

そういう意味でいまだにアメリカも考え方が遅れていると思うし、もっといろんなタイプの人が出るべきだと思うよ」（MOVIE WALKER PRESS　2016年10月22日）

グローバリズムが進む中、世界の移民も1995年の世界総人口比2・8％から2015年には3・3％に増加した。そうした現実世界の多様性を、作品に反映させることが、ビジネスにつながったのだ。

世界中のサブカルチャーを取り入れたがゆえのヒット

さらに、ウィルモアはこの作品が取り上げる多様性は人種だけではなく、世界中の様々なカルチャーをテーマにできることも示したという。

「ワイルド・スピード」は、多様な「サブカルチャー」を取り込むことで、そのファンたちの集客を狙っていた。主人公の一人を演じるポール・ウォーカーが象徴するのは、2000年代初頭から続く「日本車改造」ブーム。

ヨーロッパなどの高級車に比べて安く手に入り、高性能な80年代から90年代の日本車を改造するカルチャーが、アメリカをはじめ、世界各地で流行していた。ポール・ウォーカー自身も、多くの日本車を所有し改造してきた、このカルチャーのアイコン的存在だ。

主役メンバーの一人テズを演じたリュダクリスは元々ラッパーとして活躍。「HIPHOP」を象徴する人物だ。70年代にブロンクスのブロックパーティーで生まれたヒップホップが、ロックを凌ぐポピュラーミュージックとして世界を席巻し始めていた。

シリーズ屈指のイケメンキャラ、ハンを演じるのは韓国系アメリカ人サン・カン。そのイメージの背景には２０００年代後半から、アメリカ、そして世界中で吹き荒れた「Ｋ－ＰＯＰ」ブームの影響が見られる。

そして、捜査官を演じたドウェイン・ジョンソンは「ザ・ロック」の名で、プロレス団体ＷＷＥ[10]のトップスターとして活躍した経歴の持ち主。

80年代、ニューヨークを中心に興行していたＷＷＥは、２０００年代以降、ケーブルテレビやネット配信などで世界にマーケットを拡大。年商８３０億という巨大ビジネスに成長する。ちなみにこのリングの髪切りデスマッチには、２００７年に不動産王ドナルド・トランプが参戦している。

「ワイルド・スピード」の世界的ヒットが示したのは、細分化し、産業化したサブカルチャーの持つ経済効果だった。80年代から既に産業化が始まっていたサブカルチャー。それは時代と共にその意味も変質させていた。

カート・アンダーセンは次のように述べる。

「先にお話ししたように、ＭＴＶの登場が大きかったのです。これはカウンターカルチャーを恒久的に産業化し、1兆円規模の産業となりました。それは、ＭＴＶだけでなく、80年代に様々なカルチャーで起きた象徴的な出来事でした。60年代や70年代、ポップカルチャーはとても政治的なものとして扱われていました。世界や、自由、個人主義についての政治的な意見を表現していました。しかし、その文脈が途絶え、『カウンターカルチャー』

はただの『カルチャー』になったのです。商業資本主義が意図的にカウンターカルチャーの脅威を切り離し、弱体化させたとは言いたくありません。しかし、実際にそうなったのです」

1950年代、アメリカが実現した豊かな社会。そんな物質的な豊さに満足する大人たちに反発した若者が、「サブカルチャー」を生み出した。そして、60年代。激化するベトナム戦争を背景に、既成の権威や権力に抵抗する「カウンターカルチャー」として爆発する。若者たちはヒッピーとなり、ベトナム反戦運動へ参加し、ウッドストックへ繰り出した。だが、80年代以降、巨大産業に成長したサブカルチャー、カウンターカルチャーは、「抵抗」の意味を薄めて、資本主義のシステムに組み込まれていく。ゲームやコスプレは一大産業となった。

そして2010年代、「ワイルド・スピード」の成功は、時代の変化を摑み市場の論理に乗った象徴的なケースと言えるだろう。

サブカルチャーの多様性に向けた「賛歌」とも言える映画が、じつは緻密な戦略で、世界マーケット向けに制作される。ここにも、時代の皮肉がある。

※10　**プロレス団体WWE**　アメリカのプロレス団体。世界最大の規模を誇り、売上高は10億ドルに達する。エンターテインメント性も高く、かつてトランプ大統領がリングに登場したこともある。

ファンタジーとしての家族

「ワイルド・スピード」は、何を世界に訴えたのだろうか？

そのメッセージを特に強く打ち出したのが、シリーズ6作目『EURO MISSION』[11]だ。この作品に登場する敵は、主人公たちと同じように様々な人種による混成チームを結成する。だが敵チームの背後の論理には、主人公たちとの決定的な違いがあった。敵のリーダーには次のようなセリフがある。

「俺の掟は〝正確さ〟だ。チームは部品を替えられる機械だと思ってる」

チームに「機能」を求め、メンバーを「代替可能な部品」だと言い、失敗した仲間を「自己責任」と切り捨てる。それは「効率」と「収益性」を最優先に成果を追い求める企業のカリカチュアだ。一方、主人公のチームを結びつけるのは「家族」という代替不可能な関係性だ。しかし、それは血縁的な家族関係ではなく、疑似的なファンタジーとしての家族関係だとウィルモアは次のように指摘する。

「このシリーズの全体的なテーマは、家族、というより〝見つかった〟家族です。実際に血縁関係にあるのは一部のメンバーだけでその他のメンバーが、家族のような関係を選択するのです。多文化なアメリカでは人々が深く強い絆で結ばれていているという一種のフアンタジーなのです。この国の現実として、多くの衝突や抑圧、分裂を経験しているからです」

「生産性」に還元できない「家族」という関係性。資本主義のルールから逃れたつながりが欲しい。そんなファンタジーに映し出された、人々の欲望。グローバル化により過酷さを増す競争社会。ならば、グローバル市場が次に求めるのは、家族愛だ……それも映画の戦略だったのだろうか。

その頃、人々の「グローバリズム離れ」を促すような出来事が、『EURO MISSION』の舞台となったヨーロッパで起きていた。

世界がマーケットでつながったことで、ヨーロッパ各国で連鎖的に発生した経済危機。さらに移民や難民の増加により、人種間の軋轢も高まる。「反グローバリズム」の機運が高まる中、イギリスでは、２０１６年、国民投票の結果、ＥＵからの離脱が決まる。

一方、同じ16年、アメリカではオバマ大統領の任期満了を受け選挙戦が始まる。そして、民主党の次期大統領候補となったのがヒラリー・クリントンだ。

※11『**ワイルド・スピードEURO MISSION**』(Fast & Furious 6)　２０１３年　監督：ジャスティン・リン　出演：ヴィン・ディーゼル、ポール・ウォーカー、ドウェイン・ジョンソン、ルーク・エヴァンズ　▼モスクワで軍隊が襲撃され、何億円もの価値があるコンピュータチップが強奪される。犯人は、オーウェン・ショウがリーダーのロンドンを拠点とする組織だった。アメリカ外交保安部の捜査官ホブスは、ショウを捕まえるため、ドミニクら「走り屋」ファミリーの協力を求める。

リベラルを謳う民主党からのアメリカ初の女性大統領候補に期待は高まった。だが、同時に、ウォール街の大口の政治資金に依存し、エリート層の代弁者というイメージも付いて回っていたヒラリー。弁護士、上院議員、そしてファーストレディと華麗なる経歴のエリートが訴える「多様性」は、人々の心にどう届いていたのか？

実際、同じ民主党でも、サンダース候補が掲げる格差是正と弱者救済というストレートな主張が、若者たちの人気を獲得する現象も生まれていた。「リベラル期待の女性候補」は、大衆の感覚からは少しずれていたのか？　革新か保守か。グローバルか反グローバルか……。両極端に国家の理想像が引き裂かれる中、アメリカの自由、リベラルという言葉の持つ意味は、いよいよ空転していく。そこに現れたのが、ドナルド・トランプだった。

4　撤退――『アメリカン・スナイパー』

アメリカの正義と英雄

２０１４年、世界に衝撃が走る。イラクを拠点に、シリアなどに勢力を広げていた過激派組織ＩＳ、イスラミック・ステートが「カリフ国家」の樹立を宣言したのだ。それに対して、アメリカは有志連合国と共にシリアとその周辺地域に空爆を始め、対抗措置をとる。

主人公は、イラク戦争で実在した「レジェンド」と呼ばれたスナイパー、クリス・カイル（ブラッドリー・クーパー）。激しい戦闘を経験し、帰国後にはPTSDに蝕まれる／『アメリカン・スナイパー』

だが、その報復としてＩＳはアメリカ人ジャーナリストを殺害。オレンジ色の服を着てひざまずくその映像をネットで公開する。それを受けオバマ大統領は、強く警告した。

「どこにいたとしても米国人には正義がなされなければならない。ＩＳに対し強い姿勢で対応する」

前政権ブッシュの方針を否定し、対話を進める外交政策を打ち出したはずのオバマが、怒りをあらわにした。それまで幾度となく繰り返されてきた、世界の治安維持に介入しようとするアメリカの姿を、人々は再び目撃する。

その２０１４年、アメリカの正義を問う作品が公開される。クリント・イーストウッド監督による『アメリカン・スナイパー』[12]。イラク戦争を舞台に、実在したスナイパーを主人公にした「英雄」の物語だ。

※12 **『アメリカン・スナイパー』**（American Sniper） ２０１４年 監督：クリント・イーストウッド 出演：ブラッドリー・クーパー、シエナ・ミラー ▼クリス・カイルは30歳にして海軍へ志願、厳しい訓練をくぐり抜け、特殊部隊ネイビーシールズの一員となる。イラク戦争に派遣された彼は、類まれな狙撃の腕で華々しい戦果を挙げ、いつしか「レジェンド」と呼ばれるようになる。だが、戦争は彼自身の心も蝕んでいた。

狙撃兵としての並外れた才能から「レジェンド」と呼ばれた主人公、クリス・カイル。だが、激しい戦闘の中で仲間は傷つき、家族との溝も深まる。爆弾を抱えた母子を狙撃せよとの命令にも従わなければならない。やがて、カイル本人もＰＴＳＤ（心的外傷後ストレス障害）に蝕まれていく。

カイルは帰国後、自らと同じくＰＴＳＤとなった兵士のための団体を設立するが、その活動中にセラピーを受けにきた元兵士によって射殺されてしまう。それはこの映画の制作途中のことだった。

この作品が公開されると奇妙な現象が起きた。保守、リベラルそれぞれが、その内容を絶賛したのだ。

共和党から出馬し、カルフォルニア州知事を務めた経験を持つアーノルド・シュワルツェネッガーは「エンドクレジットで涙した」と絶賛。一方、左派のドキュメンタリー映画監督マイケル・ムーアも、この作品には反戦のメッセージがあると評価した。

立場や、見方が異なる者を、同時に引き付けるメッセージ。それは一体なんだったのか？

映画の舞台となったイラク戦争は、アメリカの正義を揺るがす出来事だった。２００３年、イラクが大量破壊兵器を保有している、と非難し始まったこの戦争。だが、翌年、その証拠は見つからないことが明らかとなる。私たちは何のために戦ってきたのか。アメリカの役割とは何か。

イーストウッドが「アメリカとは何か」を問う意味
——カート・アンダーセンの証言

イラク戦争は間違っており、最悪の大失敗でした。「自由のために戦うんだ」という考えで始まりましたが。そうした戦争が広く受け入れられたわけではありませんでした。しかし、9・11同時多発テロのせいで人々は駆り立てられ、始まってしまったのです。

アメリカは「世界の警察」であり「自由を導く灯台」であるという役割を自任していました。しかし、現在ではそれらは確実なものではなく、アメリカ自身も自分のアイデンティティを見失っています。今日の外交政策において、アメリカは世界における立場をどうすべきなのかをまだ見出せずにいます。オバマもバイデンもしかりです。

トランプは全く異なる見方をしていました。彼は単にいじめっ子のようなギャングの親玉として支配しただけでした。

面白いことに右派と左派は、しばしば「アメリカは最悪だ」という同様の見方をしています。「アメリカは何の導き手にもなれない。他の国々と同様に最悪だ」とね。

金持ちで、力があり、自分の利益のために他国に権力を振りかざす国だという、皮肉なアメリカ観を持つようになったのです。

かつての高潔で神話的なアメリカではなく、より現実的にふるまうアメリカになったのです。私たちは、崇高でも偉大でも、ジョン・ウェインでもなくなったのです。

いずれにせよ、「アメリカは豊かな大国であり、世界を自分の価値観で牛耳《ぎゅうじ》っていい」とはもはや考えられません。ですが、アメリカにできる役割はまだあるはずです。民主主義の価値観を世界に根付かせたという意味において、過去のアメリカは高潔な目的も持っていました。

「タイム」誌と「ライフ」誌を創刊したヘンリー・ルースは、1941年に20世紀を「アメリカの世紀」と名付けました。しかし、その時代は終わったのかもしれません。1950年から2000年に見られたほど、アメリカは支配的ではなくなりました。これがアイデンティティ・クライシスなのかもしれませんが、アメリカも中年になって、世界における異なる地位に適応せねばならないのです。

英国の人々も20世紀になって、もはや「海の支配者：大英帝国」ではなく小国になったことに適応せねばなりませんでした。そのこととアメリカが今、直面していることが全く同じだとは言いませんが、帝国は、いつかは衰退するのです。

クリント・イーストウッドは「アメリカの世紀」を生きてきました。彼は映画スターとして活躍し、その後、非常に才能豊かな監督になりました。そして後年には政界に進出して共和党員になり、彼の家があるカリフォルニア州で市長の公職に就きました。確か2012年に共和党大会にも現れました。

興味深いのは彼が近年の共和党、つまりトランプから距離を置いたことです。イーストウッドは西部劇に出演してカウボーイや警官を演じ、タフガイや彼が作った映画に出てくる神話的なアメリカ人を演じましたが、ある意味、彼自身がそのような人でした。ですが『許されざる者』を見ても分かるように、彼は単純にそれを礼賛するのではなく、もっと複雑な見方を提示しています。

　彼と私の政治的立場は異なりますが、それでも私は彼は常に「進化している」と思います。これは希望を与えてくれるものです。『アメリカン・スナイパー』は「アメリカとは何か」という複雑な問いを、好戦的な愛国主義者がやらない方法で描きました。ですからクリント・イーストウッドには「よくやった」と言いたいです。

もはや世界の警察ではない

　2001年、同時多発テロを受け、沸騰した国民の感情。それを背景にして始まったイラク戦争は、アメリカ国民、そしてイーストウッドにとって立ち止まり、考えるきっかけとなった。イーストウッドは次のように述べている。
「僕は個人的にはイラク戦争を支持した人たちの一人じゃない。それでも戦場に送られた人々について語ることはできる。僕は第2次世界大戦から今日までずっと生きてきて多くの変化を見てきた。そして多くの過ちが何度も何度も繰り返されているように思えるんだよ」（シネマトゥデイ　2015年2月19日）
　アメリカが第二次世界大戦に参戦した1941年に「タイム」誌発行人、ヘンリー・ルースが唱えた「アメリカの世紀」という言葉。それはアメリカが世界に自由と民主主義を広める役割を果たすべき、という提言だった。

その大義のもと、世界の警察官として振る舞ってきた戦後アメリカが大きく変わろうとしていた。イーストウッドからのメッセージ、それは、その「自由と民主主義の番人」という役割の否定とも受け取れた。

アンダーセンが言うように、もはやアメリカは西部劇の崇高で偉大なヒーロー、ジョン・ウェインではないのだ。

崇高な理想より、現実的な利益を。

それは国家が成熟したゆえの正しい選択だったのか？　それとも、経済第一の人々の本音だったのか？

そして映画公開の翌年２０１５年に、大統領選への出馬を表明、その後、共和党の候補に選出されたのがドナルド・トランプだった。裕福な不動産業一家に生まれ、80年代にカジノ経営、ホテル業など事業を拡大し、「不動産王」と呼ばれた。80年代の「サクセス」を象徴する人物だ。トランプは、選挙戦でこう訴えた。

「私たちはもはや世界の警察官にはなれない。金を出さない国は守れない」

「アメリカ・ファースト」を謳う、政治経験のない大富豪、ドナルド・トランプ。リベラルを掲げるエリート層の代弁者ヒラリー・クリントン。アメリカの国民が選んだのは前者だった。識者は一様に驚き、嘆いた。

オバマから、トランプへ。「実験国家」アメリカの、振り子のように大きく揺れる動きは、社会を両極に分断していく。

5 焦燥──『ゲット・アウト』

声を上げ始めたフェミニストたち

2017年、ハリウッドが揺れた。映画プロデューサー、ハーヴェイ・ワインスタインのセクシャルハラスメントを告発する記事がメディアを駆け抜ける。同様の被害を受けたと主張する女性たちが「#Metoo」のハッシュタグをつけてSNSに次々に告発を投稿するようになると、各地でデモ活動も行なわれた。

その動きはアメリカから、世界へと広がる。世界各国で、女性たちは声を上げた。

様々な表現ジャンルで、フェミニストたちの発信が見られるようになった2010年代。2015年公開の『マッドマックス　怒りのデス・ロード』[13]もその一つだ。

舞台は世界中で起きた核戦争後の近未来。元警察官のマックスは戦争によって妻と娘を失い、幻覚に悩まされながら放浪していた。だが、マックスは突然何者かに拉致される。連れていかれた砦では、イモータン・ジョーが人々を支配していた。ある時、ジョーの部下である女戦士フュリオサがジョーに反旗を翻し、捕えられた女性たちを連れて「緑の土地」を目指す。

主人公マックスと共に躍動する女戦士フュリオサの姿が描かれる。フュリオサはラテン語で、怒れる女性という意味だ。

反・フェミニズム

その語源さながらの姿は賞賛を得ると同時に反発も生んだ。

意見を表明したのは「現代の男性は、女性に虐げられている」と訴える、男性の権利擁護活動家「メンズ・ライツ・アクティビスツ」[14]だ。彼らは、この映画を「フェミニストのプロパガンダ」だと断じ、ボイコットを呼びかけた。

反・フェミニズムの声は、既に当の女性の間にもあった。2014年、SNSで、「#WomenAgainstFeminism」というハッシュタグが注目を集める。

フェミニズムの主張に不快感を持った女性たちが、このハッシュタグを使い、自撮りと共に、フェミニズムが不要な理由を投稿した。その多くは、若い女性たちであり、ビヨンセのターゲット層でもある。

SNSを通して乱反射するフェミニズムをめぐる声。それは、産業化されたポップカルチャーにも影響を及ぼす。主義主張も商売に利用しているだけだと捉えられかねない時代の空気がそこにあった。

だがビヨンセは、その2014年8月24日、堂々とMTVに出演し「***Flawless」を歌った。セットの背景には巨大な「フェミニスト」の文字。世界160カ国以上で、7億5000万世帯が視聴する、超巨大産業となったMTVの場での宣言は、大きな意味を持った。

このパフォーマンスを受け、エマ・ワトソンやテイラー・スウィフトといった有名人たちも次々に、フェミニストを名乗るようになる。

同時に楽曲は、商業的な成功も収めた。この曲を収録したアルバム、「BEYONCÉ（ビヨンセ）」は、発売から3日間で61万7000ダウンロードを売り上げ、ビルボードチャートでは初登場1位を記録した。3人の子どもの母でもあるビヨンセは、次の世代に向けて言う。

「男の子たちには平等と敬意を教えねばなりません。彼らが成長した時にジェンダー平等が当たり前のことだと思えるように、そして女の子たちには人間として可能な限りの高み

※13 **『マッドマックス　怒りのデス・ロード』**（Mad Max: Fury Road）　2015年　監督：ジョージ・ミラー　出演：トム・ハーディ、シャーリーズ・セロン、ニコラス・ホルト、ヒュー・キース・バーン
▼元警察官のマックスは、世界で起こった核戦争によって妻と娘を失い放浪していたところ何者かに拉致される。連れていかれた砦では、イモータン・ジョーが人々を支配していた。ある時、ジョーの部下である女戦士フュリオサが反旗を翻し、捕えられた女性たちを連れて逃げ出す。
※14 **メンズ・ライツ・アクティビスツ**　男性の権利を主張する活動家。フェミニズムによる女性への配慮が過剰なものであると見做し、むしろ男性の権利が失われていると考える。

を目指していいのだと教えなければならないのです」(『The Shriver Report: A Woman's Nation Pushes Back from the Brink』Maria Shrive, St. Martin's Griffin)

オバマ大統領の誕生で開花した文化
――カート・アンダーセンの証言

結婚の平等を認めた最高裁の判決は2010年代で絶対的に重要な出来事だと思います。10年前には誰もが予想していなかったことが、信じられないスピードで実際に起こったのです

2010年代をオバマ大統領抜きに語ることはできません。彼は2009年にアフリカ系アメリカ人として初めての大統領になりましたが、もちろんそれによってアメリカの人種差別がなくなったことを意味するわけではありません。ですが、8年にわたり私たちの大統領が黒人だった事実は重要です。そして、そのことが逆にこの国における白人至上主義運動を活性化させました。いずれにせよ、オバマ大統領の誕生はアメリカで2010年代に起きた重要なことの一つです。そして、その結果黒人のアメリカ人による素晴らしい芸術や文化、映画が開花したことは幸運だったと言えるでしょう。

マイノリティの本当の姿を描く『ムーンライト』

オバマ大統領は2期目の大統領就任演説で、性的マイノリティの法的な平等を実現する

幼馴染のケヴィンとの友情はやがて恋愛感情へと変わる。黒人、同性愛、貧困と、マイノリティとして歩むシャロン（トレヴァンテ・ローズ）の人生／『ムーンライト』

と約束していた。翌２０１５年、アメリカではジェンダーを巡る大きな出来事が起きた。アメリカ連邦最高裁が、同性婚を禁止する州法は違憲だと判断。全米で同性婚が合法となったのだ。

そして、最高裁判決の翌年、２０１６年に映画『ムーンライト』[15]が公開される。

貧しい黒人少年のシャロンは体が小さく内気でいじめられている。ある時、彼は麻薬の売人をしているファンに出会い、父のように慕うようになる。だが、シャロンの母ポーラが彼から麻薬を買っていることを知り、ショックを受ける。高校生になったシャロンは、やはりいじめを受けており、それは過酷さを増していた。そんな中、幼馴染みのケヴィンだけが彼の友達だった。気の置け

※15　『ムーンライト』（Moonlight）　２０１６年　監督：バリー・ジェンキンス　出演：トレヴァンテ・ローズ、マハーシャラ・アリ、ナオミ・ハリス　▼シャロンは体が小さく内気でいじめられている。ある時、彼は麻薬の売人をしているファンに出会い、父のように慕うようになる。だが、シャロンの母ポーラがファンから麻薬を買っていることを知り、ショックを受ける。同時に彼は友人ケヴィンに特別な感情を持っていることを自覚する。

ない友情はいつしか恋愛感情へと変わっていくことに彼は気づく。黒人、同性愛者、そして貧困。シャロンがマイノリティとしての人生を歩みながらアイデンティティを模索する物語は大きな話題となった。

黒人の同性愛を受容する
——ジョナサン・ローゼンバウムの証言

私がとても心を打たれたのは、映画が単に同性愛を取り上げたというだけでなく、黒人の同性愛をメインストリームにあるべきものとして受容することを印象づけた映画だったということです。配慮されるべきとか、周辺文化だとか、特別なものとか、そういうものではなくてね。

この映画が重要なのは、そこに繊細さがあるからだと思います。ありきたりな黒人男性のステレオタイプである荒々しさではなく繊細さを描き出しました。ですが、意図的に逆にしたわけではありません。登場人物を自然に描写しただけのことなのです。

この映画は黒人の人生を様々な面からあらわにしていると感じました。一般的な黒人の人生ではなく——そんなものはありませんからね——これまで描写されることがほとんどなかった複数の異なる黒人の人生を。そうした繊細さが見られるのが特色です。

Black Lives Matter

監督、脚本を務めたバリー・ジェンキンスは制作の意図を次のように述べる。

「僕にとって今の世の中はお仕着せの世界だ。ソフトパワーというさりげない決まりごとが世界から見たらアメリカにはたくさんあるんだ。これは男は男らしくという考え方で当たり前のように存在する古い概念だ。だから僕はスクリーンを通して、観客に外見や肉体的な変化を含めた主人公の成長を示したかった」（映画.com　２０１７年4月3日）

子どもの頃は「リトル」というあだ名で呼ばれ、ひ弱だった体を覆い隠すかのように鍛え上げる主人公。だが、本当に必要なのは、そんな鎧《よろい》を脱ぎ捨てられるよう社会のほうが「変化」することのはずだ。そう説いて、ジェンダーや人種のステレオタイプからの解放を描こうとしたこの作品はアカデミー作品賞、助演男優賞、脚色賞を獲得する。

ハリウッドが多様性を意図する表現に拍手を送る一方で、２０１０年代になっても、現実社会ではマイノリティに対する抑圧は歴然と存在していた。

２０１４年には、高校を卒業したばかりの黒人少年が、白人警官に口論の末に銃殺されるという事件が起きる。丸腰の少年は、両手を上げて無抵抗の状態で、6発の銃弾を浴びた。

こうした中、黒人に対する差別撤廃を求める「Black Lives Matter」[16]運動が巻き起こった。

※16　**Black Lives Matter**（ブラック・ライヴズ・マター）　２０２０年、ミネソタ州で黒人男性のジョージ・フロイドが白人警官に暴行を受け死亡した事件をきっかけとして、人種差別への抗議の声を上げるデモが活発化し、このスローガンが使われた。「マター」とは「重要である」の意。

ＳＮＳ発のこのムーブメントを、企業や有名スポーツ選手も後押しする。それでも、ヘイトクライム、偏見で引き起こされる犯罪は止まらない。

リベラルもまた共犯関係にある

そして、２０１７年1月、ドナルド・トランプが第45代アメリカ大統領に就任する。「アメリカ・ファースト」「メキシコに壁を作る。中国、日本を倒す」など選挙戦を通じ、移民などのマイノリティを排除する言葉を振りまいてきたトランプ。彼が大統領に就任した２０１７年に、ヘイトクライムの発生数は、前年に比べ17％も増加していた。大統領選後、トランプの勝利を受け、オバマはこう漏らしたという。

「私たちは夢を追い過ぎたのかもしれない。10年か20年早かったのか……」

早すぎる変化への反動が、時代を覆う。そうした２０１７年公開の映画『ゲット・アウト』[17]。スリラーだが、クライマックスの恐怖以前に何気ないシーンが怖い。

白人のガールフレンドであるローズの実家を初めて訪ねた黒人青年クリス。恋人の家族や親戚に紹介されるが、次第に奇妙な感覚に陥る。ローズの一家は父が脳外科医、母がセラピストの裕福な家庭であり、広大な屋敷に黒人の使用人を雇っている。「オバマの3期目があるなら投票する」というリベラルな考え方を強調する父ディーンだったが、アーミテージ家や使用人の行動はどこか変だとクリスは感じる。

翌日、パーティーが開催されるが、そこに集まったのは裕福な白人ばかり。彼らはクリスに興味津々の様子で「時代は黒だよ」などと言っている。そんな中、唯一の黒人参加者であるローガンは、突然クリスに襲いかかり「出ていけ！（Get Out）」と叫ぶのだった。黒人への理解を示す白人たちの言葉が、じっとり不気味さを醸し出す。その背景にあるものをウィルモアはこう指摘する。

「『ゲット・アウト』での悪役のキャラは、味方だと主張する人たちです。『できるものなら3期目もオバマに投票したよ』という有名なセリフがありますよね。つまり、彼らは自分たちが問題の一部ではなく、解決策の一部であると考えているのです。しかし彼らの計画は、黒人の体を乗っ取ることです。愛情の名のもとにと言わんばかりに。それが、奴隷制度の歴史と相似しているのです。ただのあからさまな人種差別の描写ではなく、アメリカ人の共犯関係を表しているのです」

美辞麗句が表層を覆う社会の怖さをあぶりだすかのような表現が、リベラルを装う人々を青ざめさせた。

表層だけでは捉えられない、ねじれた時代。そんな時代の空気を表したミュージックビ

※17　『**ゲット・アウト**』（Get Out）　２０１７年　監督：ジョーダン・ピール　出演：ダニエル・カルーヤ、アリソン・ウィリアムズ　▼黒人カメラマンのクリスは、恋人ローズ・アーミテージの両親に紹介されることになった。アーミテージ一家は表向きリベラルな考え方を表明し、クリスを受け入れているかに振る舞っているが、彼はどこか違和感を覚える。

デオが話題を呼ぶ。ドナルド・グローバーの名で、俳優、コメディアン、作家としてマルチな活躍するチャイルディッシュ・ガンビーノの「ThIs Is America」だ。

ネット上に公開されると、24時間で、１２９０万回の再生回数を記録。わずか10日で、1億回を超える。

様々なメタファーを使い、アメリカの差別社会、そして銃社会を痛烈に描いたこのミュージックビデオ。その解釈をめぐっては、様々な意見が飛び交った。「お金を稼げ、ブラックマン、ブラックマン」と歌い、黒人エンターテイナーとしての自分にさえ、批判の目を向けるチャイルディッシュ・ガンビーノ。そこにはマイノリティ擁護の言説によっても変わらない現状があるとウィルモアは感じ、次のように述べる。

「このミュージックビデオが本当に面白いのは、誰もが『共犯者』として批判の対象となっているからだと思います。そしてそこにはグローバー自身も含まれているのです。

この曲の中に『金を稼げ』と言い続けている部分があるのですが、これは、アメリカン・ドリームや資本主義的な成功について歌っているのです。彼はグッチなどの高級品を持ったところで、社会に受け入れられるようになるわけではないと言っています。

成功は身を守ることにはなるけれど、社会構造のレベルで物事を変えることはできません。黒人の有名人や黒人の物語がスクリーン上でよく見られるようになったからといって、現実の生活は変わらない、ということを表現しているのです」

「カウンター」という形で、現実に立ち向かってきたはずのアメリカン・サブカルチャー。

しかし、カウンターもアメリカ流資本主義の中、一つの商品に過ぎない現実がそこにあった。

6 懐疑――『パターソン』

何が本当なのか分からない

2016年7月12日深夜。オハイオ州ペリー原発の敷地内に何者かが侵入するという事件が発生する。

そこで彼らが探していたのは……、そう、ポケモンだ。

「ポケモンGO」はAR（拡張現実）技術を活用し、現実の風景とゲームの風景を重ね合わせ、その中でキャラクターであるポケモンを探せるスマホゲーム。任天堂が開発したこのゲームは、この年アメリカでも配信が開始され、発売から1カ月で「売り上げ」「ダウンロード数」「売上1億ドルへの到達期間」など5つものギネスを更新し、社会現象にまで発展した。

夢中になった人々は、現実世界よりもスマホの画面を見て歩くため、とんでもない場所に入り込んでしまうことがしばしば起きた。人々の行動をたやすく変えてしまうテクノロジーのパワーを感じさせるものだった。

そして翌2017年、ドナルド・トランプが大統領に就任すると、テクノロジーはさらに社会を混乱に陥れる。選挙戦の最中から、SNSで過激な発言を繰り返し、注目を浴びていたトランプは、就任すると次々とSNSに投稿し、敵対する人物を罵った。それはまるで、プロレスラーが相手を挑発するラッシュトークのようだった。過激さがさらに過激さを呼ぶSNSを使った新しい形の劇場型政治を、大統領自らが演出した。

この頃、SNSにまつわるある言葉が注目される。「フェイクニュース」だ。ネット上で流される虚偽の情報。それは、匿名性の高いSNSで瞬く間に拡散される。大統領選ではローマ法王がトランプ支持を表明した、というフェイクニュースが流された。さらに、現実に悲劇も生む。ネット上に、民主党幹部が関わる人身売買組織の根城だとデマを書かれたピザ店が、実際に襲撃されるという事件も起きた。トランプは当選後もSNSを最大限に活用した。根拠のない中傷を交え、敵対する陣営を罵倒。自分に都合の悪いことは、「フェイクニュースだ」と切り捨てる。

SNSでは自分がフォローした人の情報しか目に入らない。アルゴリズムが発達し、その人に適した情報だけを流すような技術が進化した結果、人々は自分の見たい情報にしか触れなくなってしまった。いわゆる「フィルターバブル」[18]と呼ばれる問題だ。

2010年代初頭、テクノロジーの進歩が、自由で民主的な価値観を行き渡らせるという「希望」が、アメリカ社会を照らしていた。だが、技術はディープフェイクのような、現実と虚構の区別がつかない混乱した世界をもたらした。

トランプ大統領就任の2017年、『ブレードランナー2049』[19]が公開された。1982年に公開された『ブレードランナー』の後日談を描く物語だ。

前作は、1980年代から90年代にかけてSF界で大きな流行を生んだサブカルチャー、「サイバーパンク」の文脈で語られるSF映画の金字塔である。作家ウィリアム・ギブスンらが中心となって起こしたムーブメントである「サイバーパンク」。近未来を舞台に、人間の機能を拡張する人体改造や高度なネットワーク空間などを取り扱うその作風は、後のアニメやゲームなどに大きな影響を与えた。

その『ブレードランナー』の続編が2017年に製作された背景には、じつは80年代と2010年代の類似点があるという。

※18　**フィルターバブル**　検索エンジンやSNSにおいては、個人の嗜好をもとに情報がレコメンドされるため、自分に近しい考え方にしか触れなくなって、それが「全て」だと感じてしまう傾向を指す言葉。

※19　**『ブレードランナー2049』**（Blade Runner 2049）　2017年　監督：ドゥニ・ヴィルヌーヴ　出演：ライアン・ゴズリング、ハリソン・フォード　▼人造人間レプリカントのKは、ブレードランナーとして旧型レプリカントの始末を任務としている。ある時、Kは任務の最中に遺骨を発見する。Kは次第にその子どもは自分なのではないかという考えを持ち、真相を追求しはじめる。

『ブレードランナー』が予測していた正確な未来
――ジョセフ・ヒースの証言

『ブレードランナー』が革新的だったことは2つあります。

1つは、未来の社会における経済体制の新たな形を示したことです。以前のSFでは、未来において資本主義は衰退し、共産主義に近い状態になるだろうという描き方が主流でした。例えば『スター・ウォーズ』では、酒場に入るとビールは1種類しかありません。『ブレードランナー』が新しかったのは、ハイパー資本主義と呼べるものを提示したことです。広告は小さくなるのではなく、むしろ大きくなって建物の一面を覆い尽くしています。私は80年代にこの映画を見て、衝撃を受けました。

2つ目は、アメリカにおいてアジア系の影響が強くなることを予期していたことです。当時の映画ではまだ白人がほとんどで少しだけ黒人が出てくるというようなキャストの配置をしていました。ですが、『ブレードランナー』では、カリフォルニア州に非常に大きなアジア系の影響があって壁に中国語や漢字が書かれたり、麵を食べたりすることが普通になった未来のビジョンを示しています。それはアメリカが日本の産業の成長とアメリカの産業の衰退を最も恐れていた時期の発想であり、後にそれは現実のものとなりました。

この2つの意味で『ブレードランナー』は未来を正確に予測していたのです。

誰もが表現できる時代に、表現をすることの意味

80年代、安価で高性能な日本の小型車が世界の市場を席巻した。それは自動車産業を伝統と誇りの象徴とするアメリカにとって脅威となった。

そして２０１０年代に台頭したのは中国だ。２０１８年3月、アメリカ政府は、安全保障上の懸念を理由に、中国製の通信機器を国内の通信網から排除する規制の検討を発表。ＩＴ産業で著しい成長を見せる中国との対立は、「デジタル冷戦[20]」と呼ばれるほど激しくなる。

そこにあったのはいつの時代もアメリカの人々の心の底にある、神秘へのときめきと得体の知れない不気味さに引き裂かれる東洋へのイメージかもしれない。

そして、この間広がっていたのは、競争が激しさを増す、グローバル資本主義だった。国の豊かさを、あらゆるものを商品化し、市場の原理に託すことで実現しようとした、80年代のアメリカ。ＩＴ企業が圧倒的な力を持つようになった２０１７年。その2つを経て『ブレードランナー２０４９』で描かれたのは、巨大ＩＴ企業が提供するテクノロジーが、あらゆる欲望に応えてくれる未来だ。現実社会でも、ＩＴ企業は人々のあらゆる欲望

※20　**デジタル冷戦**　中国がデジタル機器の製造で力をつけたことにより、多くの製品が実質的に中国製となった。パソコンや通信機器からの情報漏洩を危惧したアメリカは、中国製の機器を排除する動きを見せ、米中対立の火種となっている。

に応えてくれるかに見えた。

だが、そのSNSを強く批判したのは、ナップスターの共同設立者であり、フェイスブック初代CEOも務めたショーン・パーカーだ。既に会社を離れていた彼は自省の念をこめ、告白した。

「アプリ開発者の思考プロセスはこうだ。

『最大限にユーザーの時間や注意を奪うためにはどうすべきか？』

そのためには写真や投稿に対して『いいね』やコメントがつくことで、ユーザーの脳に少量のドーパミンを分泌させることが必要だ。人の心理の『脆弱性』を利用しているのだ。それは私のようなハッカーが思いつく発想だ。私たち開発者はこのことを理解した上であえて実行したのだ」（CBS NEWS 11/9/2017）

「人とつながりたい」——そんな原初的な欲望すら、利潤に変える資本主義はスマホを通して世界中に広まった。

しかし、そんな時代に抗う表現も生まれている。

『パターソン』[21]（2016）は、ニュージャージー州パターソンに住むバス運転手、パターソンの何気ない日常を描いた作品だ。監督ジム・ジャームッシュはこの作品で、人間の欲望をむさぼり尽くす資本主義への静かな抵抗を見せていた。

小さな町でバスの運転手をしている主人公、パターソンの趣味は詩を書くことだ。仕事の合間や帰ってから密かにノートに詩を書き留めている。しかし、その詩をＳＮＳなどで世界に向けて「発信する」こともなく、妻がもしものためにと薦める「コピー」すらしようとしない。そのノート一冊の中だけに彼の詩はある。

資本主義が煽る欲望から距離を置き、代替不可能な唯一の言葉を淡々と生み出す人間の姿。

人々の欲望にどこまでも従順な資本主義は、いつの間にか社会を均質化していく。そして、テクノロジーがそれを加速させる。ＡＩの発展により、個人の嗜好に合わせたマーケティングが可能になると、企業は「あなたならこれが欲しいはず」と訴えかけるように情報を押し付けてくる。

この欲望は本当に自分の欲望なのか？

もはやそこでは、人間の主体性すら曖昧になるような感覚に陥る。『パターソン』で描かれるのは、こうしたテクノロジーが生むハイパー資本主義に抗う術《すべ》だ。

人々の感情まで商品化される時代に、アメリカが求めていた、自由も愛も、生きる美学も、どこかに流されていってしまったのか？　監督のジム・ジャームッシュは次のように述べている。

※21　『**パターソン**』（Paterson）　２０１６年　監督：ジム・ジャームッシュ　出演：アダム・ドライバー、ゴルシフテ・ファラハニ　▼ニュージャージー州パターソンに住むパターソンは、バスの運転手。決まりきった日々を過ごしているかに見えるパターソンだが、密かに詩をノートに書き留めている。愛する妻のローラと暮らしているが、ある時そのノートが愛犬にバラバラに破られるという事件が起きて……。

「地球は交通機関だけでなくインターネットやソーシャルメディアによってすごく小さくなっている。でも、それらを操作しているシステムが決して優れているとは言えない。というより崩壊している。だから、僕の希望としては、これを機会にみんなが一歩下がって『地球を動かしていたのは一握りの者だけが儲かるシステムで、僕らではない』って気づいてくれたらいいと思うよ」（HUFFPOST　２０２０年６月21日）

反資本主義のメッセージ
――ジョナサン・ローゼンバウムの証言

ジャームッシュが異色なのは、人気映画監督のほとんどがストーリーテラーなのに対し、彼は詩人であることです。そして、ストーリーを伝えるよりも人物描写に関心を持っています。

『パターソン』には、アメリカでは誰もが、自分では気づいていなくても芸術家だ、という観点があります。『パターソン』では犬ですら芸術家で、詩集をビリビリに食いちぎる時、彼はパンクアーティストです。これは美しいアイデアだと思います。

パターソンは詩を出版することにさえ興味を持ちません。名声に対する欲はなく、評判を高めようとしないのです。世の中に今存在しているものだけで十分だ、という感じです。だから、彼の詩が書かれたノートが破れても、また新しい詩を書けばいい。お金持ちになることより、既に持っているものに感謝することが大事なのです。

一方、資本主義は、人々が常により多くのものを欲しがり、現状に満足できないという概念に基づいています。それは、単純な欲求というよりも、一種の症状のように思えます。

重要なのは、ジム・ジャームッシュの映画には反資本主義のメッセージが根底に流れているということです。

そして、それに対して、映画の中で道徳的なだけでなく美学的な代替案を提示しているように思います。

私たちはドナルド・トランプに対して、道徳的にだけでなく、美学的にも訴えを起こすことができますよね。彼のようにセンスの悪い人間が、お金をこれほど持っていることに何の意味があるのか？　より醜い世界を作るためなのか？

アメリカの資本主義は、そのことについて何も考えていないと指摘しているのです。

7　反転――『ジョーカー』

ジョーカーを生み出したのは誰か

2019年8月3日、テキサス州エルパソのショッピングモールで銃乱射事件が発生した。このエルパソ銃乱射事件は、25人が負傷、22人が死亡する大惨事となった。犯人は21歳の白人男性。逮捕時に警官に対し、「メキシコ人たち」を標的にしたと自白した。いわゆるヘイトクライムだ。

事件の半年前、トランプ大統領は国境の壁建設費を確保するため、議会の承認を得ず、国家非常事態を宣言していた。

２０１０年代最後の年、19年は、人種の壁、リベラルと保守の溝、さらに経済的格差という この10年間で生まれた対立が、加速し吹き荒れた年だった。２０１９年の統計では、アメリカには資産10億ドル以上のビリオネアが７０５人もいる。一方、その年の貧困率はＯＥＣＤ加盟国で第3位。先進国にあっては飛び抜けて高い数字で、17・8％の人が、貧困線以下の生活を余儀なくされる状況だった。

その年、アメリカの分断を象徴するあの男を描いた映画『ジョーカー』[22]が公開された。コミックを原作に多くの映画シリーズが制作されてきた、バットマンのヴィラン（悪役）を主人公にした作品だ。描かれるのは貧しいコメディアン、アーサー・フレックを「ジョーカー」という悪役へと変貌させた「怒り」である。『ジョーカー』がヒットした要因をヒースは次のように語る。

「ジョーカーの文化的遺伝子がたくさんあるのは、様々な意味での〝逆転〟を表わしています。ジョーカーが社会から誤解され、ひどい目に遭わされているとみなされるようになったのです。今、アメリカでは多くの若い男性が、バットマンよりもジョーカーに自分を重ね合わせているはずです」

アーサーは、病気の母を看病しながらコメディアンとして売れることを目指しているが、彼には緊張すると笑ってしまう病気があった。その怒りが向かうのは、彼の尊厳を踏みにじる「成功者」たちだ。経済的成功を背景に、かさに懸かる態度でふるまうウォールストリートの成功者を思わせる若者。憧れの存在であったにもかかわらず、彼をテレビで笑い者にするセレブな司会者。背景にあるのは、経済格差が広がり、１％の富裕層に富が集中する現実だ。99％のアメリカの若者がジョーカーに共感したように、映画の中でも、メディアを通じて見たジョーカーの姿に、人々は共鳴し、暴動を起こす。

そのシーンで流れたのが、サイケデリック・ロックの名曲、クリームの「ホワイトルーム」。

この曲が発表された１９６８年はキング牧師暗殺、ワシントン暴動、テト攻勢、反戦運動などが巻き起こり、「動乱の68年」と呼ばれた年だ。キング牧師の突然の死や出口の見えないベトナム戦争に、人々は激しい怒りの声を上げた。

カウンターカルチャーを痛烈に批判

そして、『ジョーカー』と同じ２０１９年、「ハリウッドの昔話」でも、60年代後半のサ

※22　**『ジョーカー』**（Joker）　２０１９年　監督：トッド・フィリップス　出演：ホアキン・フェニックス、ロバート・デ・ニーロ　▼ゴッサムシティに住むアーサー・フレックは貧しいコメディアン。善良だったにもかかわらず何もかもうまくいかず絶望した彼は、ついに拳銃で人を撃ってしまう。殺人鬼「ジョーカー」となった彼の姿に触発された市民は暴徒と化し、街はすさんでいく。

ブカルチャーが取り上げられた。クエンティン・タランティーノ監督の『ワンス・アポン・ア・タイム・イン・ハリウッド』[23]。「ワンス・アポン・ア・タイム」とは日本語にすれば「昔々……」というお話の始まりに使うフレーズである。

この作品に登場するのは60年代カウンターカルチャーを代表するヒッピーだ。監督のクエンティン・タランティーノは、過去のB級映画や日本映画からの引用を得意とし、オタク的な感性を持つことで知られる。

作品の舞台は１９６９年のハリウッド。主人公は、50年代に西部劇で活躍した落ち目の俳優リック・ダルトンとその友人のスタントマンであるクリフ・ブースだ。一方、ヒッピーたちは、使われなくなった西部劇のスタジオで共同生活を送り、カルト集団を形成している。ヒッピーたちはある勘違いから、リックの家に入り込み、そこでタランティーノお得意の陰惨なスプラッターが繰り広げられる。

モデルとなったのは、60年代に実在した、チャールズ・マンソンとそのファミリーと呼ばれるカルト集団だ。彼らは、１９６９年に女優シャロン・テートとその友人を殺害し、カウンターカルチャーに暗い影を落とした。映画で描かれるのは、その事件が起きなかった虚構の過去だ。そこでヒッピーたちは、罵倒され叩きのめされる。50年代的価値観への反抗として生まれたムーブメントを強烈に揶揄《やゆ》するような描写になっている。そこに込められたものは何だろうか。

カルト、キリスト教、陰謀論
――カート・アンダーセンの証言

『ワンス・アポン・ア・タイム・イン・ハリウッド』の主人公がマカロニ・ウエスタンに出演している中年の俳優だという点は興味深いです。あの時点では西部劇は斜陽の時代にあったからです。60年代後半、伝統的な西部劇は、ヒッピー等のカウンターカルチャーのために人気を失いかけていました。映画はその時代を描いていて、時代遅れの俳優がお金を稼ぐためだけにイタリアで西部劇に出演するのです。映画は、西部劇が時代遅れだと宣告されたことを描いているのです。

マンソン・ファミリーは単なるカルトでしたが、話はそれだけで終わりませんでした。１９６０年代にはキリスト教の中で、魔法や超自然現象を信じるそれまでとは異なる方向性の宗派が爆発的に増えます。それらはカルト的なもので、幻覚や妄想と極端な興奮への欲求がありました。そこではキリスト教と陰謀論が重なり合います。

※23 **『ワンス・アポン・ア・タイム・イン・ハリウッド』**（Once Upon a Time in... Hollywood）２０１９年　監督：クエンティン・タランティーノ　出演：レオナルド・ディカプリオ、ブラッド・ピット、マーゴット・ロビー、アル・パチーノ　▼１９６９年、かつて西部劇で活躍したスター俳優リック・ダルトンは、今はすっかり落ち目。スタントマンであるクリフ・ブースもまた仕事はなく、リックの世話係をしている。そんなリックの家の隣に、新進気鋭の映画監督ロマン・ポランスキーと妻で女優のシャロン・テートが引っ越してくる。

どちらも同じ種類の極端な個人主義と主観的考え方を持ち、「自分が真実だと感じることが真実なのだ」ということです。アメリカのキリスト教で重要なことは、この国を作った人たちが実際に極端な教派だったことです。つまり彼らは最初から宗教的過激派だったのです。だからこそ彼らはヨーロッパで全てを捨てて、新しい生活を始めるべく見知らぬ土地に来たのです。ちょうどヒッピー・カルトが自分たちの生活の土地を求めて砂漠に行ったように。

それが私たち、アメリカ人です。信心深いか否かにかかわらず、アメリカ人なら「自分が感じて考えていることが真実だ。誰も何が真実かを自分に強要することはできない。何が真実かは自分が知っている」という初期のプロテスタントの信念がいくらか組み込まれているのだと思います。それは陰謀論的考え方に通じます。

陰謀論はいつの時代にも、どこの国にもありました。ですが、ジョン・F・ケネディ暗殺事件を機に、アメリカで陰謀論は一気に広まりました。

暗殺者の正体に関してあらゆる陰謀論が出てきました。「私たちは全てを知っているわけではない。より大きな力による陰謀があるはずだ」というある種の不穏なものの考え方が、１９６０年代と70年代の様々な考え方の変化と相まって広がったのです。

そして今、50年後になって、Qアノン[24]という形で荒唐無稽な陰謀論が出てきました。インターネットというとてつもないインフラにより、Qアノンやその他のバカげたものの信者は洗脳され、これまでにないほど簡単に仲間を見つけたり勧誘したりできています。

最近になって分かったことがあります。あるコンピュータ言語学の専門家たちが、たった2人の男がQアノンについて掲示板に投稿し、それが広まったものだということを突き止めたのです。

『ファンタジーランド：狂気と幻想のアメリカ500年史』にも書いたとおり、それら真っ赤な嘘が全国にテレビで放送され、国政のリーダーたちによって繰り返し語られ、普通のこととして正当化されれば大変なことになるでしょう。

誰かに復讐を果たせればいい——ジョナサン・ローゼンバウムの証言

クエンティン・タランティーノの人気は「復讐」という概念と密接な関連があります。彼が作る映画は全て復讐という発想をベースに作られているからです。そして、多くのアメリカ映画や西部劇にとって復讐は普遍的な考え方になっています。

通常、復讐は原始的な概念に基づいています。旧約聖書の「目には目を、歯には歯を」という言葉の通り、復讐とはやられた相手にやりかえすというものです。

ですが、アメリカがこの言葉を使用する時は、そうではないのです。非常に原始的で愚かな正義に関する考え方を持ち出してしまう。中東での戦争を見れば分かるように、誰に本当の責任があるかは気にも留めず、ただ誰かに復讐を果たせればそれでよかったかのよ

※24　**Qアノン**　匿名掲示板で「Q」を名乗る人物が投稿した「世界は小児性愛者の秘密結社に支配されている」という陰謀論を信じる人たち。彼らによれば、その秘密結社であるディープステートは民主党の政治家やハリウッドのセレブによって構成されるとする。ドナルド・トランプの支持者層でもある。

うに。

アメリカ人は「ハッピーエンドの悲劇」を求めています。今日のように、ハリウッドにおいて10歳の少年の楽しみとワクワク感のために映画が作られている限りにおいては、クエンティン・タランティーノはある意味、理想的な監督なのでしょう。なぜなら彼の映画は大人向けのように扱われていますが、実際は少年向けに作られていると思うからです。映画は単に見ている間だけ気持ちよくなればよく、劇場から出たらすぐ忘れるべきものだというわけです。

私は個人的に、『ワンス・アポン・ア・タイム・イン・ハリウッド』にはメッセージ性があると感じています。それは、ドナルド・トランプの「Make America Great Again（アメリカ合衆国を再び偉大な国にする）」と同じメッセージです。

映画では実際のヒッピーはこうだったという前提で、頭のおかしいやつに先導された殺人犯が登場し、これが典型的なモデルだと描かれています。それは実際のヒッピーとは何の関係もありません。でもそれを「カウンターカルチャー」の姿として描いているのです。

アメリカ文化の多くが、自分は非政治的だと言いながら、現状を受け入れているように思えます。そして現状を受け入れるということは結局保守化を促すことになるのです。

タランティーノは、私が思いつく中でそれを一番よく具現化した人だと思います。

現代における反逆の形

「オタク」気質の監督がカウンターカルチャーを「冷笑」し、その結果、保守化を後押しする。どこかで見たことがあるような構図だ。だがタランティーノには、別の言い分があるようだ。彼は、映画の舞台となった1969年についてこう語っている。

「今も確かに変化の時期だ。しかし、69年は、前向きで大胆で掟破りの方向への変化だった。今は全く逆だ。進化ではなく退化。ポリティカル・コレクトネスが最優先され、抑圧が強まり、誰もリスクを取らない。変化の意味が69年とは全然違っている」（朝日新聞デジタル　2019年9月7日）

タランティーノの矛先は、60年代のカウンターカルチャーそのものではなく、じつは現代のリベラルに向けられていた。2010年代、世を覆ったポリティカル・コレクトネス。だがそれは時に言葉だけで空回りし、人々に軋轢を生む。タテマエを振りかざすだけのリベラルに反感も広がる。

その状況は、思わぬ副作用を起こしたとヒースは言う。

「ポリティカル・コレクトネスが発展する中で、リベラルたちがどんどんルールを設けるようになりました。そして、若者は、ルールに反抗するのです。

こうして、カウンターカルチャーの担い手が、私が全く共感できない右翼の若者になったのです。自分のことを『ナチス』と呼んだり、人種差別的なことをしたり、オンラインで人をけなしたりするのが、今どきの反逆の形になりました。その多くは、左翼やヒッピー、パンクなどの反体制文化にあった反逆の衝動とまったく同じことなのです」

カウンターカルチャーの「抵抗」の衝動だけを受け継いだかの如き右翼的な若者たち。反転する時代。アメリカがカルチャーを通して、世界に広げようとした、自由と民主主義。反転を繰り返す時代の中、どこへ向かうのか？　2020年代、さらに続く分断と混乱。時代のゆくえは？　サブカルチャーに、何ができるのか？

最後に、本書に登場した批評家たちの意見を聞いてみよう。

「私が未来に望むのは、私たちが視聴者として、なじみのないものや、見たことのないストーリーを試してみることです。例えば、『パラサイト』[25]がアカデミー作品賞を受賞したことや、『イカゲーム』[26]がネットフリックスで大ヒットしたことは、アメリカの観客がようやく他国のコンテンツに興味を示し始めたことを表していると思います。グローバルな映画を作るだけでなく、私たち観客がよりグローバルな興味を持つように学ばなければならないのです」（ウィルモア）

「今は右翼の暴徒たちが優勢です。彼らは、ユーチューブやＳＮＳにおいても大きな成功を収めています。そして、リベラルな価値への擁護がますます反動的な結果を生んでしまうのです。しかし、リベラルは文化政治や文化戦争を行なうことを選び、事実上政治を放棄しています。この戦略は実は間違っています。国家をコントロールしなければならないのです。文化の要素をコントロールすることよりも、政治的な力を持つことのほうが重要なのです」（ヒース）

「古めかしいマルクス主義の議論のようですが、私は、本当の敵は資本主義だと思っています。すべてが資本主義的に決められてしまうからです。そのお金が何のために使われるか、そのお金がなぜ必要かは問題にされません。

ビジネスの考え方は、以前成功した路線を踏襲するということだと思います。新しいスポットを掘り起こすこともなく、未来への投資もしません。非常に簡素化した考えだと思いますが、それがハリウッドを支配しているのです。

そして、人々が最もお金を使うのは気分が良い時、あるいは怒っている時です。情報はそのための広告となってしまったのです。私は、たとえ混乱が生じたとしても、より多くの選択肢がある状態を望みます。リスクを引き受け未来に投資しなければならないのです」（ローゼンバウム）

「カルチャーは多くの人にとって、生きる理由です。そして、生きることは素晴らしいのです。音楽や映画やアートや絵、それら全てがなければ、何のために生きているのでしょ

※25『**パラサイト　半地下の家族**』（기생충、Parasite）２０１９年　監督：ポン・ジュノ　出演：ソン・ガンホ、イ・ソンギュン、チョ・ヨジョン　▼キム・ギテクは失業中で妻と娘・息子の4人家族は、貧困者の象徴である「半地下」の家に暮らしている。息子ギウはある時友人から裕福なパク家の娘の家庭教師をしないかと持ちかけられ、引き受ける。これをきっかけにパク家に入り込むキム一家だったが、次第に「寄生」はエスカレートして……。

※26『**イカゲーム**』（오징어 게임、Squid Game）２０２１年　監督：ファン・ドンヒョク　出演：イ・ジョンジェ、パク・ヘス　配信：ネットフリックス　▼事業に失敗し多額の借金を抱えたソン・ギフンは、地下鉄で一人の男に声をかけられる。「イカゲームに参加しないか」という男の誘いに乗ったギフンはある島につれていかれる。始まったのは大金を懸けた文字通りのサバイバルゲームだった。

う？

それがなければ、私たちは動物です。動物でもいいと言うならそれまでですが。楽観主義に聞こえるかもしれませんが、人種間の分断や他の種類の分断があるこの時代に、人々が聴く音楽や人々が見る映画、テレビ番組などのあらゆる私たちの文化は、素晴らしく多民族的、多人種的になっていると思うのです。これは事実です。最近の10年間には、言うなれば文化創造と文化消費の融合が見られたのだと思います。これは非常に希望が持てることだと思います」（アンダーセン）

戦後、自由と民主主義の名のもとに、あるべき国の形を夢見てきたアメリカ。その長い旅路の果てに待っていたのは、人の数だけある自由の定義と、相互不信が巻き起こす分断だったのか？

迷走する「偉大なる」実験国家。だが、そこには、常に新しい何かを求め続けるエネルギーが潜んでいる。果たして、その行方はこの先どこへ向かうのだろうか？

2020年代のサブカルチャーはどうなるのか。想像力の旅は終わらない。

最終章

「理想」が「分断」に反転する逆説への処方箋

――アンダーセン、ヒース、ゴダールと共に考えるサブカルチャー　２０２０sの可能性の中心

丸山俊一

「モーフィアスの問い」が暗示した21世紀アメリカの分断

モーフィアスがアンダーソンに問う。

青いカプセルを飲んで、幻想でしかない世界に留まるか？　それとも赤いカプセルを選び、現実に目覚め、闘う覚悟はあるか？　と。

モーフィアス、アンダーソン、それぞれローレンス・フィッシュバーン、キアヌ・リーヴスが演じた、言わずと知れた１９９９年の映画『マトリックス』の名シーンだ。アンダーソンは赤いカプセルを選び、脳にプラグを入れられ精神を支配されている状況を脱し、救世主ネオとなって闘う。

20世紀も残すところあと1年という年に世に出たこの作品だが、このシーンはエンターテインメントの物語という枠組みを越えて、21世紀の状況を暗示していた。奇しくも現実のアメリカ社会も映画を追いかけるように、青いカプセルを飲む人と赤いカプセルを選ぶ人が生まれたかのように、そこで世界が共有されることなく分断という言葉がふさわしい様相を呈することとなってしまった。モーフィアスの問いは、今現在を生きる人々に響き、この世界、この社会への認識に揺さぶりをかける。アメリカの人々、そしてアメリカの影響を少なからず受ける日本人にとっても当然無関係ではない。

「パラレルワールド」と言われるような、どこまで行っても交わらない、並行した世界のありよう。これを書いている２０２２年晩秋、大統領選の中間選挙に向けても、中絶の是非など様々なイシューをめぐってそれぞれの陣営が、それぞれの正義を握りしめて激しいやり取りを繰り広げている。まるで見えている世界、生きている世界が異なるかのように。

確かに、本書でも見てきたように、歴史上、アメリカが政治、文化において、完全に一つになったことなど一度もない。むしろ、まとまらない多様な意見、多様な価値観が激しく行き交うことが社会の活力になる。そのオープンな意見のぶつかり合いこそが、社会のエネルギーだ、そう言ってもよいだろう。だが20世紀末から21世紀に入って現在へと至る間の状況は、少々特異だ。近いところでは、２０２１年1月の連邦議会襲撃事件が象徴的だ。「民主主義への暴挙」とする民主党支持者たちと、表現の自由であり、むしろ「民主主義の証」と主張するトランプ前大統領の支持者や共和党支持者たち。平行線を辿り決して交わることのない彼ら彼女らが見ている、それぞれの世界。番組化の際も２０１０年代を総括するサブタイトルを「分断」とせざるを得なかったわけだが、２０２０年代もその流れは止まらない。さすがにネオとエージェント・スミスとの闘いが現実になったとまで悪乗りはしないが、２０１０年代に「フェイクニュース」など「フェイク」というワードが注目を浴びたように、ネット上での様々な軋轢、議論を呼んだ現象に、人々がモーフィアスからの問いに答えた結果を見るような思いがしていた。

現実と虚構がすれ違い、交錯する時代の到来だ。

戦後アメリカの大衆が抱えた2つの不安

激しさを増す、現代の「分断」。その起源を考えるのであれば、やはり第二次大戦中に唱えられ、戦後から50年代にかけて喧伝され浸透していった「アメリカの世紀」の「神話」について点検してみるところから始めなくてはならない。

アメリカ人は偏狂的なまでに自分たちについての物語を求めたのです。

アメリカは、極めて新しい国であり他の国にはない開拓の生活がありました。

彼らはそれを神話にしたのです。それが西部劇なのです。

先に上梓した『世界サブカルチャー史　欲望の系譜：アメリカ70－90s「超大国」の憂鬱』第4章でも紹介した、1950年代の社会の空気についてのカート・アンダーセンの述懐だ。西部開拓の物語という「神話」の主人公となることにアイデンティティを重ねることで、多くの戦後アメリカ市民たちは自らのライフスタイルを決定し、アメリカン・ドリームを信じた。この大衆の礎となったマインドが、郊外のマイホームの実現などに支えられていたことは、前著でも解説した。

しかし、このアメリカ社会で形成された人々の素朴な夢の形、幸福観の裏側には、もう一つの大いなる負の感情が貼りついていた。

ソ連が核装備を行ない、共産主義の脅威は現実にそこにある問題となっていました。戦時中の同盟国は、いまや強大な敵となりました。そして、それに対する過剰反応や脅威の誇張は、右翼にとって有益だったのです。

右派や極右の人々は、自分たちの政治的目的を達成する手段として、共産主義への恐怖を煽りました。（中略）

現実世界の複雑さは、時に人々をいらだたせ、困惑させます。その時に多くの人が白か黒かをはっきりさせ、大きな敵を持ちたいという願望を持ってしまう。彼はそれを助長したのです。悪魔のように巨大な敵がいることで、全てが単純化されるからです。アメリカ人は基本的に単純であることを好みますから、誰を憎めばいいのか？　という問いに答えを与えてくれる人を望んだのです。（カート・アンダーセン　本書31ページ）

歴史の表層だけをなぞれば、戦争が終結し小春日和が訪れたかのようにイメージされるアメリカの戦後社会だが、実はそこで芽生えていたのは、核への恐怖だった。ソ連はもちろん、中国、ヨーロッパも核兵器を保有し始める中、核戦争勃発への漠たる不安が日に日に増していく。そして、そのことによって、敵対する共産主義への脅威も膨らんでいく。隣人、友人、同僚を疑わざるをえない疑心暗鬼の感情が、人々の心の中に巣食う。スパイ映画の題材にも事欠かないというわけだ。

ポップ／サブカルチャーの誕生が覆い隠したもの

大衆の深層心理の軌跡すなわち「欲望の系譜」という視点から見れば、この2つの脅威、恐怖が、人々の心の底に埋め込まれたことの意味は大きい。実際、アメリカの1950年代は、素晴らしい理想に満ちた郊外の白人社会と夢の生活様式を育み、そこが「神話」の舞台となったことも確かだが、同時に人々が日々、核の恐怖と忍び寄る共産主義への脅威という2つの漠たる不安を鎮め紛らわせるものを必要としていたという事実も、忘れてはならないだろう。

それが、夢のマイホームで家族揃って観るテレビや、休日に街に繰り出し楽しむ映画などが担っていた役割の一つだった。映像は豊かなアメリカの夢を描き出し、その描き出された夢のイメージが、人々の心をマイカーなどの夢の消費へと駆り立て、現実を強化する。1950年代、「神話」に基づく「理想」のアメリカの完成だ。この「理想」がいかに強固で、多くのアメリカ人にとって常に帰りたいノスタルジーであったかは、70年代停滞の時代に公開された『アメリカン・グラフィティ』（1973）の大ヒットが証明している。本文でも触れた通りだ。

こうして一個人では拭い去りがたい漠たる不安を覆い隠すかのように、あるいは無理やり笑い飛ばすかのように、ポップカルチャー、サブカルチャーも人々の間に生まれ、共有される。歴史の巡り合わせからか、アメリカのポップ／サブカルチャーが担うことになった「効能」。不安、軋轢などから逃れる為、忘れる為の「娯楽」。意地悪な言い方をしてしまったが、もちろんそうした側面だけではないけれど、20世紀後半のアメリカ型エンターテインメントのスタイルが、大衆の心の底にある、ある種の恐れ、憂いから生まれている要素があることは記憶にとどめておいていいだろう。

「自由と民主主義の実験国家」アメリカの人々の心の揺れについてはよく語られるが、そこをさらにアンダーセンは50年代の時代の空気に触れつつこう分析する。

アメリカ人には二面性があり、全てを近代化したいと考えるのと同時に、近代化前の時代に対するノスタルジーも感じていました。まだ馬に乗り、平原地帯に住んでいるような西部劇に出てくる時代です。（カート・アンダーセン　本書22ページ）

近代化と神話と。科学技術による物質文明と荒野の開拓物語と。

引き裂かれ、宙吊りとなったまま、戦後アメリカの大衆の蓄積された緊張と抑圧が激しく噴きだしたのが、60年代後半の「闘争」と言えるだろう。それはヒッピーという存在を生み、カウンターカルチャーという形をとる。ベトナム反戦というメッセージが大きかったわけだが、そのムーブメントは、付随して様々な叫びとなっていく。反近代、反資本主義、反消費文化……、アンチ＝反逆の宣言が、街にこだました。それは、アメリカの二面性の一面である「近代化」、テクノロジーによる「自由」な実験による急激な変化に、もう一面の「神話」的な「ノスタルジー」が追いつけず、思わず上げた悲鳴だったのか？

「カウンター」カルチャーの「反逆」の正体は?

こうして生まれた、60年代「闘争」の空気だが、番組でも鋭い批評を展開してくれた、カナダの哲学者・ジョセフ・ヒースの共著『反逆の神話』の中にちょっと面白いくだりがある。合理的で物質主義的な生活様式への反抗を企てたヒッピーたちの中に、その後、体制的な価値観に「転向」していった人々が少なからずいたことについての記述だ。69年8月のウッドストック・フェスティバルが象徴として語られる「カウンター」のムーブメントだが、参加した彼ら彼女らの価値観の本質について、こう断じる。

重要なポイントは、(うわさに反して)ヒッピーは寝返ってはいないことだ。ヒッピーとヤッピーのイデオロギーはまったく同一である。六〇年代の反逆を特徴づけたカウンターカルチャーの思想と資本主義システムのイデオロギー的要請には何ら対立はなかったのだ。カウンターカルチャー側のメンバーと旧弊なプロテスタント支配層とのあいだに文化の衝突があったのは間違いない一方で、カウンターカルチャーの価値観と資本主義経済システムの機能的要件はまったく対立することはなかった。カウンターカルチャーは元来営利的なものだった。

(中略)カウンターカルチャーの反逆は無益なだけではなく、確実に逆効果だ。(ジョセフ・ヒース&アンドルー・ポター『反逆の神話〔新版〕』栗原百代訳 早川書房)

ヒッピーの行動は、「資本主義経済システム」の中では少なくとも「反体制」などではなく、むしろ営利的に機能するものだった。こう断じるヒースは、まさに「反逆」もまた「神話」であったと主張する。

その象徴的な例は、本書でもシュルマンが紹介しているジェリー・ルービンのケースかもしれない。反体制活動家からウォール街の株式トレーダーへ、ヒッピー過激派から金融エリートへの転身は「イッピーからヤッピーへ」と評されたが、それはなんら驚くに値しないと言う。「ルービンのような例は、彼らが真のリベラルではなく過激派であったというだけ」（ブルース・シュルマン　本書133ページ）だというわけだ。

伝統的な大衆文化批判では、一般大衆とは群れの一部であり、組織の歯車であり、愚かな順応の犠牲者だという。浅はかな物質主義の価値観に支配され、中身のない空疎な人生を送る。体制の機能的要件を満たすために操られて、真の創造性や自由や完全な性的充足さえも享受することはない。そんなことを言われて、いったい誰が大衆社会の一員になりたいと思うだろう？　むしろ人々は自分は順応の犠牲者ではないと、単なる組織の歯車ではないと証明しようと、必死になるはずだ。そして言うまでもなく、これこそ大衆社会批判がいよいよ広まったときに人々がしようとしたことだ。

したがって、カウンターカルチャーの反逆——「主流」社会の規範の拒絶——は大きな差異のもととなった。個人主義が尊ばれ、順応が見下される社会では、「反逆者」であることは新たなあこがれの種類となる。「人とあえて違うことをせよ」と、しきりに言われたものだ。六〇年代には、ビートニクかヒッピーになることが、自分は堅物でも背広組でもないと訴える方法だった。八〇年代には、パンクやゴシックの服装が、プレッピーでもヤッピーでもないことを示す手だてだった。それは主流社会の拒絶を目に見える形で表明するやり方だったが、同時に自分の優越性の再確認でもあった。「おれはおまえと違って、体制に騙されたりしない。愚かな歯車ではない」というメッセージを送る手段だった。（前掲『反逆の神話〔新版〕』）

「人とあえて違うことをせよ」、このテーゼが強迫観念のように刷り込まれ、「おれはおまえと違って、体制に騙されたりしない」と腕まくりする姿に、「カウンターカルチャー」の闘士の紋切り型を見る。「自分は大衆ではない」と自らを断じること、それ自体が大衆である証しだとはよく言われる皮肉な言説だが、それは「アンチ」を提示することのみに固執し、「闘争」すること自体に自縄自縛となった人々の末路なのかもしれない。体制、常識、秩序の破壊自体が自己目的化し、自らの闘う姿に酔っているだけの烏合《うごう》の衆が、60年代の「反体制」運動の中の少なからぬ数を占めていたならば、サブカルチャー的なブラックコメディの格好の素材となる他ない。

日本でもそのあたりの状況は重なるところがあったはずだ。「サンセイの反対」など、『天才バカボン』のバカボンのパパの名セリフが思い起こされる。60年代当時、「当局」との「団交」にあって、何でも反対を唱える全共闘の闘士たち。その空しい言葉の行き交いから生まれた「ナンセンス」（これも60年代の流行語だ）な状況。作者赤塚不二夫の観察眼が光る、リアリズムから生まれた秀逸なギャグと記憶するが、事態はアメリカでも日本でも、実は悲喜劇的な要素を含んでいたのではないだろうか。

哀しき「反逆者」の闘争の構図
――「理想」と「現実」が生む逆説

「反逆」「カウンター」もまた、単なる新たなファッションであり、資本主義のメカニズムにあっては、新たな一つの消費財の役割を負うことになるとヒースは言う。

それにしても皮肉な逆説ではある。「自由」を求めた「闘争」が、いつの間にか思考停止を生み、その行動にもある種の「不自由」をもたらしていく。その「不自由」さの具体的な形を、ヒースは少々意地悪に描写していく。

むろん問題は、誰もが上品にはなれないし誰もが趣味のよさを持てないのと同じ理由で、誰もが反逆者になれるわけではないことだ。みんながカウンターカルチャーに加わったら、カウンターカルチャーが単一文化になってしまう。そこで反逆者は差異を回復するために、新しいカウンターカルチャーを創出しなければならない。カウンターカルチャーの様式は非常に排他的なものとして始まる。それは「アンダーグラウンド」になっていく。独特のシンボル――愛の象徴のビーズネックレス、安全ピン、ブランドの靴やジーンズ、マオリ族のタトゥー、ボディピアス、車の車外マフラーなど――は「通人」間のコミユニケーションの核心となる。だが、時の経過にしたがって、そうした「通人」の輪は広がっていき、シンボルはどんどん一般化する。必然的に、これらの標識が与える差異はすり減っていく──ナシメント〔注、リアリティTV番組の出場者〕がバーバリーブランドを安っぽくしたのと同様に。「クラブ」はだんだん選良ではなくなる。そのため反逆者は新しいものへ移行しなければならない。このように、カウンターカルチャーは絶えずモデルチェンジしつづけることになる。これこそ反逆者が、ファッションに敏感な人がブランドをどんどん取り替えるのと同じくらい速く、スタイルを選んでは捨てる理由である。

こんなふうにして、カウンターカルチャーの反逆は、競争的消費の主な駆動力になった。（前掲『反逆の神話〔新版〕』、注は引用者）

「反逆」がファッション化し、単なるブランドの選択となっていく。「カウンター」として差異を生もうとすることが、見事なまでに消費のメカニズムを補強するというわけで、こうなるともはや出口はない。「通人」と形容されるようなありようが、「紋切り型」となり増幅し、「カウンター」という記号を共有する人々の間のみに広がっていく。こうなると「反逆」どころか、「ワイルドだろー?」というわけで、もはやお笑いの記号になりかねないというわけだ。

この滑稽な転倒はなぜ生まれるのか？　ここで少し立ち止まり考えてみるべきは、「メイン」と「カウンター」、「体制」と「反体制」など、そもそも二元論が招きやすい危険性なのかもしれない。例えば、素朴に口にされる「理想」と「現実」という構図がある。変革、前進を目指す人々の認識にあっては、「理想」には「崇高な」「輝かしい」、「現実」には「停滞した」「汚濁した」などという形容詞が無意識に前提とされがちだ。「理想」と「現実」という表現をとった瞬間に両者が相互補完的な役割を果たし、同じ土俵に引きずり出されてしまうワナがそこにある。「現実」を変える為に「闘争」するという宣言、そして多くの人々を動員する行動には、往々にしてねじれが生まれる。「理想」が志を同じくするとされる人々の間で掲げられ、そこに「反逆」のシンボルが生まれる。「闘争」の拡大に伴い、新たな差異を生む、新たな過激さをはらむシンボルが必要とされるようになる。「理想」に向けた「現実」変革の為、「闘争」の維持の為、求心力となる差異という記号が要請されるのだ。

だがどこまで行っても、そのシンボルは、消費財化し飽きられることを免れない。それはある意味、資本主義、社会主義という経済システムの相違すら越えた、人が織りなす社会にあって必然的な帰結のようにも思える。かつてエーリッヒ・フロムが『自由からの逃走』『悪について』などであぶり出してみせたように、不安、不満、劣等感などを抱え込んだ集団は容易に一つのシンボルへと盲目的に走る。そのシンボルは、走った個人の心の弱さを投影した空虚な存在に過ぎないのだから、次々に消費され飽きられたとしても驚くにはあたらない。全ての人間集団、社会につきまとうこうした空虚な「カウンター」の消費が、アメリカ型の「理想」の「神話」を求める社会では、特に顕著なものとなるのだろう。加えて、大衆の欲望が駆動する大量生産／大量消費の枠組みが、さらに事態を加速させる。

こうして、「理想」への「闘争」に酔った「反逆」のロックスターがブランドに身を包んで登場する。その状況への違和感、滑稽さは、60年代以来、もはや「通奏低音」となったかのようだ。現在、そのあたりの事情はさらに複雑さを増しているにもかかわらず、「体制」と「反体制」、「右派」と「左派」という対立の構図は固定化、その記号だけが独り歩きしているように思われる。

「20世紀アメリカ型資本主義」が開いた大衆の欲望

ヒースの指摘は、筆者にとって実は特別な驚きは無い。２０１６年から関わる「欲望の資本主義」のベースにある問題意識、そこから得られた考察に重なるものだからだ。現代のデジタル資本主義、ポスト産業資本主義が生み出す問題は、「経済」というフィールドに止まることなく、文化と人間の精神構造の問題、欲望という人間の性の成せるある種の倒錯を浮かび上がらせる。そして、この現代の錯綜した状況へとつながる大きな変化の震源地を、超大国アメリカの社会、文化の中に見出そうと思い到ったことが、今回の「サブカルチャー」をキーワードとする企画へとつながり、「欲望の系譜」なる副題をそこに添わせる結果となったからだ。

20世紀は、確かに「アメリカの時代」となった。第一次大戦後、イギリスから資本主義の主役の座を奪い取り、アメリカ型資本主義は、フォードシステムに代表される技術と社会システムによって、ウォール街という金融マーケットを膨張させることによって、軍事技術に、ITによって、さらにシリコンバレー発の情報革命によって形を変え続けながらこの100年、超大国として経済的にも君臨し、世界に冠たる存在として絶大なる影響力を持ってきた。

その影響力で最も重要なのは、「富を生むルール」そのものが、アメリカ型大衆社会の中に根付く、人々の欲望によって生み出されていることではないだろうか？　膨張する大量生産、大量消費という「豊かな」産業社会のあり方にNOを突き付けたはずの「カウンターカルチャー」も、その反抗の無邪気さゆえに、相互補完的に機能してきた結果と言い得るのだ。人間の欲望が抱えるパラドキシカルな構造への探究に軸足を置く時、経済と文化、「資本主義の問題」と「サブカルチャーの視点」との間に、滑らかな連続性が生まれる。

ヒースは『反逆の神話』で、アメリカ社会の欲望形成の構図について19世紀末に既に警告を発していたソースティン・ヴェブレンの思想にも言及しているのだが、こうした文脈を踏まえれば、当然のように思われる。ヴェブレンと言えば、合理的経済人を前提とする近代経済学の理論派からは煙たがられがちな、異端の巨人だ。その思想の一つの核に「衒示的消費」という言葉で知られる概念がある。お金持ちの消費における心理は、社会慣習の中にあって、見栄の張り合い、時に〝見せびらかし〟の競争となる。そして、経済活動というもの自体が常に他人の目を意識する中で行なわれる以上、社会が物質的に豊かになればなるほどに、その〝見せびらかし〟の心理はいわゆる中間層の間にもどんどん広がっていく、というわけだ。

ここで肝心なのは、この周囲に合わせたライフスタイルに乗り、しかもそこで消費の仕方を誇示したいという気持ちは、自己増殖して広がり、社会の構成員の心の中で、いわば自動的に生まれ広がる強さを持っているということだ。つまり、広告による扇動などというよく聞く消費社会批判のみならず、集団の中で勝手に生まれ、増幅していくものだとヴェブレンが見抜いている点だ。人々の関係性が近いほどに、自ずから、競い合う心理も強まってしまうことも想像に難くない。お隣り、同じ職場の同僚、友人……、哀しき人間の性というところだが、志を同じくして闘う「カウンター」カルチャーの集団も当然、例外ではない。

かくして、ヴェブレンが指摘した集団の中にあっての人間の特性は、大衆の欲望が開放され渦巻く20世紀アメリカの時代に、剝き出しになっていく。多くの国がアメリカ型の資本主義に、「富を生むルール」に同調するほどに、その性向は、いよいよ世界的な潮流として強まっていく。

「交換価値」=値段だけが世界を駆け巡る

それにしてもいつの頃からだろうか、メディアにあっても、クリエーターたちの紹介が、何億円の値がついたというような、作品の値段ばかりでなされるようになったのは。思い起こせばこの日本でも、80年代、ゴッホの「ひまわり」が大企業によって50億円以上の値段で落札されたニュースが駆け抜け、高額な美術作品の代名詞として巷《ちまた》に広がるなどの現象はあったわけだが、もう一つ、価格などでは計れない、異なる価値軸が当然存在することへの想像力は、当時はまだ人々の間にある程度共有されていたように思う。別に全てバブルが、庶民を大衆へと変貌させてしまったという構図で一面的に「清貧」が失われたなどと嘆く気はないけれど、物質的、金銭的な交換の原理以外に、精神性という価値軸が存在することへの想像力が、いつしか失われていった瞬間があったと言わざるを得ない。それは世界を見渡してみたならば、やはり、80年代から90年代の「新自由主義」の席巻とともに訪れたということになるのだろうか？　本書の中でも触れてきたように、グローバル化、アメリカ型資本主義の世界的な広がり。その過程で、「聖なるもの」への畏れのような感覚の消失とともに、プラスかマイナスかだけで成否が決まる市場原理の網の目が、ＩＴ化の進展とともに地球を包み込んでいったかのようだ。サブカルチャー的なアイコンで表現すれば、『ブレードランナー』から『ブレードランナー２０４９』へと受け継がれた世界観に溢れる想像力を思い起こさせるところだ。ファストフード的な消費だけが、プレーンでフラット化する世界を共通の記号としてつなぎ、『パルプ・フィクション』でクエンティン・タランティーノが描き出したように「アメリカ的消費」が、世界の都市に広がっていった。

実は、こうしたアメリカを始めとする西側先進国の経済、社会の急激な変化、その予兆についての考察は、先のヴェブレンに続いて、１９５０年にアメリカの社会学者デイヴィッド・リースマンが『孤独な群衆』で語り、70年には、フランスの地から思想家ジャン・ボードリヤールが『消費社会の神話と構造』を著すなどして、既に20世紀の中盤から展開されている。リースマンは第三次産業、サービス業主体の社会にあっては、多くの人々の基層にある性格も「他人指向型」となり、常に周囲の意向を忖度《そんたく》する傾向が高まり、その状況に自覚的にならなければ自律性を失うことにも警告を発している。

またボードリヤールも、「消費の為の生産」という倒錯的な状況に社会が突入していくこと、そして、常に消費を課されることが慢性的な疲れを人々に引き起こし、その果てに、「記号の消費」が終わることなく空転する状況の到来を語っていた。

今やそのボードリヤールの言葉からも半世紀以上になろうとする中、事態はさらにねじれている。メタバースが次代の希望のテーマとして語られるデジタル資本主義の大きな潮流が、言わば「記号の消費」を後押しして、ＳＦ的な世界とリアル資本主義が融合するかのような時代に、冒頭で触れた『マトリックス』さながらの世界が生まれつつあるようだ。ちなみにアンダーソンが映画の中で手にするのがボードリヤールの著書『シミュラークルとシミュレーション』なのだが、監督のウォシャウスキー兄弟からのオマージュだろう。

記号だけが乱舞する、閉じた世界。それは、アルゴリズムによって「最適化」された情報ばかりに接する状況を指す「フィルターバブル」や、価値観の似た同士の交流、共感で特定の思想が増幅されて影響力を持つようになる「エコーチェンバー」などと呼ばれる現象で端的に示される。「見たいものしか見ない」多くの人々が生み出された世界で、新たな価値観との遭遇の機会は失われ、異質な価値観への想像力は欠乏していく。

そしてこのデジタルの網の目の中で進んだのは、理性への信頼の揺らぎだ。デジタル化、ビッグデータ化などによって、人間の主体的な決断などよりはるかに数値化されたデータのほうが信頼できるという論調が、この21世紀以降高まっていく。ＡＩブームもそこに拍車をかけ、人間の意識、認識というものに揺さぶりをかける。デカルト以来、近代哲学のベースとなってきた理性への懐疑が生まれた。

分断の時代への処方箋は「修正伝統主義」？

ヒースは、この理性不信の大きな潮流が生まれた原点に、近代の「啓蒙」という概念への誤った期待があったと主張する。

それでも啓蒙というプロジェクトにはかなりの無理があった。理性は、結局そのすべてを実行できるほど強力ではないのに、ありとあらゆる仕事を割り当てられるはめになった。同時に、啓蒙思想1・0の支持者たちは、理性を純粋に個人的なもの、個々の人物の脳内で働くものと見なしたから、理性が正しく機能するのに必要な外部足場の多くをうっかり外すことになってしまった。そのせいで、まるで競技場へ送りこんで自分より巨大で凶暴な敵と対戦させるかのように、理性を身動きがとれないようにしてしまった。理性がいろいろな社会制度を改善するよりむしろ、多くの場合にずっと状態を悪化させることになったのも驚くにあたらない。（ジョセフ・ヒース『啓蒙2・0〔新版〕』栗原百代訳　早川書房）

「理性が正しく機能するのに必要な外部足場」とは言い得て妙だ。要は、一個人の脳内で展開される「論理的思考」のみを理性と考え過ぎたと言うのだ。理性もまた、むしろ身体全体に付随する直感や、昔から知恵の蓄積による文化、制度、さらに他者との対話という、多様な「外部足場」によって守られ、培われている。デジタルな解析の果てに生まれた、脳の機能分析のみ、社会的な諸要因と切り離された純粋化されたそのデータだけを以ってして「理性」と見なす誤解こそ、解かねばならないと。この「純粋化」に柔らかく抵抗する可能性として、実は「カウンター」ではなく「サブ」カルチャー的なセンスとも言い得るものの意義があると言いたいところだが、それは後の議論にとっておこう。

そしてヒースは、理性の復権とバランスある生産的な議論の為に、フランス革命の急進的な転換、啓蒙思想を批判した保守主義の祖、エドマンド・バークを引っ張り出す。

修正、調整への意志、そして焦ることなく歴史的な変化の過程でもたらされた改善の成果にも学ぶことを呼びかけた上で、こう言う。

> 誰もがすべてを新しく作り直すことにこだわったら、あらゆる変化を理解し、まさに現体制がそうなったあらゆる理由を把握できるほど賢い人などいないという理由だけで、私たちは立ちゆかなくなるだろう。一度にすべてを変えようとするのでなく、現状をいくぶんかは所与のことと受け止め、一つだけ変えてから、どうなるか様子を見るほうがいい。

もちろんこれは根っからの伝統の擁護というわけではない。むしろ一種の新伝統主義だ。伝統に従うことを支持する合理的な議論である。だから、伝統はつねに正しいとか、あらゆる件で両親や年長者を尊重し服従すべきだと主張するものではない。理性が解決に役立ちそうにないから、進化の過程に頼るほうがよさそうな例もある、ということだ。（前掲『啓蒙2・0〔新版〕』）

かつて、資本主義の暴走を救う調整のセンスを世に提示したケインズの思想は後に修正資本主義と呼ばれたが、それになぞらえれば、修正伝統主義というところだろうか。こうして表現してみると、実に素朴な話のように聞こえるのだが、「自由」を始めとする様々な理念を言葉のみで純粋に突き詰め、狭い定義の理性だけを独り歩きさせがちなアメリカ社会にあっては、この「中庸」が本当に難しいことは、過去の歴史が証明している。

実際、今世紀に入ってからの大統領の交代劇も典型だ。ブッシュ時代に深まった分裂した社会の修復への期待とともに大きな希望として現れたバラク・オバマという多様性の象徴的存在に人々は熱狂した。だが、「熱狂」というものは常に反転することを警戒せねばならない。その期待が過剰なものだったがゆえに、振り子が振れるように全くその対極にあるかのようなドナルド・トランプという大統領を誕生させたのもご存知の通り。繰り返すが狭い定義の理性だけの選択も、その全否定も、ある意味、同じ土俵上の対立となってしまいやすいものだ。残念ながら、ここにも、「ヒッピーからヤッピーへ」と同じ構造を見る思いがしてしまう。

極端から極端へと振れ続ける、実験国家アメリカ。その実験的な精神の可能性も尊重されるべきだが、同時に歴史、伝統に学び続けなくては、不安定性が高まるばかりだ。

ゴダールから滲む　アメリカ映画への隠された愛

アメリカの錯綜を救う道、閉塞する袋小路から脱出する思考の術はどこにあるのか？哲学という領域から説くヒースに加え、もう一人、実践的な人物の名前をあげよう。2022年秋に他界してしまった、あの独自の道を一人行く表現者……、そう、ジャン＝リュック・ゴダールだ。60年代ヌーヴェルヴァーグの旗手として注目を浴び、以来様々な毀誉褒貶《きよほうへん》を受けながらも涼しい顔をして、映像表現の長距離走を駆け抜けた、あの人だ。

しかし、それにしても今何を、あのゴダールから学ぼうと言うのか？　訝《いぶか》しく思う方も多いことだろう。確かに常にハリウッドへの嫌悪を標榜し、そのオルタナティブとして作品を生み続けた彼のスタンスは明確だ。

でも映画の世界には、映画についてのある完全に全体主義的な考え方というものがあります。そしてそれは、ハリウッドからきたのです。（ジャン＝リュック・ゴダール『ゴダール映画史（全）』奥村昭夫訳　筑摩書房）

ハリウッド＝全体主義と、断言してはばからないゴダール。商業的な成功を第一に産業化したアメリカの映画、アメリカ社会のありようを徹底して批判する。彼の発言にあまり馴染みがない人々も、彼を一躍有名にした、『勝手にしやがれ』から『中国女』などにかけての初期の作品から発せられるメッセージ、また商業映画への決別宣言など、強烈な「アンチ・ハリウッド」の人として記憶されている方も多いことだろう。

だが、彼が残した言葉、インタビューなど細部を丁寧に読んでいくと、少し異なる印象を持たれるはずだ。

私がときどきクリント・イーストウッドの映画を見にゆくのは、社会学的観点からの興味をひかれるからです。彼の映画は、すべての人たちによって見られる、アメリカの中級の映画、Ｂ級映画、ヒッチコック的映画だからです……彼はどうしようもないバカで、彼の映画も、彼の表現そのものではないのですが、でもそのどうしようもないバカが、私自身も含め――私は彼の映画を見るために五ドル払います――、人々に対してある一定の力をもち、人々を感化し、人々に気に入られているという事実が興味をひくのです。だから、彼の映画はある種の世界の表現なのです……（前掲『ゴダール映画史（全）』）

ギャング映画を作りたいという素朴な希望の表明から始まった後に続く、１９７３年の言葉だ。社会学的な関心から必要に迫られてクリント・イーストウッドを見に行くというのだが、どうだろう？　「どうしようもない」と罵倒しながら、嫌々の素振りをしながら、実はこんなクリント・イーストウッド好きがいるだろうかと、ちょっとニヤリとしたくなってしまう気配が行間に滲み出る。その否定的な言葉とは裏腹に、アメリカの「中級映画、Ｂ級映画、ヒッチコック的映画」なるものへの愛が、見え隠れするのだ。

実際、「深淵なる思想」に基づく「映像の鬼才」などという権威主義的なステレオタイプのフレームを外してみれば、ゴダールという存在には、少し異なる顔がのぞいてくる。例えば、彼のデビュー作『勝手にしやがれ』も、「アメリカへの想いを抑えられないポップを愛する表現者」としたならば、まったく変わって見えてくるのだ。

ジャン・ポール・ベルモンド演じる主人公は、アメリカの名優ボギーことハンフリー・ボガートの真似をして、いつも葉巻をくゆらせているかと思えば、恋人のジーン・セバーグも、シャンゼリゼ通りを歩きながら「ニューヨーク・ヘラルド・トリビューン」と声を張り上げ、アメリカの最新情報の掲載紙の売り子のアルバイトに精を出す。60年代をこれから迎えようとするパリが、アメリカから押し寄せる娯楽や消費文化の中にあり、そして多くの人々が無邪気に彼の地に惹かれていく時代の空気が描写されている。それは決して悪意あるものではなく、アメリカのカルチャーの到来を好奇の目で映し出そうとする映像作家の眼差しだと言えるだろう。

先に上梓した『世界サブカルチャー史　欲望の系譜：アメリカ70-90s「超大国」の憂鬱』でも、ゴダールに会った時、彼の口から漏れた「アメリカ〝好き〟の日本人への皮肉」はご紹介したが、実は同時に記憶に残っているのは、アメリカの文化、技術などに向けられた無邪気なまでの好奇心だった。「敵対」する対象に図らずも生まれる愛情を察するに十分なひとときだった。

ハリウッド？　そう、あの奇形の文化はほかのものよりずっと強力です。あの奇形の文化は、この世から消え去ることもできません。消え去りたいと思っても、消え去ることができないのです。（前掲『ゴダール映画史（全）』）

これも、一大産業となったハリウッドシステムへの不快感の表明から生まれた言葉で、自らは少人数による無理のない制作スタイルを貫くという話が前後に出てくるのだが、悪態をつきながらも、その強大な存在感を認めるかのような発言とも聞こえてくる。言葉は宙に浮き、批判の対象をくさしながら楽しんでいるように感じられる。

かつて経済学者・岩井克人氏が、「欲望の資本主義」取材の際、面白いことを言っていたことを思い出す。「マルクスだって実は資本主義がそんなに嫌いなわけではないでしょう、そうでなければ、あんなに資本主義を目の敵《かたき》にして批判しませんから」と。マルクスにとっての資本主義、ゴダールにとってのハリウッド、どちらも似た存在なのかもしれない。

アメリカへの愛ある批評
――「サブカルチャー」という方法の可能性

さて、なかなか素直には本心を明かさないゴダールだが、時にこんな風にうそぶくこともある。

私がヒットしそうもない映画を何本もつくることができているということの単純な事実、

またそれによってなんとか生計を立てることができているというこの単純な事実、――これは私が思うのに、まさにあるとてつもなく大きい楽天主義のあらわれです。(中略)それでも、『スター・ウォーズ』をつくるよう強いられたりします。『勝手にしやがれ』とか『勝手に逃げろ』をつくろうとすれば、カンヌで賞をとるよう強いられます。(中略)そしていつも、両極端から――純然たるアマチュアと純然たるプロといった両極端から毛嫌いされてきました。私はいつも、アマチュアとしてプロたちと闘い、プロとしてアマチュアたちと闘ってきたのです。(ジャン＝リュック・ゴダール『ゴダール全評論・全発言Ⅱ１９６７－１９８５』奥村昭夫訳　筑摩書房)

例によって飄々《ひょうひょう》と語るゴダールだが、こうして見てくると、ハリウッドという強大な帝国のシステムをつぶさに解析し、そのオルタナティブであろうとすること自体が、自ずから、自身の制作のスタンスを作らしめ、そこから作品世界が生まれていったことが読み取れるだろう。そして、その方法論は、愛ある批評でもあったと。

批評という行為は、解説でもなければ、もちろん単なる批判でもない。その対象に寄り添い、その価値を探究し、ある角度から光を当てようとすることによって、自らの価値観も曝《さら》け出していく行為だ。言わばその対象を斬ることによって返り血を浴びるような緊張関係がそこにある。愛がなければ斬りかかる意欲も生まれないだろう。そしてその行為は、第三者に、広く世の中に開かれたもののはずなのだ。批評という行為を追体験することで、私たちは発見し、思考を深め、対話が可能になっていくのである。

その意味において、多くのゴダール作品自体が、ハリウッドへの批評なのだ。アメリカ映画の世界へのある種の憧れと、同時に違和感、批判……、時に、皮肉、嫌味、様々な表現をとるわけだが、その愛と憎しみに引き裂かれたところに彼の真骨頂があったのではないだろうか。

先にヒースによる、純粋化した「理性」のみを機能させることへの警告について触れたが、ゴダールにとって、「理性」を健全に発動させる為の「外部足場」は、映像でありカメラであったのだ。カメラのレンズという装置を通すことによって、「メイン」からも「カウンター」からも微妙に距離を取る……、ある意味、それこそ「サブ」カルチャー的であることの真骨頂を見るような思いがする。そして、実はそこに、サブカルチャーという方法の強かさがあるように思うのだ。

それにしても、どんなに批判したくなるほどにひどいことになったとしても、どこにアメリカの可能性を見出し続けるのか？　映像による、アメリカの批評をし続けるのか？

ある時、素直にこんなことを言っている。

目で見ることのできるものを最も活用しているのはアメリカだ。つまり、アメリカはある一定の民主主義を実践しているわけだ。ぼくは今では、アメリカが世界を支配しているのは、民主主義に最も近いなにかが今でもまだ存在している唯一の国だからだと考えるまでになっている。そしてこのなにかは、たとえばファシズムとか共産主義とか新左翼主義とかよりも強力なものだ。このなにかには大いに存在理由があるわけだ。

アメリカ映画《シネマ》が強力なのは、アメリカ映画はこのことを表象しているからだ。そうでなければ、アメリカ映画《フィルム》がなぜ世界のあちこちで愛されているのかがわからなくなってしまう。（前掲『ゴダール全評論・全発言II　1967－1985』）

これは、80年4月、サスペンスの巨匠アルフレッド・ヒッチコックが亡くなった際に、フランスの新聞のインタビューに答えたものだ（80年5月2日付「リベラシオン」）。実に素直にアメリカ的民主主義の可能性を肯定的に語る、珍しいゴダールの姿がここにある。「民主主義に最も近いなにかが今でもまだ存在している唯一の国」の可能性をゴダールが今、元気なら、どう捉えるか、どう考えるか。その愛の形として、誰が撮るかという問題ではなく、映像というまなざしのツールの可能性がある限り、映像による批評という方法は続く。

私たちもまた、今こそ、サブカルチャーという方法の可能性に目覚めて、アメリカの可能性を見つめ続けなくてはならないのではないだろうか？

おわりに　抑圧からの逸脱の為に

「世界サブカルチャー史」が2010年代までひとまず「アメリカ編」としての第1シーズンの完結を迎えようとしていた2022年秋、残念な訃報が入った。

ゴダールが亡くなった日の前日2022年9月12日、「ニッポン戦後サブカルチャー史」（NHK　Eテレ　2014－16年OA）のナビゲーターを務めた宮沢章夫《みやざわあきお》氏が、65歳の若さで急逝したのだ。初夏に「世界サブカルチャー史」を見て「また何か続編をやりましょう」というメッセージをもらっていたばかりだっただけに驚きとともに、やるせない思いが胸に迫った。

「ニッポン戦後サブカルチャー史」と「世界サブカルチャー史」に、企画として直接の関連性は無い。だが、宮沢が番組内で口にした、「サブカルチャーとは〝逸脱〟である」との定義は、当時制作統括であった僕の胸に強く響いた。本来の意味や目的から外れ、決められた範囲からいつの間にかはみ出していく精神の運動、そこに息づいているものがサブカルチャーである、と。映画、マンガ、アニメ、怪獣などの特撮物、雑誌など様々な流行、現象を扱いながらも、ジャンルに収まりきらない、どこかワサワサとした、胸騒ぎがするようなもの、あるいは、日常の中に潜む、言葉にならないやるせない想いなどにも可能性を見出す精神だ。メインから零れ落ちる様々な名づけ難い何ものか、それらを全てサブカルチャーと考えてみたら……。

その精神から社会を、様々な事象を見ようという感覚、発想は、このシリーズにも受け継がれている。メインではないその他、零れ落ちる何ものか、ズレ、ノイズ……、そうしたものを名づけられないままに抱えながら、少しものの見方のフレームをズラしてみることで、あるスパンの中で、その時代の、社会の空気を考えてみようとすること、その行為自体が、もはやサブカルチャー的であると捉えてみたらどうだろうか、というわけだ。最終章で触れた、ゴダールに続くように。対象ではなく、方法としてのサブカルチャーの可能性がここにある。

ジャンルとして固定化したサブカルチャーは「サブカル」という略称に任せて、得体の知れないものと付き合い続ける精神をサブカルチャーと捉えた時、ダイナミズムが生まれる。様々な同時代の事件、事故、流行などに止まらないものまで、全てがその時代と関わっているものとして現出しつながっていく。実際、政治、経済、文化などとジャンル分けされているようなものも、それは一つの表象行為に他ならず、常にその関係性は乱反射し、つながっているのだ。そう捉えてみた時、アメリカの20世紀後半、そして21世紀とは一体何だったのか。メタレベルで捉えようとする時、どういう風景が見えてくるのか。

精神分析の祖フロイトが面白いことを言っている。「人間は自己自身を抑圧する動物である。自らを抑圧することにより一方で文化を創出するが、また他方で自ら創出した文化により抑圧される」(作田啓一　井上俊編『命題コレクション　社会学』筑摩書房)

頭と心の不均衡を解消すべく、意識と無意識の不均衡の是正の運動から生まれるサブカルチャー。そこに、寝返りをうつような生理的な反応があるはずだ。抑圧からの逸脱の為に、自己のバランスを取り戻す為に。

メインでもカウンターでもない、サブ・カルチャーという精神の冒険は終わらないのだ。


今回の企画成立にあたっては、高橋才也さん、牧田潤也さん、池田光輝さん、寺田昂平さん、山本充宏さん、中村市子さん、佐藤憲正さん、真治史さん、黒川優珠さん、桒原拓真さん、堀内慧悟さん、山本宏明さん、朱志文さん、佐藤新之介さん、秦智美さんらの制作陣、さらに書籍化にあたっては、翻訳の中沢志乃さん、千葉絵美菜さん、小山朋子さん、編集者でライターの高田秀樹さん、祥伝社・栗原和子さんらに大変お世話になった。

ＮＨＫ藤田英世、小野さくらのお2人にもあらためて御礼申し上げる。

関わってくださった全てのみなさんに感謝したい。


私たちは今、どんな世界に生きているのか？

今を知る為には過去に飛ぶ他ない。

アメリカ、そして世界、日本の時代の空気を切り取ろうとする試み、人々の心の底を覗く探究の旅は終わらない。


ゴダール、宮沢章夫が逝った2022年秋に　　丸山　俊一

Critical Past
Footage Farm
Sherman Grinberg
Producers Library
AP Archive/
British Movietone/セレブロ
the Wyler Family Archive
日本スカイウェイ
The X-Ray Audio Project

撮影　森岡知之
音声　小野敦太郎
映像技術　嶋田栄一
音響効果　佐藤新之介
コーディネーター　須山弘太郎
リサーチャー　真治 史
CG制作　森下征治
翻訳　朱 志文
取材　黒川優珠
山本宏明
ディレクター　牧田潤也
プロデューサー　高橋才也
制作統括　藤田英世
丸山俊一

制作協力　テレビマンユニオン
制作　NHKエンタープライズ
制作・著作　NHK

世界サブカルチャー史　欲望の系譜
アメリカ　闘争の60s

Psycho / サイコ
(1960)

The Alamo / アラモ
(1960)

To Kill a Mockingbird / アラバマ物語
(1962)

Breakfast at Tiffany's / ティファニーで朝食を
(1961)

West Side Story / ウエスト・サイド物語
(1961)

Dr. Strangelove / 博士の異常な愛情
(1964)

The Sound of Music / サウンド・オブ・ミュージック
(1965)

Bonnie and Clyde / 俺たちに明日はない
(1967)

The Graduate / 卒業
(1967)

Planet of the Apes / 猿の惑星
(1968)

番組記録

世界サブカルチャー史　欲望の系譜
アメリカ　理想の50s

Gentlemen Prefer Blondes / 紳士は金髪がお好き
(1953)

Red River / 赤い河
(1948)

Roman Holiday / ローマの休日
(1953)

High Noon / 真昼の決闘
(1952)

The War of the Worlds / 宇宙戦争
(1953)

Invasion of the Body Snatchers / ボディ・スナッチャー/
恐怖の街
(1956)

Father Knows Best / パパは何でも知っている
(1954)

The Donna Reed Show / うちのママは世界一
(1958)

I Love Lucy / アイ・ラブ・ルーシー
(1951)

Rear Window / 裏窓
(1954)

Blackboard Jungle / 暴力教室
(1955)

Rebel Without A Cause / 理由なき反抗
(1955)

Some Like It Hot / お熱いのがお好き
(1959)

How to Marry a Millionaire / 百万長者と結婚する方法
(1953)

The Seven Year Itch / 七年目の浮気
(1955)

語り　玉木宏
声の出演　古賀慶太

資料提供　米国立公文書館
ブレーントラスト
Sony Pictures Television
PPS通信　ゲッティイメージズ
AP/アフロ　ロイター
ユニフォトプレス　共同通信社
エドウィン

(1979)
Taxi Driver／タクシードライバー
(1976)
Apocalypse Now／地獄の黙示録
(1979)
Star Wars／スター・ウォーズ
(1977)

語り　玉木宏
声の出演　古賀慶太
品田美穂

資料提供　ゲッティ
Apocalypse Now ©
1979Zoetrope Corporation

撮影　高岡洋雄
音声　小田崇
映像技術　棚橋雄太郎
音響効果　佐藤新之介
コーディネーター　須山弘太郎
CG制作　森下征治
取材　真治史
栗原拓真
ディレクター　寺田昴平
プロデューサー　高橋才也
制作統括　藤田英世
丸山俊一
制作協力　テレビマンユニオン
制作　NHKエンタープライズ
制作・著作　NHK

世界サブカルチャー史
欲望の系譜　アメリカ　葛藤の80s

The Blues Brothers／ブルース・ブラザース
(1980)
Ordinary People／普通の人々
(1980)
An Officer and a Gentleman／愛と青春の旅だち
(1982)
Flashdance／フラッシュダンス
(1983)
Top Gun／トップガン
(1986)
Platoon／プラトーン
(1986)
First Blood／ランボー
(1982)
Rambo First Blood Part II／ランボー/怒りの脱出
(1985)
Born in the U.S.A.／ボーン・イン・ザ・U.S.A.
(1984)
Back to the Future／バック・トゥ・ザ・フューチャー
(1985)
Stand by Me／スタンド・バイ・ミー
(1986)
Thriller／スリラー
(1982)
Material Girl／マテリアル・ガール
(1984)
The Secret of My Success／摩天楼(ニューヨーク)は

Midnight Cowboy／真夜中のカーボーイ
(1969)

語り　玉木宏
声の出演　古賀慶太
品田美穂

資料提供　米国立公文書館
Kinolibrary
Pickleball Central
ゲッティ
PPS通信社
ロイター
ABC News Archives
Veritone CBS News Archives

撮影　高岡洋雄
音声　小野夏実
映像技術　嶋田栄一
音響効果　佐藤新之介
コーディネーター　須山弘太郎
リサーチャー　真治史
CG制作　森下征治
取材　黒川優珠
堀内慧悟
ディレクター　池田光輝
プロデューサー　高橋才也
制作統括　藤田英世
丸山俊一

制作協力　テレビマンユニオン
制作　NHKエンタープライズ
制作・著作　NHK

世界サブカルチャー史
欲望の系譜　アメリカ　幻想の70s

Bewitched／奥さまは魔女
(1964-1972)
Easy Rider／イージー☆ライダー
(1969)
American Graffiti／アメリカン・グラフィティ
(1973)
The Godfather／ゴッドファーザー　PART I
(1972)

The Godfather Part II／ゴッドファーザー　PART II
(1974)
Jaws／ジョーズ
(1975)
Close Encounters of the Third Kind／未知との遭遇
(1977)
Rocky／ロッキー
(1976)
The Deer Hunter／ディア・ハンター
(1978)
Saturday Night Fever／サタデー・ナイト・フィーバー
(1977)
Charlie's Angels／チャーリーズ・エンジェル
(1976-1981)
Kramer vs. Kramer／クレイマー、クレイマー

(1994)
Reality Bites／リアリティ・バイツ
(1994)
Mission：Impossible／ミッション：インポッシブル
(1996)
Mission：Impossible 2／M：I-2　ミッション：インポッシブル 2
(2000)
…Baby One More Time／ベイビー・ワン・モア・タイム
(1998)
The Matrix／マトリックス
(1999)
The Truman Show／トゥルーマン・ショー
(1998)
Cast Away／キャスト・アウェイ
(2000)

語り　玉木宏
声の出演　古賀慶太

資料提供　PPS通信社　ゲッティ
TCエンタテインメント
米国立公文書館　米国防総省
NBC News Archives
ABC News Video Source
BBC Universal
WireImage House
Viacom Media Networks
Nuray Pictures – Footage
Sky News / Film Image Partner
Getty Images Video
Sony Pictures Entertainment
Robin Soutert
ITN
HBO
Fusion

撮影　高岡洋雄
音声　駒井仁
映像技術　鈴木敬典
音響効果　佐藤新之介
コーディネーター　須山弘太郎
CG制作　森下征治
取材　真治史
堀内慧悟
ディレクター　中村市子
プロデューサー　高橋才也
制作統括　藤田英世
丸山俊一
制作協力　テレビマンユニオン
制作　NHKエンタープライズ
制作・著作　NHK

世界サブカルチャー史　欲望の系譜
アメリカ　不信の2000s

Black Hawk Down／ブラックホーク・ダウン
(2001)
24／24－TWENTY FOUR－
(2001-2010)
Hannibal／ハンニバル
(2001)
The Bourne Identity／ボーン・アイデンティティー

バラ色に
(1986)
Wall Street／ウォール街
(1987)
Tucker : The Man and His Dream／タッカー
(1988)
Do the Right Thing／ドゥ・ザ・ライト・シング
(1989)
Beverly Hills Cop／ビバリーヒルズ・コップ
(1984)

語り　玉木宏
声の出演　古賀慶太
品田美穂

資料提供　PPS通信社　ゲッティ
TCエンタテインメント
米国立公文書館　米国防総省
Reagan Presidential Library,NARA
Reuters
NBC News Archives
ABC News Video Source
FOX Movietone News
CBS News Archives
Veritone
Viacom Media Networks
Video West Productions
Reeldeal HD Ltd.

撮影　高岡洋雄
音声　駒井仁
映像技術　嶋田栄一
音響効果　佐藤新之介
コーディネーター　須山弘太郎
CG制作　森下征治
取材　真治史
堀内慧悟
ディレクター　山本光宏
プロデューサー　高橋才也
制作統括　藤田英世
丸山俊一
制作協力　テレビマンユニオン
制作　NHKエンタープライズ
制作・著作　NHK

世界サブカルチャー史
欲望の系譜　アメリカ　喪失の90s

Regarding Henry／心の旅
(1991)
Ghost／ゴースト/ニューヨークの幻
(1990)
Patriot Games／パトリオット・ゲーム
(1992)
Malcolm X／マルコムX
(1992)
Unforgiven／許されざる者
(1992)
Jurassic Park／ジュラシック・パーク
(1993)
Forrest Gump／フォレスト・ガンプ　一期一会
(1994)
Pulp Fiction／パルプ・フィクション

（2013）
American Sniper／アメリカン・スナイパー
（2014）
Mad Max: Fury Road／マッドマックス 怒りのデス・ロード
（2015）
Moonlight／ムーンライト
（2016）
Get Out／ゲット・アウト
（2017）
Blade Runner 2049／ブレードランナー 2049
（2017）
Paterson／パターソン
（2016）
Joker／ジョーカー
（2019）
Once Upon a Time in Hollywood／
ワンス・アポン・ア・タイム・イン・ハリウッド
（2019）

語り　玉木宏
声の出演　古賀慶太
品田美穂

資料提供　米国立公文書館
PPS通信社
ユニフォトプレス
ゲッティイメージズ
AP/アフロ
ロイター　アマナ
アフロ　Shutterstock
三栄　web option　平野陽
BBC Motion Galley/Getty Images
HeadCount.org
Sylvia Saucedo/Storyful/アフロ
Ayla Pequeño/Storyful/アフロ

撮影　高岡洋雄
音声　関 佳波
映像技術　渡邊寛樹
音響効果　佐藤新之介
CG制作　森下征治
コーディネーター　須山弘太郎
リサーチャー　黒川優珠
翻訳　朱 志文
取材　真治史
山本宏明
ディレクター　牧田潤也
プロデューサー　高橋才也
制作統括　藤田英世
丸山俊一
制作協力　テレビマンユニオン
制作　NHKエンタープライズ
制作・著作　NHK

（2002）
The Bourne Ultimatum／ボーン・アルティメイタム
（2007）
The Bourne Supremacy／ボーン・スプレマシー
（2004）
Million Dollar Baby／ミリオンダラー・ベイビー
（2004）
Collateral／コラテラル
（2004）
Brokeback Mountain／ブロークバック・マウンテン
（2005）
Jarhead／ジャーヘッド
（2005）
United 93／ユナイテッド93
（2006）
No Country for Old Men／ノーカントリー
（2007）
Cloverfield／クローバーフィールド/HAKAISHA
（2008）
Watchmen／ウォッチメン
（2009）
Baby／ベイビー
（2010）

語り　玉木宏
声の出演　古賀慶太

資料提供　米国立公文書館
Al Jazeera Media Network
ロイター
ゲッティ
PPS通信社
アフロ

撮影　高岡洋雄
音声　岩佐早紀子
映像技術　上野 譲
音響効果　佐藤新之介
CG制作　森下征治
コーディネーター　須山弘太郎
リサーチャー　黒川優珠
取材　真治史
堀内慧悟
ディレクター　中村市子
プロデューサー　高橋才也
制作統括　藤田英世
丸山俊一
制作協力　テレビマンユニオン
制作　NHKエンタープライズ
制作・著作　NHK

世界サブカルチャー史　欲望の系譜
アメリカ　分断の10s

The Wolf of Wall Street／ウルフ・オブ・ウォールストリート
（2013）
The Social Network／ソーシャル・ネットワーク
（2010）
Dallas Buyers Club／ダラス・バイヤーズクラブ
（2013）
Fast & Furious 6／ワイルド・スピード EURO MISSION

装丁　OKIKATA

DTP　キャップス

編集協力　高田秀樹

■画像提供

『赤い河』 TPG Images / PPS通信社
『ローマの休日』 Rue des Archives / PPS通信社
『紳士は金髪(ブロンド)がお好き』 Alamy / PPS通信社
『暴力教室』 Ronald Grant Archive / PPS通信社
『理由なき反抗』 Alamy / PPS通信社
『お熱いのがお好き』 Ronald Grant Archive / PPS通信社
『アラバマ物語』 Alamy / PPS通信社
『ティファニーで朝食を』 Collection Christophel / PPS通信社
『博士の異常な愛情』 Alamy / PPS通信社
『俺たちに明日はない』 Collection Christophel / PPS通信社
『卒業』 Bob Willoughby / PPS通信社
『真夜中のカーボーイ』 Avalon / PPS通信社
『イージー・ライダー』 Rue des Archives / PPS通信社
『アメリカン・グラフィティ』 Alamy / PPS通信社
『ゴッドファーザー』 AKG / PPS通信社
『未知との遭遇』 Collection Christophel / PPS通信社
『ディア・ハンター』 Collection Christophel / PPS通信社
『クレイマー、クレイマー』 Collection Christophel / PPS通信社
『タクシードライバー』 Alamy / PPS通信社
『地獄の黙示録』 Collection Christophel / PPS通信社
『愛と青春の旅だち』 Alamy / PPS通信社
『トップガン』 Collection Christophel / PPS通信社
『バック・トゥ・ザ・フューチャー』 Ronald Grant Archive / PPS通信社
『ウォール街』 Ronald Grant Archive / PPS通信社
『ドゥ・ザ・ライト・シング』 Collection Christophel / PPS通信社
『マルコムX』 Alamy / PPS通信社
『フォレスト・ガンプ　一期一会』 Alamy / PPS通信社
『リアリティ・バイツ』 Alamy / PPS通信社
『ミッション：インポッシブル』 Alamy / PPS通信社
『トゥルーマン・ショー』 Collection Christophel / PPS通信社
『ブラックホーク・ダウン』 Alamy / PPS通信社
『ミリオンダラー・ベイビー』 Collection Christophel / PPS通信社
『コラテラル』 Alamy / PPS通信社
『ブロークバック・マウンテン』 Alamy / PPS通信社
『ジャーヘッド』 Collection Christophel / PPS通信社
『ノーカントリー』 Alamy / PPS通信社
『ウォッチメン』 Collection Christophel / PPS通信社
『ウルフ・オブ・ウォールストリート』 Collection Christophel / PPS通信社
『アメリカン・スナイパー』 Collection Christophel / PPS通信社
『ムーンライト』 Collection Christophel / PPS通信社

アメリカ　流転《るてん》の1950-2010s
映画《えいが》から読《よ》む 超大国《ちようたいこく》の欲望《よくぼう》

令和５年２月10日　初版第１刷発行

編　　者　丸《まる》　山《やま》　俊《しゆん》　一《いち》
NHK「世界《せかい》サブカルチャー史《し》」制作班《せいさくはん》

発 行 者　辻　　浩　明

発 行 所　祥《しよう》　伝《でん》　社《しや》

〒101-8701
東京都千代田区神田神保町3-3
☎03(3265)2081(販売部)
☎03(3265)1084(編集部)
☎03(3265)3622(業務部)

印　　刷　萩　原　印　刷

製　　本　積　　信　　堂

ISBN978-4-396-61802-5 C0030
祥伝社のホームページ・www.shodensha.co.jp
Printed in Japan ©2023 Shunichi Maruyama, NHK

造本には十分注意しておりますが、万一、落丁、乱丁などの不良品がありましたら、「業務部」あてにお送り下さい。送料小社負担にてお取り替えいたします。ただし、古書店で購入されたものについてはお取り替えできません。

本書の無断複写は著作権法上での例外を除き禁じられています。また、代行業者など購入者以外の第三者による電子データ化及び電子書籍化は、たとえ個人や家庭内での利用でも著作権法違反です。

祥伝社の本

世界サブカルチャー史
欲望の系譜

アメリカ70－90ｓ「超大国」の憂鬱

丸山俊一＋ＮＨＫ「世界サブカルチャー史」制作班　著

70年代から90年代にかけて起きたアメリカの変化を、
映画のスクリーンから主に読み取り、
そこにその時代を呼吸した人々の息づかいを証言から感じ取ることを試みる。

「アメリカ編」書籍化　第１弾
番組未公開部分も収録